全国财政职业教育教学指导委员会审定

全国高职高专院校旅游与酒店管理专业规划教材

旅行社管理实务与实训教程

肖树青　主　编

中国财政经济出版社

图书在版编目（CIP）数据

旅行社管理实务与实训教程/肖树青主编．—北京：中国财政经济出版社，2007. 8
ISBN 978 -7 -5095 -0126 -9

全国高职高专院校旅游与酒店管理专业规划教材

Ⅰ. 旅…　Ⅱ. 肖…　Ⅲ. 旅行社 - 企业管理　Ⅳ. F590. 63

中国版本图书馆 CIP 数据核字(2007)第 118525 号

中国财政经济出版社出版

URL: http: // www. cfeph. cn

E - mail: cfeph@ cfeph. cn

社址：北京市海淀区阜成路甲 28 号　邮政编码：100036

发行处电话：88190406　财经书店电话：64033436

北京富生印刷厂印刷　各地新华书店经销

787×1092 毫米　16 开　12.75 印张　283 000 千字

2007 年 8 月第 1 版　2007 年 8 月北京第 1 次印刷

印数：1—3060　定价：20.00 元

ISBN 978 -7 -5095 -0126 -9/F · 0108

（图书出现印装问题，本社负责调换）

编委会名单

总 序

旅游业是一个全球性的朝阳产业。随着社会的发展，它已成为全球经济中发展势头最强劲和规模最大的产业之一。据世界旅游组织2007年初发表的年度报告统计，2006年世界各国和地区入境旅游人数达8.42亿人次，创历史最高纪录。时至今日，旅游业在经济发展中的产业地位、经济作用逐步增强，旅游业对经济的拉动性、社会就业的带动力以及对文化与环境的促进作用日益显现。

旅游业也是中国经济发展的支柱性产业之一。2005年我国旅游业保持了较快增长，入境旅游人数12029.23万人次，实现国际旅游外汇收入292.96亿美元，分别比上年同期增长10.3%和13.8%。国内旅游人数12.12亿人次，收入5286亿元人民币，分别比上年增长10%和12.2%；中国公民出境人数达到3102.63万人次，比上年增长7.5%；旅游业总收入7686亿元人民币，比上年增长12.4%，占国内生产总值比重的4.2%。

未来10年间，我国旅游业将保持年均10.4%的增长速度，其中个人旅游消费将以年均9.8%的速度增长，企业、政府旅游的年均增长速度将达到10.9%。到2010年，我国旅游总收入占GDP的比重将达到8%。到2020年，中国将成为世界第一大旅游目的地国和第四大客源输出国。快速发展的旅游业需要有一支专业素质高、数量足的从业人才队伍给予支撑。2005年全国旅游院校的在校生人数56.6万人，其中高等院校的在校生人数为30.8万人，中等职业学校的在校生人数为25.8万人。高等职业技术院校以为生产、建设、管理、服务第一线培养高技能专门人才为己任，因而在办学上，旅游与酒店管理专业应当贴近旅游行业，努力培养一大批适应旅游产业发展需要的高技能专门人才。

为了满足职业院校适应旅游产业发展、培养高技能专门人才对旅游教育教材的迫切需要，中国财政经济出版社精心组织、策划，汇集了全国旅游人才培养第一线、有代表性的高职院校的专家、学者，组织编写了一套旅游与酒店管理专业系列教材。本套教材在课程的选择上，涵盖了旅游管理、酒店管理和导游三个专业的基础理论课和基本技能课，还兼顾了国家从业资格证考试内容，具有较完整的体系和较强的操作性、实用性。

本套旅游与酒店管理专业系列教材的主要特色如下：

1. 在体例上改变了传统教材固定的结构体系，每一章都由一系列的学习目标、关键概念和案例导读开始，向读者简要概括和提示本章的结构及关键知识，由案例及思考导入新课。每一章都穿插有图表、资料，章后还附有小结和思考与练习，使全文尽可能易于理解且生动有趣，便于老师由浅入深地引入教学内容，也易于激发学生的学习兴趣。

2. 在内容的选取上，力求满足旅游产业活动的基本要求，确保科学性、实用性及一定的前瞻，使三者达到有机的统一；在职业能力的培养上，注重实践性内容的教学编排，并为实践操作性强的课程专门编写了实训教材。力求技能培养实用与理论够用的有机统一，确保本专业核心能力培养目标的实现。

3. 为了使学生毕业就能就业、就业就能顶岗，各教材的章后思考与练习的设计更加注重分析问题能力和操作能力的培养；尤其是各实训教材的编写更加注重企业流程各环节的实际操作和各种问题及突发事件的处理，为学生就业提供了很好的岗前培训。

4. 为了给学生考取旅游与酒店管理专业各种职业资格证书提供帮助，相关教材专门配备了相关的题库及参考答案，供教师使用和学生练习。

5. 为了便于授课教师适用多媒体，每门课程均精心制作了电子教案（授课文件）。

同时，对于那些正致力于形成自己的专业能力和独立的专业见解的学生来说，书中所提到的参考书和网站为其提供了大量的资料，他们可以依靠这些资料拓展自己的学习空间。

本套教材可作为高等职业院校、高等专科院校、成人高等院校旅游专业学生学习用书，也可供五年制高职院校、中等职业技术学校及其他需要了解旅游产业的有关人员使用，还可作为政府旅游管理部门和科研机构、旅游学校、旅游培训机构以及有志于从事旅游行业的人员的参考资料。

由于水平所限，书中难免有疏漏之处，敬请广大读者批评指正。

旅游与酒店管理专业教材

编审委员会

2007 年 7 月

编写说明

本书是全国高职高专院校旅游与酒店管理专业规划教材的配套实训教材，是为高职高专院校的旅游与酒店管理专业开设旅行社经营管理课程而编写的。

随着教育改革的推进，院校专业设置越来越细，教学越来越与生产实际接轨，适应社会发展需要的“高等职业教育就是就业教育”的思路越来越受到广大师生和社会的认可。

在这样的思想主导下，我们组织编写了《旅行社管理实务与实训教程》。编者们积极主动地与旅行社从业人员特别是管理人员交流，了解他们的工作与管理实践；与学生交流，了解“客户”的需求。搜集了大量第一手资料，最终完成了本书的编写。

本书按照旅行社业务运行的实际情况，规划了导论、旅行社设立、职能管理、营销管理、业务管理、质量管理、综合实训等七章内容。在每一章当中，打破了章下设节、每一节又一、二、三、四罗列内容的旧形式，而是每章首先提出实训目的，然后分为以下两个模块：模块一“基础知识”，给出技能与实训指导，目的在于指导模块二的“实训与练习”。这样两个模块相互呼应，成为一个整体。教师通过模块一对学生进行教学，学生通过模块二训练巩固，以培养学生旅行社经营管理的职业素质和职业能力。

本书由肖树青担任主编，负责大纲编写并总纂。参加编写的人员有：张健（第一、二章），李洪岩、田芸（第三章模块一）、岳明敏（第四章模块一、模块二一部分），肖树青（第三章模块二、第四章模块二一部分、第五、六、七章）。

在教材编写的过程中，我们得到了许多业内人士的帮助。在此，我们向以下人士致谢：山东中国国际旅行社常务副总经理杨伯宪先生、山东中国青年旅行社国内部总经理侯颖女士、中国国旅（青岛）国际旅行社有限公司国内部总经理王晓光先生等。

同时，作为教材，我们也参考借鉴了大量优秀教材，一一列于参考书目之中，谨表谢意。

编写本书是一个崭新的尝试，尽管我们尽了最大努力，但依然难免错讹，还请各位同仁不吝赐教，以便修改完善。

编　者

2007 年 8 月

目　录

第一章

导　论

实训目的

☐ 了解旅行社的发展历程，增强职业意识，培养职业认同感
☐ 熟悉旅行社的基本业务
☐ 了解旅行社在旅游和整个行业及社会中的作用
☐ 掌握《旅行社管理条例》的基本内容

模块一　基础知识

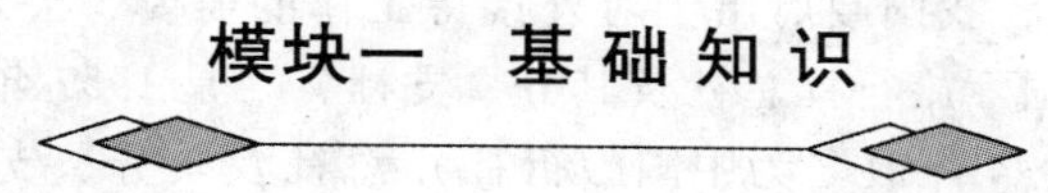

专题一　世界旅行社的发展变迁

18 世纪中叶发生在英国的工业革命为旅行社的产生创造了条件，它促进了科学技术的飞速发展，改变了人们的生产和生活方式。世界上第一位专职的旅行代理商是英国人托马斯·库克，他于 1841 年 7 月 5 日组织了 570 人从莱斯特到拉夫巴勒参加禁酒大会，每人收取了一个先令，包括交通费用、乐队演奏赞歌、一次野外午餐和午后茶点。库克在这次活动中自始至终随团陪同。以后，他又多次组织类似的活动，并使之发展成为纯粹的商业行为。**1865 年，托马斯·库克父子旅游公司在伦敦成立，这成为世界上第一家旅行社**。到 19 世纪末，该公司已发展为一个多元化的大型跨国旅游公司，市场遍布五大洲。

随着库克的成功，各种类似的旅游机构在世界各工业国家纷纷涌现，如 1857 年成立的英国登山俱乐部，1890 年德国和法国成立的观光俱乐部，1926 年成立的日本交通公社等。今天，**全球的旅行社大约有 8 万多家，其中旅行社最多的地区是北美和欧洲，这两个地区汇聚了全球 80% 以上的旅行社**。

20 世纪 90 年代以来，世界旅行社业的发展出现了一些新的变化。欧美发达国家的旅行社都十分明显地出现了两极分化的趋势，即以超大型旅行社和小型旅行社为主，共同构成旅行社业。在行业规模不断扩大的同时，产业集中度也不断提高，在欧美位于前 10 位的超大型旅行社，其营业收入已经占到所在国旅行社营业收入总额的 40% 以上，企业竞争力大大增强。随着网络化经营的普及，旅行社通过计算机网络与相关企业实现业务练习，对本企业

内部进行科学管理，使旅行社的经营效益不断提高，网络化经营成为发达国家旅行社经营的主流。国际企业集团通过购并旅行社集团进入旅行社行业。同时，以美国、德国、英国等国家的大型旅行社为主导的企业兼并、收购与战略联盟，使发达国家旅行社的所有权发生了极大的变化，形成了一批实力雄厚、市场占有率高、经营业务广泛、能够对整个市场产生重要影响的旅行社行业巨头。

专题二　中国旅行社的发展变迁及现状

一、中国旅行社的产生与旅行社业的形成

我国早在20世纪20年代就出现了旅行社组织，但是数量少，不成规模。新中国成立后，旅行社一直作为外事接待单位，数量依然很少。1978年我国实行改革开放政策，旅行社作为对外开放的窗口单位，首当其冲地发展起来，1978年成为中国旅行社业发展进程的一个分水岭。

1. 1978年以前的中国旅行社。**中国的旅行社始于1923年上海商业储备银行设立的旅行部，1929年发展成为中国旅行社**，当时主要经营国内旅游，业务量很小。

新中国成立后建立的第一家旅行社是厦门华侨服务社（现名厦门中国旅行社），于1949年11月19日成立。之后，我国政府出于对外接待工作的需要，决定成立两个旅行社系统：一是1954年成立的中国国际旅行社总社及其分、支社，二是1957年由各地的华侨服务社组建而成的华侨旅行社（1974年改名为中国旅行社）总社及其分、支社。前者负责接待外国自费旅游者，由国务院及地方政府的外事办公室领导，后者负责接待海外华侨、外籍华人、港澳及台湾同胞，属于政府的侨务系统。两者都是由总社负责从国外引进客源，分、支社负责当地的接待工作。从体制上说，两者都是直属政府的行政或事业单位。

从那时到1979年，在20多年时间中，这两个旅行社系统垄断了我国的旅行社行业，其业务都有发展，但接待量不大，这是由当时我国政府对旅游业的方针政策所决定的。当时，办旅游主要是为了争取外国人和华侨来访，使他们更好地了解、同情和支持新中国，以扩大我国的对外影响，属于友好接待性质。那时，对旅行社的要求主要是取得接待工作的政治效果而不是经济效益；主要根据政治条件选择接待对象，而不是广为招徕；旅行社的体制是行政或事业单位，而不是企业。

2. 中国旅行社业初具规模。1978年12月召开的党的十一届三中全会制定了改革开放的路线，为我国旅行社的大发展开辟了新的道路。为了配合对外开放政策的实行，党中央和国务院决定，要利用我国丰富的旅游资源大力发展旅游业和大量引进海外旅游者，这样做的目的既是为广交朋友和扩大我国的国际影响，也是为国家的经济发展争取外汇和创造效益。

1979年以后，国旅、中旅和在1980年成立的中国青年旅行社系统都得到很快发展，接待量增加了，分、支社增多了，职工队伍扩大了，经验也丰富了，但在一段时间内，旅行社的体制基本维持原样。首先，我国旅行社行业仍由国、中、青三家垄断经营，在三个系统内，三个总社基本上垄断了引进客源的外联权。其次，旅行社仍保持事业单位体制，旅行社的经营管理还停留在计划经济的“大锅饭”阶段。

二、中国旅行社发展现状

1. 行业规模 。**截至 2005 年底，中国共有旅行社 16 846 家，比上年新增 1 507 家，增幅为 9.82%。国内旅行社的快速增加是全国旅行社行业规模扩大的主要原因。**

2. 类别结构 。从目前中国旅行社行业的类型结构来看，国内旅行社占压倒优势。截至 2005 年，中国共有国际社 1 590 家，国内旅行社 15 256 家，分别占到中国旅行社总数的 9.44% 和 90.56%。其主要原因是由国家休假制度调整形成的“黄金周”极大地促进了国内旅游的发展，使国内旅游市场规模进一步扩大，为国内旅行社的发展提供了良好的市场基础。与此同时，各省旅游局根据本地国内旅游发展的需要，对国内旅行社实行了依法审批的政策，积极支持有实力、基础好、积极性高的投资者进入旅行社行业。此外，绝大多数的国际旅行社在经营国际旅游业务的同时也经营国内旅游业务。这一方面反映出中国国内旅游市场的巨大规模和潜力，另一方面也表明中国旅行社对国内旅游业务的依赖性。

3. 规模结构。从中国旅行社行业的经营规模来看，小规模的旅行社占绝对多数。从旅行社的内部结构来看，中国众多的小型旅行社具有“小而全”的建制特点。在经营方面，除因国家特许经营权力的分配和地理分布的原因而导致的部分旅行社的市场差异外，不同规模的旅行社之间基本上没有明显的专业分工，资源迥异的旅行社都以相似的方式参与市场竞争，这也构成中国旅行社业的一大特点。

以国旅、中旅、中青旅为代表的三大社的市场份额现在不到 15%，行业集中度非常低。与此同时，康辉旅行社等一批新兴旅行社迅速成长。

4. 地理结构 。从中国旅行社行业的地理分布情况来看，旅行社在全国的分布基本合理。国家旅游局提供的有关统计资料表明，我国旅行社相对集中的地区主要包括以下几种情形：

（1）经济相对发达的地区，如广东、北京、上海、江苏和浙江等。这些地区由于经济较为发达，每年输出的旅游者数量较多，旅行社面对的客源市场规模较大，这为当地旅行社的发展提供了良好的市场条件。

（2）旅游资源相对丰富的地区，如北京、云南、山东、四川和浙江等。这些地区由于旅游资源比较丰富，每年进入这些地区的旅游者规模可观，这为以接待为主的旅行社的发展提供了良好的外部环境。全国旅行社数目最多的省份是山东省，有 1 489 家。

（3）拥有国际空港的地区，如北京、上海和广东等。这些地区是国际旅游者重要的进出口岸和中转地，客流量较大，为旅行社的发展提供了丰富的客源。

（4）边境地区，如黑龙江、云南和辽宁等。边境旅游的发展为边境地区旅行社的发展提供了良好的条件。

5. 经营状况。就收入状况而言，2005 年度全国旅行社行业营业收入总额为 1 116.59 亿元，同年全球最大的旅游集团美国运通公司的营业收入高达 290 亿美元，相当于我国全部旅行社收入的两倍多。在旅行社行业平稳发展的同时，应该注意到，从 2005 年旅行社行业经营效益来看，1.6 万多家旅行社净利润总额为 1.27 亿元，净利率仅为 0.11%。旅游业务营业收入 1 070.14 亿元，社均营业收入仅为 658 万元。

随着我国改革开放的不断深入，特别是各项业务对外资旅行社全面放开以后，我国的旅游行业将面临更加激烈的行业竞争，行业内必将经历整合重组等痛苦的过程。

6. 从业人员。目前，我国拥有大约32.05万名执业导游，其中，30岁以下占80%，大专及以下学历者占80%。我国要建设世界旅游强国，还需要进一步加强导游队伍的整体素质。

专题三 旅行社的性质和基本职能

一、旅行社的性质

我国在《旅行社管理条例》中明确旅行社的性质为："旅行社是指有营利目的，从事旅游业务的企业。"旅游业务则是指"为旅游者代办出境、入境和签证手续，招徕、接待旅游者旅游，为旅游者安排食宿等有偿服务的经营活动。"由此看出，旅行社具有下述三个基本性质：

1. **营利性**。旅行社作为企业，具有企业的根本性质。企业的最终目的是追求利润最大化，旅行社是一个独立核算、自负盈亏的经营性组织，因而也担负着营利的重任。

2. **服务性**。旅行社作为旅游业的构成部分，具有旅游企业的共同属性，即服务性，它通过借助一定的设施设备，向顾客提供旅游服务。它不仅仅具有经济属性，还具有社会属性，它通过追求经济效益和社会效益的双重目的，向旅游者提供一种有实物和服务所构成的旅游产品。

3. **中介性**。旅行社本身的运作主要是依托各类旅游吸引物和旅游供给设施，并涉及旅游需求的全部内容来组织产品和创新产品，从而完成从资源到效益的转化，因此，它的实质是"旅游中间商"，即作为旅游消费者和旅游服务供应商之间的纽带而出现。

二、旅行社的基本职能

1. **组合产品、设计线路**。能否向顾客提供使之满意的产品是决定企业经营成败的关键。旅行社若要在竞争激烈的市场上立足并发展，就应该对它的产品及其质量予以足够的重视。**从广义上说，凡是能向旅游者出售的任何服务和产品都可以称为旅游产品，它是由旅行社出售的能满足旅游者一次旅游活动所需的各项服务或服务组合。**

旅游产品尤其是包价旅游，属于一种组合型产品，有行、游、住、食、购、娱等各项异质服务。旅游产品中的各项异质服务组合并非是数量上的简单叠加，它是有目的、经策划、按标准且受制于一定时间、空间的有序组合，在现实中，多以旅行线路或旅游项目的形态出现。旅行社的经营活动主要是围绕旅游产品的组合和旅游线路（或项目）的设计而展开的。组合旅游产品、设计旅游线路是旅行社经营活动的起点，它直接影响着旅行社其他业务的顺利开展，尤其是关系到旅行社经济利益的获取。因此，旅行社在组合产品、设计线路时，必须对市场进行充分的调查研究，分析旅游者的旅游动机，了解旅游者的需要，预测市场需求变化趋势及需求的数量。只有这样，才能有针对性地对各类异质旅游服务进行有效组合，设计出适销对路、质优价廉的产品，最大限度地满足旅游者的需求，提高旅游产品的效用。

2. **促销产品、传递信息**。旅行社对其产品进行促销，旨在刺激目标市场旅游者做出更快、更强烈的购买反应，以促进和影响旅游者的购买行为。由于旅游产品的无形性，使旅游产品无法以实物进入流通领域，而只能以信息的形式加以表现。因此，旅游产品的促销方式虽有多种，但无论是媒体广告、营销公关，还是销售推广、现场促销，究其本质，都是一种以销售产品为目的的信息传递和沟通活动。从某种意义上讲，旅行社的产品一旦在市场上定位后，该产品具有的基本特点（如质量、内容、价格、效用等）只有经过各种促销活动，才能使目标消费者从知晓、熟悉到认同、接受，该产品长期旺盛的市场需求才能得以保持。由于旅游产品的特殊性，加强促销业务能降低因产品的无形性带来的旅游者购买风险，进而使旅游者接受并购买旅游产品，有利于旅游产品更顺利地进入流通领域。加强促销业务，通过各种方式让产品信息尽快地传递给旅游者，提高旅游者对旅游产品的认知程度，可以促进购买活动的实现，有利于旅行社在市场竞争中赢得更大主动。

3. **销售产品、招徕客源**。如果没有畅通的销售渠道，没有行之有效的销售策略，旅游产品的价值与使用价值均无法得以实现，旅游者需求的满足就更无从谈起。做好旅行社销售业务的关键首先在于销售渠道的选择，其次为销售策略的制定。目前，我国旅行社向国际旅游市场销售的包价旅游产品有三个明显的特点：一是产品的销售要经过多个环节；二是主要客源市场距我国较远；三是旅游者必须亲临旅游产品的生产地进行消费。因此，其销售渠道相对比较复杂。尤其是如何在客源国寻找并选择合作者，使之能积极主动地销售我国的旅游产品，已成为我国经营国际旅游业务的旅行社所面临的主要问题。因为这直接关系到一个旅行社是否可以招徕更多的客源（亦即出售更多产品），是否能在国际市场上进一步扩大我国旅游产品的市场份额。

4. **组织协调、安排客源**。作为中间商，旅行社重要的功能就是要把与旅游者活动有关的行、游、住、食、购、娱等各项服务有机地结合起来，提高旅游产品的效用，最大限度地满足旅游者的整体性需要。然而旅行社却无法做到向旅游者提供全方位的服务，它必须与交通部门、参观游览部门、住宿部门、餐饮部门、购物部门、娱乐部门、保险公司及相关的旅行社等企业进行协作。因此，协调与各协作企业或部门的关系，组织各项旅游服务的供给，安排落实旅游者旅游活动所涉及的各项事宜，便成为旅行社基本业务之一。

旅行社和所有为旅游者服务的企业或部门都是相对独立且地位平等的经济组织。旅行社对任何一个协作企业或部门都不具有控制权与指挥权，它仅仅是为众多的旅游者提供服务的组织协调者，彼此的地位是平等的。只是出于满足旅游者整体需要的目的，旅行社与各旅游者提供服务的活动过程中，各尽其职，各取其利。为确保各自经济利益的实现，避免和正确处理协作中可能发生的纠纷，旅行社与各协作企业或部门之间的关系应建立在经济合同的基础之上，只有这样，才能真正做到互惠互利、友好合作。这也是向旅游者提供高质量旅游产品，满足旅游需求的前提保证。

5. **实地接待、提供服务**。旅行社向旅游团（者）预售产品并安排好各项服务事宜之后，还要为其提供向导、讲解和旅途照料等相关的旅游接待服务。从实质来看，实地接待旅游团（者）的过程，是旅游团（者）消费旅游产品、实现产品效用的过程，也是旅行社供给旅游服务、实现产品价值的过程。旅行社其他各项业务的开展无一不是通过最终对旅游者的实地接待而获取相应的经济效益的。旅行社的接待业务除了包括为旅游团（者）提供以导游为主的相关旅游服务外，还包括承接与旅游有关的各种委托代办业务，即代购各种交通票、代订饭店、代办签证、代办行李托运、代办接送服务等。随着散客旅游人数的增多，旅行社接待业务中的委托代办业务大量增加，并有继续增加的趋势。

接待服务水平的高低决定着旅游者对产品质量评价的高低，关系到旅游者旅游需要的满足程度，影响到旅行社乃至一个国家或地区的声誉。接待业务直接综合地反映了一个旅行社的总体经营管理水平及一个国家或地区的综合接待能力的高低。导游人员素质的高低是决定接待服务质量高低的关键因素。旅行社应不遗余力地加强对导游人员的培养，提高导游人员的素质。只有这样，才能将接待工作切实做好。

专题四　我国旅行社的主要类型与基本业务

目前，我国的旅行社实行水平式的分工体系，按照经营业务范围，分为国际旅行社和国内旅行社。其基本业务如下：

一、国际旅行社的基本业务

1. 招徕外国旅游者来中国，华侨与香港、澳门、台湾地区同胞归国及回内地旅游，为其代理交通、游览、住宿、饮食、购物、娱乐事务及提供导游、行李等相关服务，并接受旅游者委托，为旅游者代办入境手续。

2. 招徕我国旅游者在国内旅游，为其代理交通、游览、住宿、饮食、购物、娱乐事务及提供导游、行李等相关服务。

3. 经国家旅游局批准，组织中华人民共和国境内居民到外国和中国香港、澳门、台湾地区旅游，为其安排领队、委托接待及行李等相关服务，并接受旅游者委托，为旅游者代办出境及签证手续。

4. 经国家旅游局批准，组织中华人民共和国境内居民到规定的与我国接壤国家的边境地区旅游，为其安排领队、委托接待及行李等相关服务，并接受旅游者委托，为旅游者代办出境及签证手续。

5. 其他经国家旅游局规定的旅游业务。

特别提示

未经国家旅游局批准，任何旅行社不得经营中华人民共和国境内居民出国旅游业务、港澳台地区旅游业务和边境旅游业务。

二、国内旅行社的基本业务

1. 招徕我国旅游者在国内旅游，为其代理交通、游览、住宿、饮食、购物、娱乐事务及提供导游等相关服务。

2. 为我国旅游者代购、代订国内交通客票，提供行李服务。

3. 其他经国家旅游局规定的与国内旅游有关的业务。

模块二 实训与练习

一、国旅总社发展历史

1. 实训专题：旅行社的发展历程。

2. 课时：0.5 学时。

3. 目的与要求：了解典型旅行社的发展历程。

4. 训练方式：课堂案例分析。

5. 实训内容：阅读案例，就以下问题展开讨论：

（1）根据国旅总社产生和发展的历史，试分析一下从创立到如今，国旅的职能发生了怎样的转变？这种转变是如何实现的？

（2）假如你是一位国旅总社的导游，请向你的客人介绍一下你所工作的旅行社。

国旅总社发展历史

中国国际旅行社总社（以下简称国旅总社，China International Travel Service Head Office，CITS）成立于1954年，它的成立标志着中国国际旅游业的开始。它经历了初创、开拓、发展等历史阶段，是中国国际旅游业的缩影。伴随着中国经济的腾飞而向前发展，组织接待外国游客人数每年递增，毛泽东、刘少奇、周恩来、邓小平等党和国家领导人都曾接见过国旅总社组织来华的客人。

一、初创时期

1954年4月15日，在周恩来总理的亲自关怀下，国旅总社在北京正式成立。同年，在上海、天津、广州、南宁、哈尔滨、南京、杭州、武汉、沈阳、大连、丹东、满洲里等12个城市成立了分、支社，开始接待邀请客人和国际友人、互换和自费游客业务。它在成立之初，是隶属国务院的外事接待单位。在此之前，全国还没有专门管理旅游业的行政机构，国旅总社实际上代行了政府管理职能。

至1957年底，国旅在全国各主要大中城市设立19个分、支社，国旅的接待业务网络初步形成。这一时期主要以政治接待为主。

二、开拓时期

1958年1月，根据当时中国调整中央和地方的关系，以进一步发挥地方积极性，决定国旅各地分、支社一律划归当地省（市）人民政府直接领导，国旅总社由原来垂直领导关系变为业务指导关系。为了满足各国旅行者的要求，国旅在对外宾开放城市增设了分支机构，增加了旅游线路，扩大旅游者的游览范围，到1958年底发展到35个分、支社。

1964年7月，中国旅行游览事业管理局（1978年3月更名为中国旅行游览事业管理总局，1982年3月更名为国家旅游局）成立，中国旅游业的管理体制进入了一个新的时期。这个时期实行的是政企合一的体制，国家旅游局和国旅总社是“两块牌子，一套人马”。对外招徕用国旅总社的牌子，对内管理行使国家旅游局的职能。这种局社合一的体制在当时使中国的旅游业有了较快的发展，至1966年，国旅发展到46个分、支社。

三、发展时期

改革开放以前，国旅总社的发展是中国国际旅游发展的缩影，1978年以来中国的改革开放、旅游体制的改革，给国旅总社带来了新的发展机遇。1982年国旅总社与国家旅游局开始按“政企分开”的原则分署办公。1984年，国家旅游局批准国旅总社为企业单位。从此，国旅总社从原来归口外事工作转为独立经营、自负盈亏的大型旅游企业。1989年国家旅游局批准成立国旅集团，1992年国务院正式批准成立国旅集团。1994年国旅总社被国务院列为“百户现代企业制度试点企业”。1998年底国旅总社与国家旅游局脱钩，进入中央直接管理的企业。2003年成为国务院国资委管理的中央企业，2003年底与中免总公司企业重组。

目前，国旅总社与世界上100多个国家和地区的1 000多家旅行商社建立了业务合作关系，并在美国、日本、澳大利亚、法国、瑞典、丹麦、中国香港和澳门等国家和地区设立了多家子公司，在国内有150多家子公司、联号经营企业，形成了稳定的销售网络和完整的接待网络。国旅总社是中国520家国家重点企业之一，是中国旅行社业的龙头企业，也是中国非贸易创汇的主要企业，带动了一批旅游企业和相关行业的发展，为国家做出了贡献。

“国旅（CITS）”是中国驰名商标，已在世界60多个国家和地区注册。为参与国际竞争，国旅总社先后加入了PATA（太平洋亚洲旅行协会）、IATA（国际航空运输协会）、ASTA（美国旅行代理商协会）、WTO（世界旅游组织）等国际组织，国旅总社在国内外知名度越来越高。

由于国旅总社的主营业绩在各个方面都领先于中国同行，从1992年全国旅行社排名开始，主要经济指标排在全国旅行社百强榜首，并自始蝉联“最佳企业奖”、“旅行社最高创汇奖”、“旅行社最高外联人数奖”等多种奖项，在国内外旅游业界已成为著名企业。

二、旅行社业务范围应与国际接轨

1. 实训专题：旅行社发展趋势。
2. 课时：0.5学时。
3. 目的与要求：了解我国旅行社的发展趋势。
4. 训练方式：课堂案例分析。
5. 实训内容：阅读案例，就以下问题展开讨论：

（1）我国目前的旅行社行业在旅游业中处于什么样的地位？你怎样看待它的产业地位和作用？

（2）你认为旅行社行业在整个社会分工中应该扮演什么样的角色？

（3）目前，我国旅行社的主要业务有哪些？随着时代的发展，你认为旅行社是否需要调整经营范围？如果有必要，应该做出哪些方面的调整？这些调整会给社会经济发展和其他行业带来哪些影响？

旅行社业务范围应与国际接轨

"花盆里的种子永远不可能长成参天大树。"广州地区旅行社协会执行会长、广之旅总裁郑烘认为，我国旅行社只有首先打破现有经营范围的局限，实现业务范围与国际接轨，才能与外国旅游经营商站在同一起跑线上，进行平等的竞争，才能有足够的空间做大做强。

郑烘建议，我国应参照国际模式，明确旅行社的产业地位和社会分工，进一步扩大和延伸旅行社的经营范围。我国可将旅行社明确定位为"旅行服务提供企业"，强调旅行社是"旅行服务"的提供者，而不仅仅是包价旅游的组织者或是观光旅游服务的提供者。不论因私、观光旅游，还是公务、商务旅行，其出行所需的交通、酒店、餐饮的预订以及接送、导游等服务，都可以由旅行社提供。只有明确旅行社的产业地位和社会分工，将公商务旅行安排、会展奖励旅游服务、出国咨询等新业务，以及代办签证，代订机、车、船票和景点门票等单项服务明确纳入旅行社的经营范围，才能走出旅行社经营的误区，给民族旅行社品牌的培育创造一个更广阔的空间。会展服务工作是旅行社的当然强项，政府和大企业将公商务、会展服务分离出来，交由旅行社去做，通过政府服务采购支持民族旅行社业的发展。

资料来源：《中国旅游报》，2007 年 1 月 16 日。

三、旅行社业务范围应与国际接轨

1. 实训专题：旅行社发展趋势。
2. 课时：0.5 学时。
3. 目的与要求：了解我国旅行社的发展趋势。
4. 训练方式：课堂案例分析。
5. 实训内容：阅读案例，就以下问题展开讨论：

（1）结合我国旅行社以及世界旅行社产生和发展的历程，试分析加入世贸组织以后，我国旅行社面临着哪些竞争的机遇和挑战？

（2）目前我国旅行社所实行的水平式分工体系与西方发达国家所实行的垂直式分工体系有何不同？你如何评价这两种分工体系？目前我国旅行社实行垂直式分工体系存在哪些主要的"瓶颈"？

（3）网络的迅猛发展，曾经一度使人认为旅行社面临着发展甚至生存的危机。你如何看待网络技术的快速发展与旅行社发展的关系？它对旅行社的职能提出了哪些新的时代要求？

（4）有人说，我国旅行社已经进入一个全行业的微利时代，你如何看待这个问题？试根据目前我国旅游业发展的大环境和旅行社生存的小环境加以分析。

中国旅行社业的发展趋势

一、对外开放逐步扩大

随着中国加入WTO和市场的大范围开放，旅行社业作为中国旅游业中对外开放的最后一个领域，开放的趋势是必然的。众所周知，旅游业是中国改革开放中最先开放的领域之一，而且开放程度较高，全行业除对旅行社的进入尚有一定限制外，其他领域已基本没有约束。《中外合资旅行社试点暂行办法》的实施，进一步扩大了旅行社业的对外开放程度，中外合资旅行社将由12个国家旅游度假区扩大到度假区外进行试点。除了与中方联合组建合资旅行社之外，国外的旅游公司还可能以网络预订系统等其他方式全面进入中国旅游市场。中国的旅行社所面临的冲击和压力很大，许多规模不大、没有竞争优势的旅行社甚至可能面临破产的危险。所以，中国的旅行社应未雨绸缪，及早做好准备，迎接新的挑战。

二、产权界定日趋明晰

产权界定的不明晰是目前中国许多旅行社运行效率低下和短期行为盛行的重要原因之一。目前，可供旅行社选择的产权形式是多种多样的，但旅行社无论采取何种产权形式，都应力求做到产权明晰，这既是我国旅行社产权制度改革的目标，也是旅行社产权管理的重要内容，因为产权是否明晰直接关系到旅行社经营的绩效。“对于任何一种稀有资源，如果该资源的收益权和控制权都在法律形式上或在实际习惯中归属于同一个人，那么该资源的产权就是清晰的、完整的。反之，该资源的产权就是模糊的、残缺不全的。在收益权和控制权分属不同的个人的情况下，有收益权而无控制权的人在追求其收益时，就不会考虑资源消耗的代价；有控制权而无收益权的人就不会认真去改进控制方法而提高收益。”①

三、向垂直分工体系迈进

多年来，中国旅行社业一直采取以市场分割为特征的水平分工体系，每家旅行社从产品开发到联外接待全方位出击，既无批发、零售的渠道差异，也无个性化的特色产品，所以旅行社只能在低层次上展开价格竞争，直接导致行业和市场的混乱局面。

国外的旅行社业发展相对成熟，已进入规范化经营时代。市场上的旅行社批发商、零售商层次分明，还有部分从事专业化经营的旅行社。实力雄厚的少量大型旅游批发经营商从事开发产品、宣传促销等业务，大量雇员在10人以下的小社（有许多是家庭经营的“夫妻店”）从事旅游代理服务，整体经营井井有条。近年来，各国大型旅行社的规模和效益在不断提高，大量的小型旅行社或在竞争的压力下加入大社的网络组织，或自行组成联合体，努力提高生存能力。

在中国，市场竞争也开始逐步把一些旅行社引导上这条规范化道路。上海的春秋旅行社、广东省国旅假期等均是走在探索前列的成功者。许多地方旅游行政管理部门也开始研究和推动旅行社的代理制和网络化。垂直分工体系已成为旅行社业摆脱经营困境、

① 杨求宏、戴昌均：“准兼并机制和合理的政府行为”，《国际经贸研究》，1998年第3期，第45页。

走上健康发展道路的趋势和潮流。

四、主动引入高新技术

网络技术最初出现时，旅游业界几乎一致认为旅行社业遇到了发展历史上最大的障碍和难题。网上预定机票、客房等便利的服务条件使许多人都不再需要通过旅行社这个中间环节来实现上述功能。许多人甚至认为网络技术的发展和普及最终将完全取代旅行社，旅行社只能作为一个历史名词留在人们的回忆中。

网络的发展确实给旅游者自主出行创造出许多便利，特别是提高了散客旅游的自由度。但是，各国的旅行社业并未消极地抵制或回避网络的冲击，反而主动出击，利用网络为己所用，使威胁转化为提高服务质量的工具，通过国际互联网技术搜集旅游产品及目的地信息，通过电子邮件确认顾客预订或接受预订。在每个新生事物中都蕴含着发展机会，特别是从当今的形势来看，网络化的潮流不可阻挡，信息技术与旅行社业务的结合也是未来发展的必然趋势。

目前，中国旅行社业在利用高新技术方面远远落在其他行业的后面，尚没有企业站在战略发展的高度进行网络技术的研究和应用，这使得面临与国际接轨的旅行社业在挑战面前更显无力。中国民航前些年开始建立网络预订系统，但与国外的GDS（全球酒店预定系统）相比，尚处于发展的初级阶段。同时，由于是计划体制下的产物，系统与航空公司是行政捆绑式联合，系统与航空公司、代理人关系松散，也无法对产品提供者和销售代理人进行有效监管。国家旅游局、部分地方旅游局和旅游企业已经尝试性地建立起许多以提供旅游方面信息为主的旅游资讯网，旅行社业中有实力的企业也在积极研究探索如何利用网络等高新技术拓展业务，增强企业的影响力和市场覆盖面。这对于信息技术在旅行社业中的普及和发展无疑将起到积极的推动作用。

五、行业管理手段日益国际化

随着我国旅行社市场的全面开放，同时也为适应世界贸易组织有关服务贸易自由化的准则，政府将逐步调整旅行社行业管理制度，使之更加符合国际惯例。已有的研究成果表明，旅行社制度环境的变迁力量主要是由经济发展水平、旅游市场态势、市场化、法治化程度等因素构成的。一般而言，在市场化、法治化程度低，旅游市场处于卖方态势的发展中国家倾向于对旅行社业，特别是经营国际旅游业务的旅行社的进入、运作与退出机制实行严格的管理，管理的主要手段是通过政府旅行社行业主管部门运用各种微观规制手段和相应的政令、条例、审批、检查程序进行管理。而在市场化、法治化程度高，旅游市场处于买方态势的发达国家，则倾向于对旅行社业，特别是经营国际旅游业务的旅行社的进入、运作与退出机制实行较为宽松的管理，主要的管理手段是通过专门的旅行社法或一般的经济法律、政府的宏观调控政策，辅之以旅行社行业协会和包括媒体、专业团体、消费者权益保护组织在内的社会公众监督来进行管理。尽管不同国家旅行社的制度环境现状还存在较大的差异，但是一个必然的发展趋势是：放松管制，加速旅行社企业化、市场化进程，培育多元化管理主体和多样化管理工具，是将来包括中国在内的世界旅行社管理制度的变迁方向。

六、价格竞争转向非价格竞争

企业竞争有很多层次，价格竞争属于较低层次的竞争。旅行社在发展初期，由于受多方面因素的制约，在面临激烈的市场竞争时，往往要走入低水平价格竞争的圈子里。在单纯价格竞争的过程中，多数旅行社都是失败者，单纯的降价竞争容易招致竞争对手的报复性降价，整个行业的利润率水平也会由于价格竞争而出现整体下滑。

同时，旅行社经营的产品不是物质性的产品，很大程度上是信息性的产品，消费者在购买之前看不到企业所销售的旅游产品，更无法直接对产品的质量情况进行检验。所以，适用于物质产品的质量竞争如果不辅之以其他手段，也很难得到旅游者的完全认同。

在这样的情况下，旅行社只有通过非价格竞争，特别是企业品牌的树立和文化性竞争意识的形成，创造出企业的个性，才能抓住旅行社竞争制胜的关键。旅行社也只有在加强管理、提高服务质量的同时，通过内部规范和外部促销，在市场上树立起鲜明的形象，建立企业品牌，才能在激烈的竞争中站稳脚跟。

总之，中国旅行社业拥有中国这个广阔的市场和多年发展过程中积累的经验教训，但也面临市场开放和网络技术冲击等多方面的挑战。如何正确应对挑战、加速发展，是摆在中国旅行社业面前一个紧迫的课题。

四、专题调研

1. 实训专题：旅行社的产生与发展。

2. 课时：2 学时。

3. 目的与要求：了解我国旅行社产生和发展的背景与历程，了解旅行社在社会发展中的地位与作用。

4. 训练方式：调查访问或专家讲座，小组交流。

5. 实训内容：邀请本地规模较大的一家旅行社（最好为国旅、中旅、青旅系统中的某一家）的负责人，来本校做专题讲座，讲述该旅行社产生与发展的历程，做好记录；或者走访本地规模较大的一家旅行社，了解该旅行社产生和发展的历史，做好记录。

（1）思考下述问题：

①这家旅行社产生的历史背景是怎样的？它具有哪些产生的必要性和优势？

②它的发展主要经历了哪几个阶段？每个阶段的运作特点是怎样的？

③这家旅行社在发展的过程中主要经历过哪些挫折？产生这些挫折的主要原因是什么？旅行社采用了何种手段战胜了这些挫折？

④现在这家旅行社在当地同行业中的地位如何？它面临哪些发展的机遇和挑战？它下一步发展的战略方针是什么？

（2）撰写报告：根据讲座与走访所得，撰写调查报告，谈一谈你对旅行社产生与发展的主要认识（不少于 500 字）。

五、社会调查

1. 实训专题：旅行社的经营范围与业务。

2. 课时：2 学时。

3. 目的与要求：掌握目前我国旅行社的主要分类情况和各自的业务范围；能够对两者的主要产品和业务体系做对比分析。

4. 训练方式：调查访问，资料搜集与查询，对比分析。

5. 实训工具：调查访谈记录本、文件袋。

6. 实训内容：

（1）调查表格设计：根据实训题目要求，设计一份有关旅行社基本情况的访谈提纲，表 1－1 供参考。

表 1－1

调查与访谈项目	内　容
旅行社名称	
地理位置	
现有员工数量	
是否独立经营	
是否有分支机构	
主要部门设置	
主要业务模块	
主要产品体系	

（2）走访旅行社。走访学校所在城市或地区的两家旅行社，一家国际旅行社、一家国内旅行社，完成下述工作：

①访谈门市接待人员和主要部门的管理者，填写设计好的调查表格，尽量填写详细。

②搜集两家旅行社门市所展示的近期主推产品的宣传品，如画册、彩页、报价单、光盘等，装入文件袋中。

③将访谈与搜集的资料进行归整，分析国际旅行社与国内旅行社在经营范围和基本业务方面有哪些异同，写出分析总结报告（不少于 500 字）。

六、社会调查

1. 实训专题：旅行社的职能与社会评价。

2. 课时：2 学时。

3. 目的与要求：通过调查问卷和走访，了解你的家乡所在地或学校所在地的当地居民以及来此地的旅游者对旅行社的职能和作用有何认识？他们对旅行社的社会评价如何？还存在哪些主要的问题和需要改进的方面？

4. 训练方式：调查问卷，走访。

5. 实训工具：调查问卷、录音设备（录音机、摄像机、mp3 等均可）。

6. 实训内容：个人制作调查问卷。每人根据实训目的设计一份调查问卷，要求能较为全面地反映题目所设计的内容，题目客观、简练、有效。

（1）分组：每 6 人划分为一个小组，选出组长，整理出本组人员名单与联系方式。

（2）设计小组调查问卷：每组将组员设计出的问卷进行组合与整理，进行组内讨论，根据调查目的，遴选出合适的调查项目，集合全体组员智慧，归纳出一份较为完整合理的调查问卷，复制后分发给组员，每人约 10 份。

（3）组长对组员进行分工安排：其中 2 人进行当地居民调查与访谈，其他 4 人分散至当地具有代表性的旅游景区进行旅游者的调查与访谈；提醒组员带好调查问卷、访谈表格、录音设备；提醒组员保持联络、注意安全。

（4）各组员分头行动。对居民和旅游者进行问卷调查和实地访谈，做好问卷的回收工作，详细记录访谈经过。

（5）各组员整理出调查和访谈结果，写出书面报告。对调查得来的数据、资料进行统计和分析，做出统计图表，写出较为详细的分析过程和结果。

（6）小组讨论：在组长带领下，组员将大家的数据进行最终汇总和讨论，写出本次实训的小组报告。

附：参考访谈话题

1. 人们对旅行社业务的了解程度如何？
2. 在你所调查的人群中，通过旅行社出游的人所占比例如何？
3. 人们选择旅行社或者不选择旅行社的主要原因是什么？
4. 人们对现在旅行社的业务是如何评价的？
5. 人们对旅行社未来的发展持乐观态度吗？为什么？
6. 旅游者对旅行社的哪方面业务满意率最低？造成这种现象的主要原因是什么？
7. 旅行社应该在哪些方面有所改进，以迎合不断发展的时代和市场需求？

（7）教师评价：教师根据全班各组的汇总情况进行总结和分析，引导学生共同参与全班调查结果的讨论和汇总，对本次实训的经过和结果做出客观的评价，提出改进意见，并回答学生在调研过程中遇到的问题，培养学生不断发现问题、解决问题的能力，巩固所学的“导论”部分的知识，并为未来的知识学习做好良好的理论和实践铺垫。

附：参考调查样卷（见表 1－2）

表 1－2

1. 您的性别：

A. 男　　B. 女

2. 您的学历：

A. 初中以下　　B. 高中　　C. 大学　　D. 研究生及以上

3. 您是否本地居民：

A. 是的　　B. 不是，我是来本地旅游的

4. 您最常用的出游方式是：

A. 自助旅游　　B. 通过旅行社　　C. 单位组织　　D. 其他

5. 您选用过旅行社的哪些业务：

A. 参加旅游团　　B. 代办签证等手续业务　　C. 代订交通客票　　D. 代为订房、订餐、订景区门票业务

E. 导游服务、接站服务等零星业务　　F. 其他业务________________

6. 您选择旅行社的主要依据是：

A. 信誉　　B. 价格　　C. 规模　　D. 产品质量

7. 您认为旅行社有哪些方面做的不够透明：

A. 服务项目　　B. 服务标准　　C. 收费标准　　D. 旅游目的地情况

E. 其他____________________

8. 您最关心的旅行社提供的服务要素是：

A. 住宿　　B. 餐饮　　C. 交通工具　　D. 导游服务　　E. 景区及购物

9. 您是否有过不愉快的旅游经历：

A. 是　　其主要原因是______________　　B. 否

10. 您是否遭遇过下述劣质服务：

A. 导游诱骗购物或增加购物次数　　B. 擅自增加景点和收费项目　　C. 擅自变更旅游计划

D. 游而不导　　E. 缩减或降低食、宿、行服务标准　　F. 其他____________________

11. 您对您所接触过的旅行社的主要印象是：

A. 价格公道，服务热情　　B. 操作不规范，无法给客人安全感

C. 服务项目多样，可以满足个性化需求　　D. 可选项目较少，产品较为单一，不能达到我的旅游要求

E. 其他____________________

12. 您认为旅行社：

A. 为游客节约了出行费用，值得选择　　B. 专业操作旅游，在线路安排等方面更具有权威性

C. 有许多业务很好，但是很多人不知道，需要社会宣传

D. 只要诚信服务、不断创新，会有很大的发展空间

E. 现代科技和信息那么发达，也许将来就用不着旅行社了

13. 您对目前旅行社的服务大致感觉：

A. 十分满意　　B. 一般，还有很大提升空间　　C. 不满意　　D. 很差

14. 您心目中的优秀旅行社应该是什么样子的：__________________________

第二章

旅 行 社 设 立

实训目的

- □ 掌握旅行社设立的条件
- □ 掌握旅行社设立的过程

模块一 基础知识

专题一 旅行社的选址

选址，对旅行社的发展至关重要，立地差之毫厘，可能会导致业绩失之千里。旅行社的选址对于不同类型、不同规模的旅行社来说是不一样的。旅行社应根据自身的条件和发展的战略，选择适合自身生存和发展的办公地址和空间。大致来说，在选址时应遵循下述几个基本原则：

1. **市场性原则**。目前，我国旅行社主要经营以旅游线路和各类单项旅游服务为主体的旅游产品，在目前网络化经营尚未普及的状况下，尽可能地接近市场是旅行社选址所要重点考虑的内容。这个市场包括两方面的含义：一是旅游客源地市场；二是旅游目的地市场。

市场原则还包含了旅行社的选址应当考虑市场的喜好与风格。例如，写字楼的办公室空间形象应当与企业所要树立的形象相匹配，而这个形象首先基于对所在地居民的文化背景和消费取向的研究。

2. **便利性原则**。旅行社的选址应当考虑顾客前来企业进行咨询、业务办理等事项的便利程度，因此应着重考虑下述几方面的因素：周边环境是否卫生、安全？交通是否方便？是否有多条公交线路到达？客人前来时会不会被绿地、立交桥等阻断？周边道路状况是否良好？停车是否安全便利？门头设计的视觉效果是否突出，以方便顾客寻找？只有真正站在顾客的角度考虑，才能做好旅行社的选址工作，否则只是一厢情愿，离市场越来越远。

3. **经济性原则**。旅行社首先是经济实体，无论何时何地，经济利益都是重要的。建设初期的固定费用、投入运行后的变动费用、产品出售以后的年收入无疑都与选址有关。因此，旅行社在选址时，应考虑到租金、硬件设施、水电、物业管理、计算机网络使用等方面的因素，尽可能地减少不必要的开支，降低企业的运营成本。

4. **长远性原则**。企业选址是一项带有战略性的经营管理活动，因此要有战略意识。旅行社在考虑选址时，应当与未来企业的发展战略相结合，不能只顾眼前利益而无端增加未来发展的成本。基于此项原则，从宏观的角度出发，应当适当考虑未来市场的迁移和发展以及本行业的发展趋势；从微观的角度出发，应考虑所选择的地址是否可以提供较长时间的使用期，写字楼的办公空间是否具有灵活性，未来是否有扩容的可能性等现实问题。

5. **关联性原则**。旅行社的选址还应考虑到与其他企业之间和同类企业之间的关联性。当所选择的地址与其他企业相靠近时，应考虑到这些企业的声誉、品牌、门市状况等因素，以提升自身的形象。

至于旅行社与同类企业是否适宜接近，要根据旅行社自身以及当地旅游发展的情况而定，不能随意做出判断。一般而言，在旅游刚刚起步的城市，周边同类型的旅行社越少，自身的经营则越具有优势。而对于那些旅游相对发达的城市，规模化反而能带来效益。例如，我国北京、上海都出现过“旅行社一条街”，虽后因城市规划而解体，但其集中分布产生的效益不可抹杀。云南的旅行社也有很多集中在火车站、汽车站等交通枢纽，客人一下车便能迅速找到多家旅行社，进行价格、质量等方面的产品对比，为客人第一时间对比选择产品提供了很大的便利。

专题二　旅行社设立的条件

一、具有法定的注册资本金和旅行社质量保证金

1. 旅行社的注册资本应当符合下列要求：

(1) 国际旅行社，注册资本不得少于150万元人民币。

(2) 国内旅行社，注册资本不得少于30万元人民币。

2. 申请设立旅行社，应当按照下列标准向旅游行政管理部门缴纳质量保证金：

(1) 国际旅行社经营入境旅游业务的，缴纳60万元人民币；经营出境旅游业务的，缴纳100万元人民币。

(2) 国内旅行社，缴纳10万元人民币。

质量保证金及其在旅游行政管理部门负责管理期间产生的利息，属于旅行社所有；旅游行政管理部门按照国家有关规定，可以从利息中提取一定比例的管理费。

二、具有符合任职资格的经营管理人员

1. 设立国际旅行社，应当具有具备下述任职资格的经营管理人员：

(1) 持有国家旅游局颁发的“旅行社经理资格证书”的总经理1名；

(2) 持有国家旅游局颁发的“旅行社经理资格证书”的部门经理至少3名；

(3) 取得会计师以上职称的专职财会人员。

2. 设立国内旅行社，应当具有具备下述任职资格的经营管理人员：

(1) 持有国家旅游局颁发的“旅行社经理资格证书”的总经理1名；

(2) 持有国家旅游局颁发的“旅行社经理资格证书”的部门经理至少2名；

（3）取得助理会计师以上职称的专职财会人员。

三、有固定的营业场所和必要的营业设施

1. 设立国际旅行社，应当具备下述规定的营业场所和经营设施：

（1）足够的营业用房；

（2）传真机、直线电话、电子计算机等办公设备；

（3）具备与旅游行政管理部门联网的条件；

（4）业务用汽车等。

2. 设立国内旅行社，应当具备下述规定的营业场所和经营设施：

（1）足够的营业用房；

（2）传真机、直线电话、电子计算机等办公设备；

（3）具备与旅游行政管理部门联网的条件。

专题三　旅行社设立的法律程序

一、申请营业许可

1. 递交设立申请。申请设立国际旅行社，应向所在省、自治区、直辖市旅游行政管理部门递交设立申请；申请设立国内旅行社，应将设立申请直接交至所在地具有审批权的省、自治区、直辖市旅游行政管理部门。如果省、自治区、直辖市旅游行政管理部门将审批设立国内旅行社的权力委托给了地、市级旅游行政管理部门，则申请者就应该将设立申请直接递交给被委托的部门。

不论是设立国际旅行社还是国内旅行社，申请者在向有关部门提出设立申请时，都应该按照规定递交相关书面材料，主要包括：

（1）设立申请书。申请书是申请人设立旅行社愿望的明示。设立申请书应包括下述内容：①申请设立的旅行社类别、中英文名称及缩写、设立地。旅行社申报和登记的企业名称应当符合企业名称登记管理的有关规定，并须含有“旅行社”字样；②企业形式，投资者、投资额和出资方式；③申请人、受理申请部门的全称，申请报告名称和呈报申请的时间等。

（2）设立旅行社可行性研究报告。可行性研究报告是申请人在申请前对旅游市场情况研究、自身实力分析和行业发展前景预测和估计的一种书面文件。其内容应当包括：①设立旅行社的市场条件分析；②资金条件的说明；③人员条件的全面评估；④受理申请的旅游行政管理部门认为需要补充说明的其他问题。

（3）旅行社章程。普通旅行社章程的内容主要有：①旅行社的宗旨、设立方式、经营范围、经营方式；②旅行社的经济性质、注册资金数额及其来源；③旅行社的组织机构及其职权；④法定代表人产生的程序和职权范围；⑤财务管理制度和利润分配方式；⑥劳动用工制度；⑦章程修改程序和终止程序；⑧对旅游者承担的责任及其他应说明的问题。

股份制旅行社章程除以上内容外，还应包括：①旅行社的宗旨、设立方式、经营范围、经营方式；②股东名称、认购数份额、权利和义务；③董事会的组成、职权、任期和议事规则；④利润分配方法；⑤旅行社解散和清算办法；⑥通知和通告办法。

（4）旅行社经理和部门经理的“旅行社经理资格证书”和履历表。

（5）验资证明。开户银行出具的资金信用证明、注册会计师事务所或审计师事务所出具的证明资金真实性的验资报告。资金信用证明内容包括资金总额、资金占用形势、资金来源。

（6）经营场所证明。申请人应向旅游行政管理部门提交旅行社营业场所的产权证明或租赁期限在一年以上（含一年）的租房协议。

这些材料将一并归入由国家旅游局统一印制的“申报旅行社技术报告书”之中，统一提交各级有关旅游行政管理部门审核。

2. 接受审核。

（1）国际旅行社申请的审批。受理设立国际旅行社申请的省、自治区、直辖市旅游行政管理部门，应对设立申请者递交的有关申请材料进行严格审核，在征得拟设地的县级以上旅游行政管理部门的意见之后，对合乎条件的申请书签署同意的意见，报国家旅游局。对不符合条件的设立申请，则应返还给申请者，以便其在条件成熟后再次申请。受理部门应按照规定自收到符合规定的设立申请书之日起的30个工作日内签署审批意见。

（2）国内旅行社申请的审批。与国际旅行社申请的审批不同，受理设立国内旅行社申请的有关部门在对有关设立申请材料进行严格审核，并征得了拟设地的县级以上旅游行政管理部门的意见后，便可直接签署审批意见。但是，如果受理申请者是被委托的地、市级旅游行政管理部门，那么，该部门在对设立申请进行审批时不能以本部门的名义，而必须以委托的省、自治区、直辖市旅游行政管理部门的名义。

3. 审批同意，获取经营许可。

（1）国际旅行社的批准。国家旅游局对省、自治区、直辖市旅游行政管理部门提交的设立申请，应自收到之日起的30个工作日内做出批准与否的决定，并向申请者正式发出批准或不予批准的文件，同时通知受理申请的有关部门。审核批准的设立申请者即可凭正式的批准文件，到受理申请的部门领取由其颁发的“国际旅行社业务经营许可证”。

（2）国内旅行社的批准。按《旅行社管理条例》规定，受理设立申请的有关部门应当自收到符合规定的国内旅行社设立申请之日起30个工作日内做出批准与否的决定，并向申请者正式发出批准或不予批准的文件。审核批准的设立申请者即可凭正式的批准文件，到受理申请的部门领取由其颁发的“国内际旅行社业务经营许可证”。

“旅行社业务经营许可证”是旅行社经营旅游业务的资格证明，它明确规定了各类旅行社的经营范围。许可证的获取，表明设立申请者已经具备了经营旅游业务的条件。未取得许可证的单位，按照国家规定一律不得从事旅游业务。此外，按规定，所有旅行社一律都应将许可证与营业执照一起悬挂于营业场所的显要位置，以便有关部门监督核查。

二、办理注册登记

申请设立旅行社的单位应在收到许可证的60个工作日内，持正式的批件和许可证到所在地的工商行政管理部门办理注册登记。工商行政管理部门必须首先对申请者提交的经过有关旅游行政管理部门批准的设立申请予以核准，而后才允许其办理注册登记，领取营业执照。凡符合国家有关旅行社登记规定的，应在受理申请30个工作日内准予注册。旅行社登记注册的主要事项包括：企业法人名称；住所、经营场所；法定代表人；经济性质；经营范围；经营方式；注册资金；从业人数；营业期限；分支机构等。

申请单位经批准注册、领取营业执照后，即可合法开展旅游业务经营活动。具备法人条件的旅行社可取得法人资格，不具备法人条件的旅行社则可取得营业资格。未经有审批权的旅游行政管理部门批准，工商行政管理部门则不予核准登记，旅行社不能成立。

提示

旅行社营业执照的签发之日就是旅行社的成立之日。换言之，营业执照的签发就是旅行社成立的标志。按有关规定，旅行社应当将营业执照与经营许可证一起悬挂在营业场所的显要位置。

三、办理税务登记

按照我国有关规定，旅行社在领取营业执照的30个工作日内，应向当地税务部门办理开业税务登记，并在办妥银行账号后申请税务执照。办理时，应向当地税务部门领取统一的税务登记表，如实填写表中各项内容。经税务机关审核同意后，旅行社可获取税务登记证。税务登记完毕后，旅行社方可申领发票，开始正式营业。

四、旅行社设立分支机构的规定和程序

旅行社根据业务经营和发展的需要，可以设立非法人分社（以下简称分社）和门市部（包括营业部）等分支机构，但是不得设立办事处、代表处和联络处等办事机构。

1. 旅行社分社的设立。**旅行社的分社是指旅行社设立的不具备独立法人资格，以设立社名义开展旅游业务经营活动的分支机构**。旅行社分社的经营范围不得超出其设立社的经营范围。

旅行社设立分社应符合下列条件：（1）年接待旅游者达到10万人次以上；（2）进入全国旅行社百强排名；（3）分社经理必须取得“旅行社经理资格证书”；（4）具备一定数量的注册资金和质量保证金。国际旅行社每设立一个分社，应当增加注册资本75万元人民币，增缴质量保证金30万元人民币；国内旅行社每设立一个分社，应当增加注册资本15万元人民币，增缴质量保证金5万元人民币。

旅行社设立分社，应当向原审批的旅游行政管理部门办理核准该旅行社每年接待旅游者达到10万人次以上的证明文件，按《旅行社管理条例》规定的数额到设立地有质量保证金管理权的旅游行政管理部门缴纳质量保证金，并到原审批的旅游行政管理部门领取许可证，然后凭此证明文件和许可证到设立地的工商行政管理部门办理登记注册手续。旅行社应当在办理完分社登记注册手续之日起的30个工作日内，报其主管的旅游行政管理部门和分社所在地的旅游行政管理部门备案。旅行社的分社应当接受所在地的旅游行政管理部门的行业管理。

2. 旅行社门市部的设立。**旅行社门市部是指旅行社在注册地的市、县行政区域以内设立的不具备独立法人资格，为设立社招徕游客并提供咨询、宣传等服务的收客网点**。

旅行社设立门市部，应征得拟设地县级以上旅游行政管理部门同意，领取“旅行社门市部登记证”（该证由省级旅游行政管理部门负责印制和颁发，登记证的内容主要包括证书名称，设立社名称，门市部名称、负责人、地址和业务范围，同意设立文号，证书颁发时间，颁发机关印章和有效期等。门市部登记证实行一部一证，不设副本，复制无效），并在

办理完工商登记注册手续之日起的30个工作日内，报原审批的旅游行政管理部门、主管的旅游行政管理部门和门市部所在地的旅游行政管理部门备案。旅行社的门市部应当接受所在地的旅游行政管理部门的行业管理。

四、外商投资旅行社设立的特别规定

1. 外商投资旅行社设立的条件。**外商投资旅行社**，包括外国旅游经营者同中国投资者依法共同投资设立的中外合资经营旅行社和中外合作经营旅行社。其中，合资旅行社又分为由中方控股和外方控股两种。

外商投资旅行社的中国投资者应当符合下列条件：（1）是依法设立的公司；（2）最近3年无违法或者重大违规记录；（3）符合国务院旅游行政主管部门规定的审慎的和特定行业的要求。外商投资旅行社的外国旅游经营者应当符合下列条件：（1）是旅行社或者主要从事旅游经营业务的企业；（2）年旅游经营总额4 000万美元以上；（3）是本国旅游行业协会的会员。

中外合资经营旅行社的注册资本最低限额为人民币400万元。中外合资经营旅行社的注册资本最低限额可以进行调整，调整期限由国务院旅游行政主管部门会同国务院对外经济贸易主管部门确定。

外商投资旅行社可以经营入境旅游业务和国内旅游业务，不得经营中国公民出国旅游业务以及中国大陆居民赴香港特别行政区、澳门特别行政区和台湾地区旅游的业务。外商投资旅行社不得设立分支机构。

> **特别提示**
>
> 或许你学习本章知识时，中外合资经营旅行社的注册资本最低限额等有关规定已经发生了变化，你可以通过网络等方式进行查询变化的内容。

2. 外商投资旅行社的设立程序。设立外商投资旅行社，由中国投资者向国务院旅游行政主管部门提出申请，国务院旅游行政主管部门于受理申请之日起60日内对申请审查完毕，予以批准的，颁发“外商投资旅行社业务经营许可审定意见书”。

申请人持“外商投资旅行社业务经营许可审定意见书”以及投资各方签订的合同、章程向国务院对外经济贸易主管部门提出设立外商投资企业的申请。予以批准的，颁发“外商投资企业批准证书”，并向国务院旅游行政主管部门领取“旅行社业务经营许可证”。

申请人凭“旅行社业务经营许可证”和“外商投资企业批准证书”向工商行政管理机关办理外商投资旅行社的注册登记手续。

模块二　实训与练习

一、社会调查

1. 实训专题：旅行社设立的环境条件。

2. 实训时间：约2课时。

3. 目的与要求：旅行社设立对外部环境的要求，能够分析外部环境条件对旅行社设立的影响。

4. 实训方式：社会调查，资料分析。

5. 实训内容：

（1）调查表设计：根据SWOT分析方法（自我诊断法），设计一份调查表格，主要考察项目为你的家乡或者学校所在地旅行社生存的外部环境，要求所设计的项目能够涉及到旅行社生存所面临的当地经济发展、旅游法规政策、旅行社行业的人才供需、当地旅游市场供需、周边城市的旅游供需等方面的状况。

附：参考样表（见表2－1）

表2－1　　旅行社生存的外部环境调查

调查项目	
本地区经济发展水平	
当地旅游发展政策	
旅行社行业的人才状况	
当地旅游供给市场	
当地旅游需求市场	
当地旅行社的竞争状况	

（2）社会调查：根据上述所列表格项目，进行当地资料的搜集和整理工作，完成表2－1的填写。

（3）资料分析：根据所搜集整理的材料，运用SWOT分析方法，试分析：在当地条件下，是否适合建立一家新的旅行社？完成下述报告：

经过调查与分析，根据SWOT分析方法，现将________市（区）旅行社设立的外部环境条件报告撰写如下：

优势（Strength）：

____

____

____

劣势（Weakness）：

____

____

____

机会（Opportunity）：

____

____

____

威胁（Threat）：

总结：

二、社会调查

1. 实训专题：旅行社选址。
2. 实训时间：约 4 课时。
3. 目的与要求：了解旅行社选址的原则和程序，掌握旅行社选址的方法。
4. 实训方式：社会调研。
5. 实训内容：

（1）设计调研表格，规划调研项目：假如你想在学校所在地或者你的家乡所在地设立一家旅行社，需要进行选址工作。请根据项目要求，设计一份选址调研表格。

附：参考样表（见表 2-2）

表 2-2

	备选地址 1	备选地址 2	备选地址 3
楼盘名称			
楼盘位置			
交通状况			
楼盘内租户现状			
临边商业环境			
临边居民环境			
拟租赁房屋在楼盘中的位置			
租赁方式			
租赁时间			
租赁面积			
租金及缴纳方式			
物业			
网线、电话线			
停车场			
备注			

（2）实地调研：有针对性地选择至少三处地址，然后进行详细的调研，完整的填写步骤（1）所列的调研项目。

（3）分析与比较：对所调研的备选地址材料进行分析，并进行优势和劣势的比较。

（4）选择与讨论：最终选择一处作为旅行社的营业地址，并与其他同学进行讨论，相互阐述理由。

（5）教师点评：教师对学生的最终调研成果进行点评与分析，总结旅行社选址的原则和基本技巧。

相关链接

旅行社选址的学问

旅行社选址，其重要性不言而喻。就国内的几个大的出游城市上海、广州、北京而言，上海的旅行社做得最好，广州也不错，北京比之还有一段差距。上海许多旅行社的门市设在繁华的西藏路，标志显著，对游人的吸引力很强。广州在闹市区及大商场内也能见到许多旅行社门面，常见游客驻足。北京在近几年，几家实力强的大旅行社也纷纷抢占好位置，在商业街区设起了门脸。行动虽迟了些，但终究有了行动。

美国旅游学者帕梅拉·弗里蒙特根据自己的实践经验，就旅行社的选址问题提出自己的以下见解：

1. 旅行社应设在繁华的商业区，以便吸引过往行人。

2. 旅行社营业处应有足够的停车场，便于公众停留。

3. 尽量避免选择旅行社林立的地区，以减少竞争压力。

4. 旅行社应选择中等收入家庭相对集中的地区，且附近有较大规模的企业，以便吸引人们参加旅游。

5. 旅行社营业场所以底楼为好，以方便顾客。

在美国，有关协会还就旅行社选址做了如下规定：旅行社不能设于家中，必须设在公众出入方便的商业区，并保证正常营业时间；旅行社不能与其他业务部门合用办公室，而且必须有独立的出口，如果设于高层商业建筑内，须有门与走廊相接；如果没有直接的通道，旅行社不能设于饭店内。

国外对旅行社选址的规定与经验是以其国情为基础的，我们可以作为参考。

北京曾在闹市区设立了一条旅游街，几十家旅行社、风景区扎堆做生意，生意出奇得好，家家有生意，都能挣到钱。可惜由于街道改建，这条旅游街给撤了。可见中国的国情是旅行社“扎堆”做生意好。

旅行社选址关系到其生存发展。现在国内许多的旅行社没有沿街的门市部，对其今后的发展十分不利，这种情况应该改变。既然是做生意，就要抢占好地段，“八路来宝，四方进财”，如人们常说的：财从德取利方长，友以义交情可久。

三、模拟练习

1. 实训专题：旅行社申办表格填写。

2. 实训时间：约 2 课时。

3. 目的与要求：了解旅行社申办所需填写的表格，掌握这些表格的基本填写方法。

4. 实训方式：模拟填写申办表格。

5. 实训内容：以下是申办旅行社时所需要填写的各种表格。假设你准备在某地（如学校所在城市）设立一家旅行社，请结合实际情况，并按照要求一一填写。

旅行社申请经营许可证时提交的有关资料如下：

（1）申请书。

申　请　书

____________________旅游局：

兹有

____

____

申请在

____

__________设立一家

国际旅行社

国内旅行社

旅行社中文名称为：

____

__________英文名称及缩写为：

____

__________该旅行社采取

____

__________方式设立，主要投资者及其投资额、出资方式为：

1.

2.

3.

4.

5.

总投资额为________________________万元人民币。

特此申请，请按规定审批。

申请人签章：

年　　月　　日

说明：

1. 抬头请填写接受申请的旅游局名称。其中，国际旅行社为省级旅游局，国内旅行社为省级或其授权的地市级旅游局。

2. 开始和结尾的申请人应当一致，多方共同投资的，应当推荐一方为申请人。

3. 旅行社名称应当符合旅游和工商部门的有关规定，原则上应由注册地、旅行社字号和行业名称组成，公司制的还应包括企业组织形式；使用与其他旅行社相同字号的，还应附同意其使用的证明材料；国内旅行社名称中不得含有"国际"、"海外"和其他可能使人误认为其为国际旅行社的字样。

4. 设立方式包括独立投资、合伙投资、有限责任公司、股份有限公司等种类。

5. 有多位投资者的，最多只需填报前5位。

6. 申请书所填申请时间应为提交符合规定数量、种类和其他要求的申请材料的时间。

（2）可行性研究报告。

可行性研究报告

要求：

本报告必须按照《旅行社管理条例》及其实施细则的有关规定，如实、清楚、全面地说明申请者申请设立旅行社的市场、投资、人员、经营等条件，包括客源市场和经营前景分析预测、投资能力说明、主要经营管理人员情况、营业场所和营业设施情况等。其中，投资能力必须附资信证明，人员条件必须附人员情况表，营业场所和设施要附相应的证明。

（3）资金信用证明。

资金信用证明

说明：将开户银行资金信用证明、注册会计师及其会计师事务所等出具的验资报告贴于此页。

（4）缴纳旅行社质量保证金承诺书。

缴纳旅行社质量保证金承诺书

________________________旅游局：

兹有

____

________保证：本报告申请设立的旅行社获得批准后，将按《旅行社管理条例》等规定，缴纳旅行社质量保证金______________万元。

申请人签章：

年　　月　　日

（5）营业场所和设施设备情况表（见表2－2）。

表2－2

营业面积		用房来源		租期	
地址		邮编			
提供单位证明和意见	单位签章 年　月　日				
营业设施设备情况					

名　称	单　位	数　量	价值（万元）	备　注
合　计				

（6）管理人员资格审核备案表（见表2－3）。

表2－3

拟任职务：法人代表（　　）总经理（　　）副总经理（　　）________部经理

姓　名		性　别		出生年月		照　片
民　族		政治面貌		文化程度		
参加工作时间						
从事主要工作						
职　称		证书名称及号码				
身份证号码					联系电话	
任职资格证书号码			颁发机关及时间			

从事旅游及相关工作经历	起止年月	工作单位	职务

说明：填报人员包括总经理、副总经理、财务主管和2名业务主管（部门经理）。

（7）旅行社章程。

旅行社章程

要求： 旅行社章程必须符合工商行政管理部门对企业章程的规定，明确规定企业的设立、变动和停业、歇业、破产的决策，投资及财务管理制度，经营范围、原则和方向，内部组织管理结构及原则，劳动用工及人事管理，分配方式等。

附：××国内旅行社有限公司章程（参考范本）

第一章 总 则

第一条 本章程依照《中华人民共和国公司法》和有关法律、法规的有关规定，为保障公司股东和债权人的合法权益而制定，本章程是××旅行社有限公司的最高行为准则。

第二条 ××旅行社有限公司是在工商行政管理部门登记注册的有限公司，具有独立法人资格，其行为受中国法律约束，其经济活动及合法权益受国家有关法律法规保护。

第三条 公司名称：××旅行社有限公司。

第四条 公司注册资本 30 万元。

第五条 公司采取股本募集方式设立有限责任公司。

第二章 经营宗旨和经营范围

第六条 经营宗旨：以优质的服务为社会各界提供旅游及其相关服务，并以此获得最好的经济效益。

第七条 经营范围：国内旅游及其相关服务。

第三章 股 份

第七条 公司注册资本 30 万元。

第八条 公司股本分等额股份，股票为记名股票，每股面值×元，计×股，共计××万元人民币。股东姓名或名称、出资方式及出资额如下：

自 然 人×××

姓名	性别	住所	身份证号码	出资方式	出资额	参股比例	出资时间

第九条 出资形式：公司采取内部职工及其他自然人以人民币认购出资的形式，由公司财务出具出资证明。

第十条 公司股东在公司供职期内不得撤股，但经董事会同意，可以在职工和股东内部转让本人所持有的股份。

第十一条 根据公司的发展，经董事会并经股东大会决议，可进行增资扩股，其方式按下述方式进行：

1. 职工配售新股。
2. 配发红利股份。
3. 公积金转为股本。

第十二条 股份的转让

1. 股份转让必须在内部职工或股东间进行。
2. 股值以转让之日的当月财务报告为依据核定。
3. 股东因故调离公司，所持股份需在调离之前办理转让；如转让不成，由现有股东按所持股份比例认购。股本以现金或实物兑付，自调离之日起3月之内付清。
4. 除公司统一协调认购或自由转让公司股份外，调离股东股份转让时之前两年公积金不得参与股值核定。
5. 按公司章程的出资时间，一年内股东不得抽回投资。如有特殊原因，由董事会2/3以上股东表决。

第四章 股东、股东大会

第十三条 公司的股份持有人为公司的股东。公司股东按其持有股份份额，对公司享有权利和义务。

第十四条 公司股东享有以下权利：

1. 出席和委托代理人出席股东大会，并按其所持有的股份行使相应的表决权。
2. 依照国家有关法律、法规及公司章程规定获取股利和转让股份。
3. 查阅公司章程、股东会议记录及会计报告，监督公司的经营，提出建议和质询。
4. 优先按股份比例认购公司新增发的股票。
5. 按其股份取得红利。
6. 公司清算时，按股份取得剩余财产。
7. 选举或被选举为董事会成员、监事会成员。

第十五条 公司股东承担下列义务：

1. 遵守公司章程。
2. 执行股东大会决议，维护公司利益。

3. 以其所认购股份认缴其出资额。

4. 以其所持有的股份对公司的亏损和债务承担责任。

5. 对公司的合并、分立、转让、清算等重大事项做出决议。

6. 选举或罢免董事会成员和监事会成员。

7. 修改公司章程。

8. 对公司其他重大事项做出决议。

9. 股东大会决议不得违反我国法律、法规及本公司章程。

第十六条 股东大会分股东年会和股东临时会议。股东年会每年举行一次。

第十七条 有下列情形之一，董事会应召开股东临时会议：

1. 董事缺额1/3。

2. 公司累计未弥补亏损达到实收股本总额的1/3时。

3. 占股份总额10%以上股东提议时。

4. 董事会或监事会认为有必要时。

第十八条 股东大会决议应有代表股份总额的2/3以上的股东出席，并有出席大会的2/3以上的股东表决通过。

第十九条 股东大会进行表决时，每普通股应有一票表决权。

第二十条 股东大会会议记录、决议由董事长签名，10年内不得销毁。

第五章 董 事 会

第二十一条 公司董事会是股东大会的常设机构，向股东大会负责。

第二十二条 公司董事会由若干名董事组成，其中董事长1名，董事若干名。

第二十三条 董事会由股东大会选举产生。每届任期3年，可以连选连任。董事任期内，经股东大会决议可罢免。

第二十四条 董事会候选人由上届董事会提名；由达到公司普通股份总额20%以上的股东联合提名的人士，也可作为候选人提交会议选举。

第二十五条 董事会行使下列权利：

1. 决定召开股东大会，并向股东大会报告工作。

2. 执行股东大会决议。

3. 审定公司发展规划和经营方针，批准公司的机构设置。

4. 制定公司增减股本及股票认购范围和方案。

5. 决定公司重要财产的抵押、出租、发包和转让。

6. 制定公司分离、合并、终止的方案。

7. 任免公司高级管理人员，并决定其报酬和支付方法。

8. 制定公司章程修改方案。

9. 审批公司各项管理制度和规定。

10. 其他应由董事会决定的重大事项。

11. 董事会做出前款决议事项，须由出席董事的半数以上表决同意，董事长在争议双方票数相等时，有两票表决权。

第二十六条 董事会至少有1/2的董事出席方为有效。董事会会议实行一人一票的表决制和少数服从多数的组织原则。

第二十七条 董事长由全部董事的1/2以上选举和罢免。

第二十八条 董事长为公司法定代表人。董事长行使下列职权：

1. 召集和主持股东大会。

2. 领导董事会工作，召集和主持董事会会议。

3. 签署公司重要合同和重要文件。

4. 提名总经理人选。

5. 在紧急情况下，对公司行使特别裁决权，但这种裁决必须符合法律规定和公司利益，并事后对董事会和股东大会报告。

第六章 监 事 会

第二十九条 公司设立监事会，对董事会及公司管理人员行使监督职能。监事会对公司股东大会负责并报告工作。

第三十条 监事会成员为1~3人，由股东大会选举和罢免。监事任期3年，可连选连任。监事不得兼任董事、总经理。

第三十一条 监事会行使下列职权：

1. 监事会代表列席董事会议。

2. 监督董事、经理等管理人员有无违反法律、法规、公司章程及股东大会决议的行为。

3. 监督检查公司业务及财务状况，有权查阅账本及会议资料，并有权要求有关董事和经理报告公司的业务状况。

4. 建议召开临时股东大会。

5. 代表股东与董事交涉。

第七章 经营管理机构

第三十二条 公司实行总经理负责制，设总经理1名，副总经理若干名，部门经理若干名。总经理由董事会提名，董事会聘任，工作向董事会负责。其他高级管理人员由总经理提名，董事会聘任，工作对总经理负责。

第三十三条 公司经营管理机构下设营销、计划、接待、票务、财务、办公室等部门。

第三十四条 总经理的主要职责：

1. 执行股东大会及董事会决议。

2. 拟定公司发展计划、年度经营计划、年度财务预决算方案以及利润分配和弥补亏损方案。

3. 任免和调配公司管理人员和工作人员。

4. 决定对职工的奖惩、升降级、加减薪、聘任、招用、解聘及辞退。

5. 全面负责公司的经营管理，代表公司处理日常经营管理业务和公司对外业务。

第三十五条 总经理主持召开总经理办公会，研究决定公司的营销策略、日常管理等事务。

第三十六条 总经理办公会每周一次，由总经理、副总经理和各部门经理组成。办公会须做详细记录，并存档。

第三十七条 总经理直接对总经理办公会负责，执行办公会的各项决定，组织领导公司的日常经营管理工作。

第八章 财务会计

第三十八条 公司的财务会计制度按照《中华人民共和国股份制试点企业会计制度》及国家其他法律、法规的有关规定办理。

第三十九条 公司的会计年度采用公历年制，自公历每年1月1日起至12月31日止为一个会计年度。

第四十条 公司以人民币为记账本位币。公司一切凭证、账本、报表用中文填写。

第四十一条 公司财务报表按有关规定报送各有关部门。

第四十二条 公司依法向税务机关申报会计报表并缴纳税款，税后利润按下列顺序分配：

1. 弥补亏损。
2. 提取奖金。
3. 提取法定盈余公积金。
4. 支付股利。

第四十三条 公司税后利润的分配比例为：

1. 提取10%用于奖励职工；奖励比例：一般职工、部门副职、部门正职、副总经理、总经理原则上按照X、1.3X、1.5X、1.3×1.5X、1.5×1.5X分配；具体分配方案由总经理办公会决定，报董事会批准后执行。
2. 法定盈余公积金提取比例为10%。
3. 用于支付股利的比例为80%，其中20%为留存利润，用于股本增值；80%用于红利分配。以上具体分配比例由董事会根据公司状况和发展需要拟定，经股东大会通过后执行。

第四十四条 公司股利每年支付一次，按股份分配，在公司决算后进行。

第四十五条 公司分配形式采取下列形式：

1. 现金。
2. 股票。

第四十六条 公司实行内部审计制度，建立内部审计机构，在监事会领导下依据公司章程规定，对公司财务收支和经营活动进行内部审计监督。

第九章 劳动人事和工资福利

第四十七条 公司职工的雇用、解雇、辞职、工资、福利、劳动保险、劳动纪律等事宜依照国家有关法律法规执行。

第四十八条 公司所需经营管理人员经劳动部门同意后，从社会上择优招聘。

第四十九条 公司根据国家有关法律法规制定本公司内部管理制度，并有权对违反公司规章制度和劳动纪律的职工给予警告、记过、降级或开除等处分；对开除处分的职工报劳动部门备案。

第十章 公司解散事由与清算办法

第五十条 公司有下列情况之一时，可申请终止并进行清算：

1. 因不可抗力因素致使公司经营严重受损，无法继续经营。
2. 违反国家法律法规而被依法撤销。
3. 公司设立的宗旨业已实现。
4. 公司宣告破产。
5. 股东会决定解散。

第五十一条 公司宣告破产时参照《中华人民共和国企业破产法》有关规定执行。

第五十二条 公司召开股东大会，成立清算组。清算组行使以下职权：

1. 清算方案，清理公司财产，并编制资产负债表及财产清单。
2. 处理公司未了结业务。
3. 处理公司债权。
4. 偿还公司债务，解散公司从业人员。
5. 处理公司剩余财产。
6. 代表公司进行诉讼活动。

第五十三条 清算组在发现公司财产不足清偿债务时，应立即停止清算，并向人民法院宣告破产。公司经人民法院裁定宣告破产后，由人民法院按照破产程序对公司进行处理，清算组应向其移交清算事务。

第五十四条 公司决定清算后，任何人未经清算组批准，不得处理公司财产。

第五十五条 公司财产优先拨付清算费用外，应按下列顺序进行清偿：

1. 自清算之日起前3年所欠公司职工工资和社会保险费用。
2. 所欠税款。
3. 银行贷款、公司债券及其他业务。

第五十六条 公司清偿后，清算组应将剩余财产分配给各股东。清算结束后，向工商部门和税务机关办理注销登记，并公告公司终止。

第十一章 附 则

第五十七条 公司在未成立董事会、监事会之前，由股东大会行使董事会职权，法人行使董事长职权，监事行使监事会职权。

第五十八条 公司股东大会通过的有关章程的补充和修订之决议，以及董事会根据本章程制定的实施细则和有关规定制度，视为本章程的组成部分。

第五十九条 本章程的解释权属于董事会。

第六十条 本章程条款如有与法律和国家现行政策不符时，以法律和有关政策为准，并应按法律政策之规定，即时修改本章程。

第六十一条 本章程需经全体股东审阅签字盖章后即时生效。

全体股东签名：

四、模拟训练

1. 实训专题：旅行社申办程序模拟。
2. 实训时间：1 课时。
3. 目的与要求：掌握旅行社申办的程序。
4. 训练方式：模拟练习旅行社申办程序。
5. 实训内容：小王负责办理一家新旅行社的设立手续，请你根据“基础知识”中所述“旅行社设立的基本程序”，根据你的家乡或学校所在地的情况，告诉小王应该去何处办理这些手续，需要递交哪些材料？（见图 2－1）

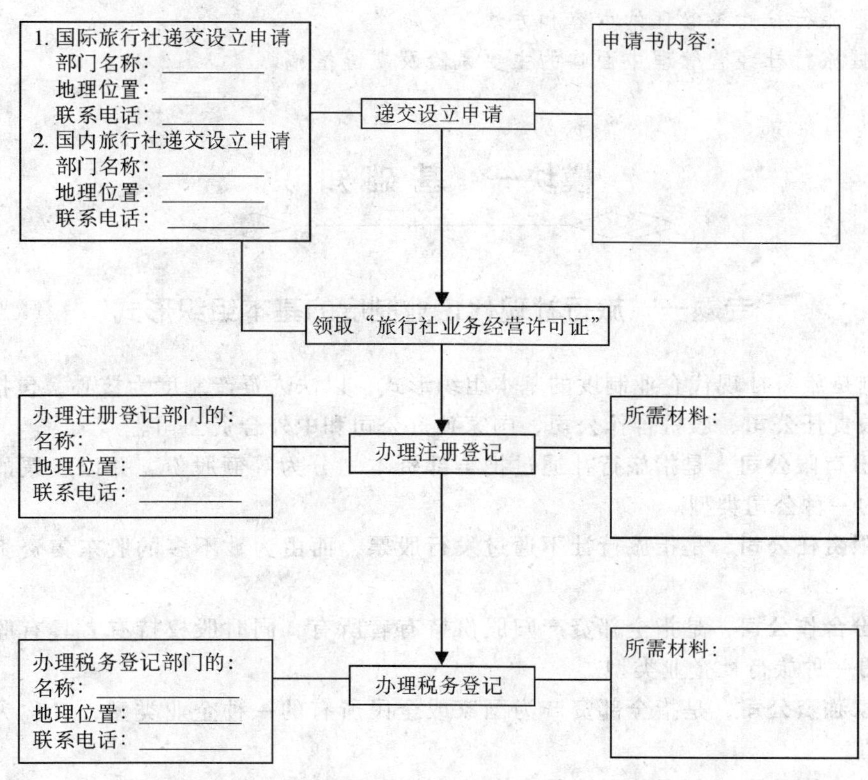

图 2－1

第三章

旅行社职能管理

实训目的

- □ 了解旅行社现代企业制度的基本组织形式
- □ 掌握旅行社组织机构形式的选择
- □ 掌握重点岗位的人力资源管理方法
- □ 掌握旅行社财务管理的内容和方法
- □ 掌握旅行社经营管理中面临的主要风险及规避措施

模块一　基础知识

专题一　旅行社现代企业制度的基本组织形式

公司制是旅行社现代企业制度的基本组织形式，以法人资产制度为核心，包括股份有限公司、有限责任公司、股份合作公司、国家独资公司和中外合资公司。

1. **股份有限公司**，是指旅行社通过把全部资本划分为等额股份，并以股票的形式上市自由交易的一种公司类型。

2. **有限责任公司**，是指旅行社不通过发行股票，而由为数不多的股东集资组成的一种公司类型。

3. **股份合作公司**，是指全部资产归股份持有者所有，同时股权持有者具有股东和员工双重身份的一种旅行社企业类型。

4. **国家独资公司**，是指全部资产为国家或全民所有的一种企业类型，又称为全民所有旅行社公司。

5. **中外合资公司**，是吸收了境外资本的股份有限公司或者责任有限公司。

专题二　旅行社的组织机构设计

一、影响旅行社组织设计的因素

1. **生产的专业化**。“专业化”是指一个人或组织减少其生产活动中不同职能的操作种类，或者说将生产活动集中于较少的不同职能的操作上；而“分工”作为专业化生产的基础，则是指两个或两个以上的个人或组织，将原来一个人或组织的生产活动中所包含的不同职能的操作分开进行。

生产专业化的优点：(1) 使复杂的工作变得简单；(2) 使具体操作环节便于掌握；(3) 有助于操作精度与速度的提高；(4) 便于对从事每一具体环节操作的人进行工作考核与指导。

不足之处：(1) 工作变成了简单机械的重复，易使人产生厌烦情绪；(2) 从事具体环节工作的人难以看到自己工作的完整意义，无法体验成就感。

2. **部门化，是对细分工作按照某种需要进行组织**。

(1) 古典管理理论中以产业为中心的三种形式：产品导向部门化、顾客导向部门化、地理位置导向部门化。

产品导向部门化：将企业生产的产品划分成几大类别，同时划分几个独立分部进行生产的做法。

顾客导向部门化：以其服务的顾客为基础进行部门划分。

地理位置导向的部门化：按其业务涉及的地点进行部门划分。

(2) 以内部作业为基础的两种形式：职能导向部门化、生产过程部门化。

职能导向的部门化：以每个单位所进行的作业作为设计基础，对某一大项工作中有关联的几大环节分解后的结果。

生产过程导向的部门化：根据技术作业将工作进行分组。

3. **管理跨度**。一个管理人员所拥有的直接下属的数量，以“合适”为宜。要确定合适的标准，就要考虑不同组织的具体情况：(1) 管理人员的能力；(2) 任务性质，任务本身需要的协调与统筹的工作量大小与控制跨度呈现反比关系；(3) 人员素质。

权力分配或授权应遵循的原则：(1) 给下属必要的授权，避免过度或不充分。(2) 授权时考虑被授权对象的能力，避免盲目授权。(3) 授权的关键是“权、责、利”三位一体的统一，避免“有权无责”、“有责无权”和“有责无利”现象。

4. **社会适应性**。组织设计应与当地政治、经济及社会制度保持同步，与其他相关旅行社具有一定的相似性。

二、旅行社组织设计的原则

1. 目标任务原则，就是根据旅行社的经营目标来确定旅行社的组织机构。

2. 按岗定人的原则。确定部门与岗位之后，旅行社的人力资源管理部门就要选择合适的人员去填充到相应的部门与岗位之中去。

3. 责、权、利相统一与分工的原则。要调动员工的积极性，很重要的一点就是要将各岗位的责任、权力、利益明确规定下来，以便发生问题之后就事论事。规定明确的职责范围，确定何事该由谁负责、完成了有何利益、不完成又有何惩罚；同时，要给予员工充分信任，赋予员工在完成工作时的充分权力，避免部门之间、人员之间的掣肘。

4. 精干高效的原则。组织机构设计中最忌机构臃肿、人浮于事。

三、旅行社组织结构形式的选择

1. 直线制，是按直线垂直领导的组织形式。旅行社的命令和信息从企业的最高层到最低层垂直下达和传递，各级管理人员集合各种所需要的管理职能于一身，统一指挥，兼顾多种业务。所以，一般的直线制无职能部门或只设一个职能部门，其特点是组织结构简单，责权明确，层次分明，互相间的矛盾和磨擦较少，工作效率较高。直线制组织形式比较适合规模较小、业务较简单的旅行社企业。

2. 直线—职能制。我国的旅行社目前较多采用直线—职能制，这一形式也称为“业务区域制”。旅行社把所有的机构和部门分为以下两大类：

一类为业务部门。这类部门可以独立存在，有自身特定的业务内容，如旅行社的接待部、外联部、综合业务部等。它按直线形式组织，结构简单，责权分明，效率高，但不利于横向的多维联系。

另一类为职能部门。这类部门不能独立存在，它为业务部门服务，如旅行社的人事部、财务部、办公室等。两类部门按分工和专业化的原则执行某一项管理职能。

这类管理体制的优点是：既能统一领导，又实行专业化分工协作，便于组织各方面的力量，实现企业的经营目标。缺点是：不易发挥下级的积极性、主动性；业务部门与职能部门在经营目标上会发生矛盾，最高领导的协调工作量大；整个组织适应性较差，对新情况不能及时做出反应。

3. 事业部制，有按产品种类划分的，也有按地区划分的，以后者更为常见。这种结构的特点是“集中决策，分散经营”。董事会掌握总的方针政策的决定权，总经理在董事会授权下，统一领导各个事业部，主要集中控制财务和人事。下设若干副总经理，每人分管若干事业部。事业部经理在生产经营方面有相当大的自主权，可以在公司总方针的范围内独立经营，独立核算，自负盈亏。公司、事业部、分公司都可以设立职能部门，为主管人员当参谋。

这种结构的优点是：（1）可使最高管理层摆脱日常行政事务，集中精力研究公司的战略方针。（2）事业部可以充分发挥主动性，根据实际情况及时调整生产销售，灵活经营，并且可以在事业部范围内协调生产、销售、经营等各方面的力量。（3）按产品性质划分事业部，有利于业务专业化与协作。（4）有利于培养管理人才。

这种结构的缺点是：各层次重复，需要相同的资源；管理人员多，增加行政管理费用；各事业部容易产生独立倾向，甚至相互竞争，忽视公司整体利益。

四、旅行社业务流程再造

旅行社业务流程再造致力于改造企业的组织结构和组织方式，以提高旅行社的生产效率及协调程度。业务流程再造的核心思想是：顾客是变革的着眼点，按照组织目标设计工作程序、整合工作程序，把权力与责任下放，组织重构，以支持一线员工的工作。

旅行社业务流程再造的根本原因是传统的企业组织模式已不适应现代企业发展的需要。

大多数企业，特别是中小型旅行社企业，在过去相当长一段时间里都是按同一种方式建立它们的组织结构的，即通常所谓的职能性组织。这种企业组织结构模式的理论基础是“分工带来效率”，即从事着相似的工作和具有相似技能的人被分配到同一部门。旅行社业务流程再造主要包括以下内容：

1. **对分工进行整合**。把许多详细划分的工作单位组合成几个大的复杂的工作单元，减少产品和工作程序组成部分的数目。

2. **对任务进行整合**。允许员工从事工作程序中多个环节的工作，并允许他们之间进行协调，而不是分工更细。鼓励实行多职能化、工作轮换、非专门化和对组合后的程序进行设计，让人们在独立的团组中互相协调地进行工作。

3. **对知识进行整合**。员工必须对工作程序的各个环节有更多的了解，除了解自身所从事的工作外，他们还应该能够成功地和在任何环节上工作的员工进行协调。企业不应对员工进行过于专业化的教育和培训，而应对其进行多种技能的综合教育和培训。

专题三　旅行社人力资源管理

一、人力资源管理与人事管理

人力资源是能够推动企业的发展，有利于企业实现其预期经营目标的员工的各种能力的总和。**人力资源管理是指在人力资源的获取、开发、培养、保持和使用等方面所进行的计划、组织、控制和协调的活动**。它是通过人力资源的招聘、选择、录用、工作绩效考核、评价、培训、提升、调配、奖励和福利等诸多环节，研究旅行社组织中人与人关系的调整，人与事的协调，以充分开发人力资源，挖掘人的潜能，调动人的积极性，运到因事而求才、因才而施用，使每个人的品德、才能、资历与其所承担的工作相吻合，提高工作效率，实现企业的经营目标。人力资源管理包括人事管理、工资管理、安全管理和培训管理等。

人事管理主要包括工作分析、工作设计、劳动组织、定额定员、工作纪律以及员工的招聘、录用、调配、考核、档案等管理工作。

工资管理内容包括工资、奖金、津贴、福利和劳动保险等方面工作。

安全管理业务范围包括旅游者的管理、旅行社内部的治安保卫工作、国家安全工作和保密工作。

培训管理内容包括制定培训计划，确定培训内容，落实经费、师资、场地，编印或购买教材，组织导游人员及其他员工的培训考核等工作。

二、旅行社人力资源管理的特点

1. 企业规模普遍偏小，一人从事多项工作的现象大量存在。在我国现阶段，中小旅行社占行业的绝大多数。企业规模偏小，导致人员分工不够明晰，员工往往需要一专多能，并在不同情况下从事不同工作，比如，既做计调，又带团做导游。这种情况从某种意义上讲节约了一定的人力成本，但由于分工不明确，人员归属不确定，使各部门的管理往往难以奏效，增加了人力资源管理的难度。

2. 员工工作内容较灵活，绩效考核难度大。旅行社的业务涉及方方面面，旅行社员工的工作性质也非常灵活，尤其是导游人员，经常在外面带团，在社里时间很少，管理者很难了解员工工作的全过程；同时，旅行社对旅游者提供的是无形的服务，对其服务质量的评价标准很大程度上来自于旅游者的感受，不像有形产品一样易于按照明确的标准来考核。这就增加了旅行社人力资源管理部门对员工绩效考核的难度。

3. 员工流动性大，招募、培训任务比较重。旅行社行业是一个人员流动极大的行业，企业间、行业间的人员流动现象都很突出。旅行社的人力资源管理部门要经常性地招募新员工补充员工队伍。同时，各行业、各企业的操作规范、企业文化都有所区别，旅行社管理者还必须对新加盟的员工进行必要的培训。在员工队伍相对稳定的行业，这方面的工作就轻松很多。

小测试

旅行社员工，尤其是导游人员流动率过大一直是业内讨论的热点话题。请讨论一下，造成这一问题的原因有哪些？又该如何克服呢？

三、旅行社人力资源管理的过程

1. **制定计划**。旅行社的人力资源管理部门首先要根据旅行社的经营目标确定现在及未来对员工数量与质量的需求情况，并据此制定详尽的计划。管理人员根据企业目标设定部门、细分岗位之后，对每一职务都要进行职务分析，确定该职务的工作目的、职责、工作内容、工作环境、所需具备的知识与技能要求等。制定人力资源计划可以使旅行社的人力资源配比更加合理，避免无谓的浪费。

2. **招募员工**。在员工遴选阶段，最重要的就是看应聘者是否符合职务要求。旅行社可以通过填申请表、面试、知识或技能测试、核实材料、体格检查等环节来确认应聘者的任职资格。

此外，由于旅行社的员工经常要与各方面打交道，人员必须具备比较开朗健康的心态，同时具有较强的与人交往的能力。对于这一点，在选拔员工时需要特别注意。

3. **人员培训**。人员培训是旅行社人力资源管理的一项长期工作任务，对新老员工都要进行定期培训。培训的内部不仅包括知识与技能，还可以在培训中宣传企业历史，介绍先进员工事迹，宣扬企业价值观念和企业文化，促进员工思想转变，也有助于增加企业的凝聚力和向心力。

4. **绩效考核**，是依据一定标准对员工在工作岗位上的行为表现进行衡量与评价，以形成客观公正的人事决策。进行绩效考核可以促进员工提高工作效率，改进工作方法；可以使企业的奖惩具有客观依据；可以为企业人事变动提供基础；还可以更有效地安排员工培训。

5. **合理激励**。合理的激励措施能够调动员工积极性，而且有利于吸引人才、留住人才。旅行社管理者必须重视员工的心理感受，这样才能使员工得到更高层次上的、全面的心理满足，也才真正留得住人心。

四、旅行社主要岗位人力资源的管理

1. **对职业经理人的管理**。由于旅行社投资主体的复杂性，多数投资人（组织）没有精力或能力亲自（或派组织内部人员）管理旅行社，对职业经理人的需求应运而生。旅行社职业经理人分为高级职业经理人和职业经理人。旅行社高级职业经理人为旅行社总经理、副总经理以及不设副总经理的旅行社总监级管理岗位。旅行社职业经理人为旅行社部门经理、副经理、经理助理以及大型旅行社主管级管理岗位。

职业经理人要具有对投资人负责的态度、高度的敬业精神，保证投资人的资产保值、增值；职业经理人要具备丰富的知识与出色的管理能力，能够通过科学管理实现企业的经营目标；职业经理人要善于协调投资人、员工、旅游产品供应商、旅游者之间的复杂关系。在不同旅行社的管理过程中，职业经理人以自己的经营管理业绩得到他人的认可或排斥，影响投资人对其的信任程度，失败者会被淘汰出职业经理人市场，而成功者将获得相应收益。

2. 对导游人员的管理。在《导游人员管理条例》中，明确规定了旅行社对导游进行日常管理的职责：对导游员进行政治思想、职业道德、法制、纪律教育；组织导游业务培训；负责内部考核和奖惩工作；处理旅行者对导游员的意见、投诉。由于导游工作的特殊性，使导游管理比较困难。旅行社对导游进行有效的管理要做好下述几个环节的工作：

（1）做好导游人员的培训工作，包括：敬业精神培训、服务意识培训、导游业务培训、政治思想培训、导游知识专题培训等，同时还要在导游人员中开展导游业务的定期交流，提高导游人员的接待能力。

（2）实行合同管理，强化导游员责任感。对导游员实行合同管理是促使导游员依法为旅游者提供导游服务的保证，是提高服务质量的重要措施，可以促进导游员增强责任感、自觉为旅游者服务。

（3）建立健全导游员技术等级评定制度。导游员技术等级评定制度适用于全国专职和兼职导游员，这有利于调动导游员的工作积极性，同时也有利于我国导游服务质量的提高和导游员队伍的建设。

由于导游工作的特殊性和导游职业的自由化趋势，使兼职导游在导游员中所占比例越来越大，对兼职导游员的管理逐渐成为旅行社导游管理工作的重要组成部分。对兼职导游员的管理是一个长期的过程。在管理中要注意以下几个方面：

（1）建立档案。导游管理部门应将所有的兼职导游员的个人资料归档，以便全面了解导游人员对工作的胜任情况。

（2）订立合同。对兼职导游人员实行合同管理，是促使导游员增强工作责任感、提高服务质量的重要措施。

（3）质量保证金制度。在旅行社与导游员签订合同时，要求导游员缴纳一定的质量保证金，以约束导游员的行为。

（4）导游例会。导游例会是定期对导游员召开的会议，以使导游员增强组织观念、沟通信息、增进了解、增加凝聚力。

（5）组织培训。兼职导游员也要和专职导游员一样定期接受培训，以提高导游人员的素质和接待的质量。

（6）导游员的等级评定。旅行社的导游管理部门要对兼职导游员进行考核评定，优胜劣汰，以确保导游队伍的质量。

3. 对营销、计调人员的管理。相对于导游人员而言，营销、计调等岗位人员不直接对旅游者提供服务，属于旅行社的二线员工，但是他们的工作也是至关重要的。他们的工作直接影响到旅行社的销售业绩，也是导游顺利接待游客的后勤保障。对这类人员，要充分认识到他们工作的重要性，培养他们的敬业精神。同时，要加强流程管理，分清责任，层层把关、提高工作效率。作为管理者，要协调导游与一般业务人员的矛盾，有条件的情况下，尽量让各部门人员有机会轮岗，促进他们互相理解，以利于更好地开展工作。

专题四　旅行社财务管理技术

一、旅行社财务管理

1. **旅行社财务管理的概念**。财务管理是一种价值管理，它利用货币形式对企业的资金运动进行预测、计划、组织、监督和控制，是企业管理的重要组成部分，并贯穿于企业经营活动的全过程。**旅行社财务管理就是根据旅行社的经营目标，按照资金运动规律，对资金进行筹集、使用、调节和监督，并正确处理由此而引起的经济关系**。它不仅是财务人员的职责，也是旅行社各级管理人员的职责。

2. **旅行社财务管理的职能**主要有：积极筹集资金，保证企业正常生产经营；进行成本效益管理，实现企业利润最大化；提供财务监督，确保企业合法经营；分配利润，协调各方利益关系等。

3. **旅行社财务管理的目标**，又称理财目标，是指旅行社进行财务活动所要达到的根本目的，它决定着旅行社财务管理的基本方向。旅行社财务管理的目标离不开旅行社整体经营的总目标，同时，它又受到财务管理本身特点和国家财税政策、法规的制约。因此，旅行社要在充分研究财务活动客观规律性的基础上，明确理财的总体目标。**旅行社企业的总体目标是什么？就是千方百计地提高旅行社的经济效益，即经济效益最大化**。谋求最佳的经济效益首先是旅行社的目标，而财务管理对于这一目标的实现具有特殊的作用。旅行社财务管理的目标是：

（1）以利润最大化为目标。利润代表了旅行社新创造的财务或剩余价值，它反映了当期日常经营活动中投入与产出对比的结果，在一定程度上体现了旅行社经济效益的高低。利润是增加旅行社投资收益、提高旅行社员工劳动报酬的来源，也是旅行社补充资本公积、扩大经营规模的源泉。

（2）以财富最大化为目标。财富最大化是旅行社通过合理经营，采用最优的财务政策，在考虑资金的时间价值和风险报酬的情况下，不断增加旅行社的财富，使旅行社的资产总值达到最大，也就是旅行社资产的价值最大限度地增值。只有旅行社的资产价值增多了，生产能力强大了，旅行社才会具有持久的盈利能力，并具有雄厚的抗御风险的能力。

二、旅行社财务管理的内容

（一）旅行社资产管理

1. 流动资产管理。旅行社可以在一个营业周期内（通常为一年）将其转变为现金或者耗用的资产，主要有：货币资产、生息资产和债权资产。

（1）货币资产管理。旅行社的货币资产主要包括现金和银行存款。旅行社在货币资产管理中主要采取下列措施：确定旅行社的现金库存限制；严格控制现金使用范围；严格现金收支管理；加强银行存款管理；严格控制先进支出。

（2）生息资产管理。为了减少因在企业内保持超出日常开支所需的货币资金而蒙受利润损失，旅行社应将其暂时闲置的货币资金投资于生息资产。生息资产也称短期有价证券或者金融资产，主要包括期限在一年以下的国库券、商业票据、银行承兑汇票和可转让定期存单等。生息资产一般具有三个特点：能在短期内变成现金；能产生较多的利息；市场风险小。

（3）债权资产管理。旅行社的债券资产主要指应收账款。债权资产的管理主要采取以下几种措施：①制定和执行正确的信用政策，包括制定信用政策；规定赊销的条件；规定收取应收账款的程序。②应收账款的管理办法：首先，比较应收账款的回收期。旅行社将应收账款的实际回收期同规定的回收期进行对比，分析问题所在，以便采取相应的纠正措施。其次，分析账龄。旅行社可将所有赊销客户所欠应收账款按时间长短顺序编制成表，分析其中拖欠时间超过规定回收期的客户的拖欠原因，确定客户的信用程度。旅行社可以根据所分析的结果采取相应的措施，以避免可能发生的坏账损失。最后，定期检查客户的应收账款。检查的主要内容包括客户对本旅行社招徕客源的重要程度及占旅行社总接待量的比重，应收账款的支付情况，客户未能偿付欠款的原因。

2. 固定资产管理。固定资产是指使用年限在一年以上的房屋、建筑物、机器、机械、运输工具和其他与生产经营有关的设备、器具、工具等。旅行社对固定资产的管理主要应从以下几个方面入手：

（1）固定资产折旧的计提。固定资产计提折旧的范围包括房屋和建筑物；在用的机器设备、运输车辆；季节性停用、修理停用的设备；融资租入的设备；以经营租赁方式租出的固定资产。

固定资产计提折旧的方法主要有：

①**平均年限法**，又称为直线法，是我国目前最常用的计提折旧方法。旅行社采用平均年限法计提固定资产的折旧时，先以固定资产的原始成本扣除净残值，然后按照固定资产的预计使用年限平均分摊计算每年或每月的折旧额和折旧率。其计算公式为：

年折旧率 =（1 − 预计净残值率）/固定资产的预计使用年限 × 100%

月折旧率 = 年折旧率/12

月折旧额 = 固定资产原始价值 × 月折旧率

②**工作量法**是一种以固定资产的具体使用时间或使用量为自变量，且与年限无绝对直接依存关系的折旧方法。

（2）固定资产的处理。

①修理费用的提取。旅行社发生的固定资产修理费用计入当期成本费用。对数额较大、发生不均衡的修理费用，可以分期摊入成本费用，也可以根据修理计划分期从成本中预提。

②固定资产盘亏、盘盈及报废的处理。对盘亏及毁损的固定资产应按原价扣除累计折旧、过失人及保险公司赔款后的差额计入营业外支出。对盘盈的固定资产，应按其原价减估计折旧后的差额计入营业外收入。

（二）旅行社成本与费用管理

1. 旅行社成本费用，是指旅行社在一定时期内的经营活动过程中发生的以货币额表现的各种耗费。

（1）成本费用构成包括营业成本、营业费用、管理费用和财物费用。

营业成本：在经营过程中发生的各项直接支出。

营业费用：在经营过程中的各项费用。

管理费用：旅行社组织管理经营活动而发生的费用，以及由旅行社统一负担的费用。

财物费用：旅行社为筹集资金而发生的费用。

（2）成本费用分析：单团成本分析和部门批量成本分析。

单团成本分析：编制成本计划；实际成本与计划成本进行对比；加强信息反馈。

部门批量成本分析：编制各部门接待一定批量旅游者的计划成本及计划成本降低额；核算实际成本及实际降低额；从旅游者数量变动、产品结构变动、成本变动三方面进行因素替代分析；将信息反馈给有关部门。

（3）成本费用核算：单团核算和部门批量核算。

单团核算：旅行社就接待的每一个旅游团为核算对象进行经营盈亏的核算。

部门批量核算：以旅行社的业务部门在规定的期限内接待的旅游团的批量为核算对象进行的核算。

2. 成本费用的控制。成本费用控制的内容：

（1）制定成本费用标准。

①分解法，是指将目标成本和成本降低目标按成本项目进行分解，明确各成本项目应达到的目标和降低的幅度。

②定额法，是指旅行社首先确定各种经营成本或费用的合理定额，并以此为依据制定成本费用标准。

③预算法，是指把经营成本划分为与销售收入成比例增加的变动费用、不成比例增加的半固定成本费用或半变动成本费用，以及与销售收入增减无关的固定费用，按照业务量来分别制定预算，作为成本控制标准。

（2）日常控制。

①建立成本控制信息系统。旅行社应该通过建立成本费用控制系统来对经营活动过程中产生的成本费用进行成本控制。

②实行责任成本制。为了加强成本控制，旅行社应实行责任成本制度，把负有成本责任的部门作为成本责任中心，使其对可控成本负完全责任。

③进行重点控制。旅行社管理者应在日常成本费用控制中对占有成本比重较大的部门或岗位、成本降低目标较大的部门或岗位和目标成本实现较难的部门或岗位进行重点控制，按照确定的标准，对这些部门或岗位的成本费用进行检查和监督，以降低成本费用，提高经营利润。

（3）检查与考核。

①检查成本计划的完成情况，查找和分析产生成本差异的原因。

②评价各部门和个人在完成计划过程中的成绩和缺点，给予应有的奖励和惩罚。

③总结经验，找出缺点，提出办法，为进一步降低经营成本提供信息，推广先进经验，

为修订标准提供可靠的参数，把成本控制的科学方法标准化。

（三）旅行社营业收入和利润管理

1. 旅行社营业收入管理。

（1）营业收入的构成。**旅行社的营业收入是指旅行社在一定时期内向旅游者提供服务而获得的全部收入**。旅行社的营业收入主要由以下几个部分构成：

①综合服务费收入，是指为旅游团（者）提供综合服务所收取的综合服务收入，包括导游费、餐饮费、市内交通费、全程陪同费、组团费和接团手续费。

提示

现在有越来越多的旅行社实行了餐饮费单列。

②房费收入，是指旅行社为旅游者代订饭店的住房后，按照旅游者实际住房等级和过夜天数收取的住宿费用。

③城市间交通费收入，是指旅游者为旅游期间在旅游客源地与旅游目的地之间及在旅游目的地各城市或地区之间乘坐各种交通工具所付出的费用而形成的收入。

④专项附加费收入，主要是指旅行社向旅游者收取的汽车超公里费、风味餐费、游江（河）费、特殊游览门票费、文娱费、专业活动费、保险费、不可预见费等项收入。

⑤单项服务收入，主要是指旅行社接待零散旅游者和委托代办事项所取得的服务收入、代理代售国际联运客票和国内客票的手续费收入以及代办签证收费等收入。

（2）营业收入的管理。

①确定营业收入的原则。按照国家的有关规定，旅行社在确认营业收入时应实行权责发生制。根据权责发生制，旅行社在符合以下两种条件时，可确认其获得了营业收入：旅行社已经向旅游者提供了合同上所规定的服务；旅行社已经从旅游者或者组团旅行社处收到了价款或取得了收取价款权利的证据。

②界定营业收入实现时间的原则。由于旅行社经营的旅游产品不同，其营业收入实现的时间也各异。根据有关规定，旅行社营业收入实现时间的界定原则为：

入境旅游：旅游者离境或离开本地时。

国内旅游：接团社，旅游者离开本地时；组团社，旅游者旅行结束返回原出发地时。

出境旅游：旅游者结束旅行返回原出发地时。

2. 旅行社的利润管理。**旅行社的利润是指旅行社在一定时期内的收入扣除成本费用等各项支出以后的差额**。旅行社的利润集中反映了企业经营活动的成果。利润总额有三部分：营业利润、投资净收益、营业外收支净额。**利润管理，就是对利润进行预测、规划和实现目标利润**。其公式如下：

目标利润 = 预计营业收入 − 目标营业成本 − 预计营业税金 − 预计费用

三、旅行社的业务核算

（一）组团业务核算

1. 审核报价。报价是旅行社业务流程中的关键环节之一。财务部门要根据旅游团（者）

的旅游活动日程、旅游团队的标准要求及其旅行的时间，对销售人员填制的报价单进行审核。审核的内容主要是报价与日程、客人要求的标准和时间上是否一致等。

2. 核算组团收入。组团社通过招徕旅游团（者）和组织旅游团（者）进行旅游获得的收入称为组团营业收入。这种营业收入主要由服务费、房费、餐费、城市间交通费、景点费用及其他附加费用构成。

3. 核算组团成本。旅行社核算其组团成本时，检查重点是所采购的旅游服务是否是按照采购合同上双方同意的价格进行结算的。

旅行社在核算其组团成本时，还应该根据接待计划和全程陪同填写的各地支出情况预先逐团列支，待各地接待社将结算单寄到后，再分别列入各结算单位的结算账户。营业成本的内容基本是与营业收入的内容相对应而发生的。

（二）接待收入核算

1. 审核结算通知单。**结算通知单是接待旅行社向组团旅行社收取接待费用的凭证，由旅游者的全程陪同填写，并由接待的地方陪同签字**。如果旅游者没有配备全程陪同，则由接待该旅游者的地方陪同负责填写结算通知单。结算审核的重点是组团社名称、计划号码、旅游者人数、等级、抵离时间、活动项目、计价标准等与接待计划和变更通知是否一致；各项费用计算是否正确；填写项目是否齐全；有无陪同人员的签字确认。

2. 核算接待收入。接待业务收入主要由综合服务费、房费、餐费、城市间交通费和专项附加费构成。接待旅行社在计算接待收入时，应根据与组团旅行社事先确定的结算方法计算出因接待旅游者应得到的综合服务费收入及其他各项收入。接待旅行社在计算各项费用时，应注意旅游团所属的等级和接待的季节，以避免出现诸如少要款项、错算旅游者接待标准和等级和季节差价以及金额计算错误等差错。

3. 核算成本费用。接待旅行社在审核其营业成本时应按照收入/支出配比的原则认真进行成本核算，严格审核应付给饭店、餐馆、汽车公司、旅游景点等的款项，做到“分团结算，一团一清”。对盈利少的团要严格审核，对亏损的团要查出原因。在核算成本费用时，接待旅行社可根据自身业务的特点，采用单团成本核算、批量成本核算等方法。

四、旅行社的财务分析

（一）财务报表

1. 资产负债表。**资产负债表是反映旅行社在某一特定日期财务状况的报表。它以“资产=负债+所有者权益”这一会计基本等式为依据，按照一定的分类标准和次序反映旅行社在某一个时间点上资产、负债和所有者权益的基本状况。**

资产负债表包括三大类项目：资产、负债和所有者权益。报表的左方为资产类部分，反映旅行社的资产状况。资产分为流动资产、长期投资、固定资产、无形及递延资产和其他长期资产五个类型。报表的右方上半部分是负债类部分，分为流动负债、长期负债和递延税项三个类型；下半部分是所有者权益部分。负债和所有者权益部分反映了旅行社资金的来源情况。

资产负债表揭示了旅行社资产结构、流动性、资金来源、负债水平、负债结构等方面的状况，反映了旅行社的变现能力、偿债能力和资产管理水平，为旅行社的投资者和管理者提供了重要的决策依据。

2. 利润及利润分配表。**利润及利润分配表是反映旅行社在一定期间的经营成果及其分配情况的财务报表**。其基本等式为：

利润(亏损)=收入-费用(成本)

利润及利润分配分为九个主要部分：主要营业收入、主要营业收入净额、主营业务利润、营业利润、利润总额、净利润、可供分配的利润、可供投资者分配的利润、未分配利润。

利润及利润分配表为旅行社的投资者和管理者提供了有关旅行社的获利能力、利润变化原因、企业利润发展趋势等方面的大量信息，是考核旅行社利润计划完成情况和经营水平的重要依据。

3. 现金流量表。在旅行社经营活动中，现金所起的作用非常重要，旅行社在偿还到期的各种债务、向许多旅游服务供应部门和企业支付其所采购的旅游服务及向其员工支付工资时，都需要使用现金。如果旅行社未能及时获得其经营活动所必需的现金，就会给其经营活动带来严重困难。

除了经营活动以外，旅行社所从事的投资和筹资活动同样影响着现金流量，从而影响其财务状况。如果旅行社进行投资而没有能取得相应的现金回报，就会对其财务状况（比如流动性、偿债能力）产生不良影响。通过对旅行社现金流量的分析，可以大致判断其经营周转是否顺畅。

现金流量表向旅行社管理者及其他有关单位和部门提供了旅行社在一定会计期间内现金和现金等价物流入和流出的信息，以便使他们了解和评价旅行社获取现金和现金等价物的能力，并据以预测旅行社未来的现金流量。同财务状况变动表相比，现金流量表能够更好地反映旅行社的经营成果和财务状况，并真实地体现了旅行社资产的流动性和旅行社对社会经济环境变动的适应能力，使人们能够对旅行社的整体财务状况做出客观评价。

（二）财务分析

考核和评价旅行社企业财务状况和经营成果的财务指标包括：流动比率、速动比率、应收账款周转率、存货周转率、资产负债率、资本金利润率、营业利润率、成本利润率等。

1. **流动比率**，用于衡量企业流动资产在短期债务到期以前可以变为现金用于偿还流动负债的能力。其计算公式为：

$$流动比率=\frac{流动资产}{流动负债}\times 100\%$$

2. **速动比率**，用于衡量企业流动资产中可以立即用于偿付流动负债的能力。其计算公式为：

$$速动比率=\frac{速动资产}{流动负债}\times 100\%$$

速动资产=流动资产-存货

3. **应收账款周转率**，是旅行社赊销收入净额与应收账款平均额的比率，反映了应收账款的周转速度。应收账款的周转率越高，则旅行社在应收账款上冻结的资金越少，坏账的风险越小，管理效率越高。其计算公式为：

$$应收账款周转率=\frac{赊销收入净额}{应收账款平均余额}\times 100\%$$

赊销收入净额 = 营业收入 - 现销收入

应收账款平均余额 =（期初应收账款 + 期末应收账款）÷2

4. **资产负债率**，用于衡量企业利用债权人提供的资金进行经营活动的能力，是反映旅行社偿债能力大小的一个标志。一般来说，资产负债率的比率越高，旅行社偿还债务的能力就越差；比率越低，偿还债务的能力就越强。其计算公式为：

$$资产负债率 = \frac{负债总额}{资产净值总额} \times 100\%$$

5. **资本金利润率**，是指旅行社利润总额与资本金总额的比率，用以衡量投资者投入旅行社资本金的获利能力。其计算公式为：

$$资本金利润率 = \frac{利润总额}{资本金总额} \times 100\%$$

资本金比率越高，说明旅行社的资本金获利水平越高。当资本金利润率高于同期银行贷款利率时，旅行社可适度运用举债经营的策略，适当增加负债比例，优化资金来源结构。如果资本金利润率低于同期银行贷款利率，则说明举债经营的风险大，应适度减少负债，以提高资本金利润率，保护投资者的利益。

6. **营业利润率**，是旅行社利润总额与营业收入净额之间的比率。它是衡量旅行社的盈利水平的重要指标，表明在一定时期内旅行社每100元的营业净收入能够产生多少利润。其计算公式为：

$$营业利润率 = \frac{利润总额}{营业收入净额} \times 100\%$$

其中，

营业净收入 = 营业收入 - 营业成本

通过对旅行社营业利润率的分析，可以了解旅行社在经营中赚取利润的能力。该比率越高，旅行社通过扩大销售额获得利润的能力越强。

7. **成本费用利润率**，是指旅行社在一定期间的利润总额与成本、费用总额的比率。成本费用利润率指标表明每付出一元成本费用可获得多少利润，体现了经营耗费所带来的经营成果。该项指标越高，利润就越大，反映旅行社的经济效益越好。其计算公式如下：

$$成本费用利润率 = \frac{利润总额}{成本费用总额} \times 100\%$$

式中的利润总额和成本费用总额来自企业的损益表。成本费用一般指主营业务成本、主营业务税金及附加和三项期间费用。

旅行社管理者运用这一比率能够比较客观地评价旅行社的获利能力、对成本费用的控制能力和经营管理水平。

专题五　旅行社风险的规避

一、旅行社经营中面临的主要风险

企业在经营过程当中经常会遇到一些难以预料到的、具有不确定性的损失，这就是企业经营中的风险。为尽可能减少损失，企业需要进行风险管理。旅行社在经营管理的过程当中会遇到很多风险。这其中既包括一般企业会遇到的风险，也包括由于旅游活动的特殊性而产生的一些特有的风险。

1. 财务风险。旅行社与酒店、景点等旅游供应商之间，旅行社与旅游者之间，接待社与组团社之间存在着较为复杂的债权债务关系。很多旅行社应收债款数额相当大，有很多无法收回的坏账、海外拖欠款、国内三角债，都是困扰旅行社的大问题。大量应收账款的无法按时顺利回收构成财务隐患，使旅行社的财务风险问题相对突出。

2. 市场及竞争风险。旅行社在对市场进行调查研究的基础上开发产品，然后向市场进行宣传促销，把产品推向市场。产品开发是否对路、旅行社希望通过销售产品来实现企业利润的目的能否实现，都要依靠市场来检验和决定。市场的不确定性是旅行社面临的主要问题。由于旅游者的心理是非常复杂的，有时又受政治、经济、社会等各方面的影响，随时可能发生变化；而旅行社的很多产品易于模仿，一旦竞争对手掌握相关信息，会使市场状况发生很大变化。这些都会影响到旅行社原来对市场的估计，从而可能造成旅行社在产品开发和促销方面投入的损失。

3. 人身及财产风险。旅行社拥有交通工具、房产、其他经营设施等许多资产，而这些财产都有可能因某种原因而受到损失，这就构成了旅行社可能面临的财产风险。同时，旅游活动具有较大的时间、空间跨度，在旅游活动中会遇到各种问题。由于社会治安状况以及旅行社工作人员及旅游者的失误，都可能使人身财产安全受到损失。这些不确定性因素构成了旅行社经营过程中的人身及财产风险。

4. 责任风险。旅游者购买旅游产品时，旅游者与旅行社要签订合同，规定双方的权利与义务，其中对旅行社接待活动的细节也会有详细规定，如住宿、交通、所参观景点等。在旅游活动进行中，由于旅游活动的综合性与复杂性，旅行社对旅游者的履约情况很大程度上取决于旅游供应商对旅行社的合同履行情况。同时，旅游活动中随时可能出现的一些意外问题也使旅行社的合同履行产生风险。一旦旅行社不能实践对旅游者的承诺，不论何种原因，旅行社都有责任，需要对旅游者进行赔偿。旅行社的责任风险也是旅行社经营中经常面临的一项主要风险。

旅行社必须把加强风险防范列入管理议事日程，认真对待，并尽量采取一切措施把风险可能造成的损失降到最小。

二、旅行社风险管理的步骤

旅行社风险管理是旅行社常抓不懈的工作。为了合理进行风险管理，旅行社要按科学的程序采取管理措施。

1. 进行风险识别。对旅行社的各个业务活动环节进行分析与考察，分析旅行社活动各环节所存在的责任风险；对旅行社的人员、财产状况进行分析，明确可能出现的人身、财产风险；分析旅行社的财务状况，尤其重视对应收账款的账龄、数额等分析，预测财务风险；根据历史资料及市场状况、竞争对手情况，预测分析旅行社的市场风险。

2. 风险预测和评价。**旅行社的风险预测是通过对行业与旅行社以往的损失估计、投诉以及赔偿情况的资料进行详细分析，并运用概率论与数理统计的方法来估计和预测风险发生的可能性和损失幅度。**风险评价则是对旅行社风险的预期损失程度和控制、处理风险可能发生的成本费用的大小进行衡量，决定应对哪些风险进行处理以及处理的程度。由于旅行社的经营环境时刻都在不断变化，历史资料只能为进行风险预测及评价提供一些参考，还需要根据风险发展趋势、旅行社内外部因素对历史资料进行修正，以得到比较切合实际的数据。

3. 风险的控制与处理。对于不同类型的风险，控制与处理的方法也不相同。

（1）对旅行社的财产风险，可通过投保和财产监察加以转移或控制；雇员人身风险控制的基本方法是为旅行社员工安排有效的社会保险计划。

（2）市场及竞争风险难于控制，旅行社可以通过以下方法来分散或降低风险：进行市场开发时进行科学的可能性分析；采用产品多样化和市场多样化方法来分散风险；新产品投入市场前可以在目标市场中进行试产试销；保守商业机密，尽量增加产品中独有的特色，降低产品可模仿性。

（3）为降低旅行社的财务风险，旅行社要经常分析财务报表，及时发现问题；制定有效的信用制度；坚持“先付款、后接待”，减少应收账款数额；提取合理的坏账准备金；准备适度的流动资金，防止财务危机；采用合理的定价及催款制度，有效规避外汇风险。

（4）旅行社的责任风险也是旅行社应该着力降低的一种经营风险。为减少旅游活动中出现问题的几率，旅行社首先要向员工，尤其是导游人员进行相关教育，强化其遵照合同提供服务的意识，提高他们处理突发事件的能力与技巧；要慎重选择合作伙伴，建立信誉登记制度，选择信誉好的合作者；健全与供应商之间的合同化管理，在因供应商的原因而发生损失时，可以行使追索权；在与旅游者签订合同时，尽量争取比较大的缓冲余地，对于不确定性强的事项适当降低承诺；针对旅游过程中可能出现的人身、财产损失以及旅行社责任风险，要向保险公司办理保险。

三、旅行社避免风险的主要措施

1. **树立风险意识**。在我国，旅行社对风险管理的重要性目前尚未引起足够重视，也未积极采取措施防范各种风险。多数旅行社中没有专门的负责风险管理的组织或专门机构，人员配置上也没有专业人士。同时，由旅行社自身可以控制的原因造成的接待事故、财务风险等高风险事件频发，也暴露了旅行社对风险管理的忽视态度。在旅游业比较发达的国家，旅行社管理者对这一问题则极为重视，一般设立专门机构或专人来分析、控制旅行社经营中可能出现的风险。

2. **建立风险管理组织**。在一些旅游业比较发达的国家，部分较大的旅游批发商、经营商内部设立了专门的小型组织或类似机构来专门开展或涉及风险管理工作，如风险事故委员会等。这些机构的工作内容涉及旅行社的风险预测、预防、控制和风险事故的处理等方面。有一些旅行社专门聘请了风险经理或风险顾问。还有一些国家在旅行社外部设立专门组织，处理旅游意外事故。

3. **分散经营风险**。在经营中尽量降低及分散风险通常可以采用以下几种方法：

（1）与供应商订立保证合同。旅行社的很多责任风险是由于旅游供应商的失误造成的。针对这种情况，旅行社可以在与供应商签订合同时专门订立保证条款，一旦发生问题，可以对供应商的过失进行追索，以降低责任风险。

（2）多元化经营。旅游业具有季节性、敏感性等特点，旅行社可以通过投资于其他行业或地区分散经营风险，提高抗风险能力。其他产业的发展也可以为旅行社业带来客源，从一定程度上缓解市场风险。旅行社经营的多元化主要有股权多元化、产品多元化、经营多元化和地域多元化等。

（3）集团化经营。集团化经营是增加企业经营稳定性、降低风险与波动的有效途径。通过集团化经营、横向一体化、纵向一体化、跨行业联营等策略，可以将经营风险化整为零，增加旅行社抗风险能力；同时，集团化使一部分旅行社的外部风险内部化，有利于对一部分财务风险、市场风险、责任风险的控制与管理。

4. **积极参加保险**。保险公司等外部化组织可以为旅行社提供专业服务。旅行社应该充分利用这些市场化的、成熟的服务，减少意外损失。

针对旅游活动中责任风险较多的问题，为逐步建立合理、完善的旅游保险体系，国家旅游局于2001年5月15日颁布了《旅行社投保旅行社责任保险规定》。根据这一规定，自2001年9月1日起，旅行社从事旅游业务经营活动，必须投保旅行社责任保险，应当对依法承担的七个方面的责任进行投保，主要包括：由于旅行社责任导致的旅游者人身伤亡、医疗、交通费用，死亡处理和遗体遣返费用，对旅游者必要的施救费用，行李物品的赔偿、诉讼费用以及旅行社与保险公司约定的其他责任。《旅行社投保旅行社责任保险规定》只对保险金额的最低标准进行了规定，各旅行社可以根据以往经验、组织接待量大小、自身管理水平、抗风险能力等来决定投保数额。在意外事故发生后，旅行社可以依据有关规定、按照程序向保险公司索赔，保险公司将对合同约定范围内的责任进行适当程度的赔偿。

《旅行社投保旅行社责任保险规定》理顺了保险各方的法律关系，有效地保障了旅游者与旅行社双方的合法权益，降低了旅行社的经营风险。

5. **培育旅行社的产品品牌**。相对于一般企业而言，旅行社更需要也更适合实施品牌策略。利用品牌，在旅游者心中树立起良好的信誉，将旅游者的购买产品转化为购买信任。

附：××旅行社接待通用安全操作规程（参考范本）

1. 适用范围

本规程提出了旅行社接待国内旅游活动安全操作的基本规范要求。

本规程适用于旅行社所接待旅游团队的安全操作控制。

2. 引用标准

下列标准所包含的条文，通过在本标准中引用而构成为本标准的条文。在标准出版时，所示版本均为有效，所有标准都会被修订，使用本标准的各方应探讨、使用下列标准最新版本的可能性。

GB/T15971－1995《导游服务质量》

LB/T002－1995《旅游汽车服务质量》

LB/T004－1997《旅行社国内旅游服务质量要求》

GB 16153－1996《饭店（餐厅）卫生标准》

3. 术语和定义

下列术语和定义适用于本标准。

3.1　旅行社（travel service）。

依法设立并具有法人资格，从事招徕、接待旅行者，组织旅游活动，实行独立核算的企业。

3.2 导游人员（tour guide）。

持有中华人民共和国导游资格证书，受旅行社委派，按照接待计划，从事陪同旅游团（者）游览等工作的人员。导游人员包括全程陪同导游人员（全陪）和地方陪同导游人员（地陪）。

4. 总则

4.1 旅行社接待安全操作规程贯彻“预防为主，安全第一”的方针。

4.2 领导者责任。

旅行社总经理对接待安全管理工作全面负责。

4.3 旅行社接待安全工作的主要任务是：

4.3.1 预防危害国家安全的破坏活动；

4.3.2 预防刑事案件和治安案件；

4.3.3 预防交通安全事故；

4.3.4 预防食物中毒事故；

4.3.5 及时处置危及旅游者人身和财物安全的事故和突发事件；

4.3.6 预防接待过程中的其他违法犯罪活动。

5. 安全事故报告及处理

5.1 事故发生单位在事故发生后，应按下列程序处理：

5.1.1 陪同人员应当立即上报主管部门，主管部门应当及时报告归口管理部门；

5.1.2 会同事故发生地的有关单位严格保护现场；

5.1.3 协助有关部门进行抢救、侦查；

5.1.4 有关单位负责人应及时赶赴现场处理；

5.1.5 对特别重大事故，应当严格按照国务院《特别重大事故调查程序暂行规定》进行处理。

5.2 处理外国旅游者重大伤亡事故时，应当注意下列事项：

5.2.1 立即通过外事管理部门通知有关国家驻华使领馆和组团单位；

5.2.2 为前来了解、处理事故的外国使领馆人员的组团单位及伤亡者家属提供方便；

5.2.3 与有关部门协调，为国际急救组织前来参与对在国外投保的旅游者（团）的伤亡处理提供方便；

5.2.4 对在华死亡的外国旅游者严格按照外交部《外国人在华死亡后的处理程序》进行处理。

5.3 对于重大安全事故，报告人或报告单位除向当地消防、公安、交通、卫生等有关部门报告外，要同时向当地旅游局报告，有组织接待的旅游团队还要向组团旅行社报告。

5.4 事故处理后，立即写出事故调查报告，其内容包括：

5.4.1 事故经过及处理；

5.4.2 事故原因及责任；

5.4.3　事故教训；

5.4.4　今后防范措施。

5.5　重大旅游安全事故的报告内容主要包括：

5.5.1　事故发生后的首次报告内容：

5.5.1.1　事故发生的时间、地点；

5.5.1.2　事故发生的初步情况；

5.5.1.3　事故接待单位及与事故有关的其他单位；

5.5.1.4　报告人的姓名、单位和联系电话。

5.5.2　事故处理过程中的报告内容：

5.5.2.1　伤亡情况及伤亡人员姓名、性别、年龄、国籍、团名、护照号码；

5.5.2.2　事故处理的进展情况；

5.5.2.3　对事故原因的分析；

5.5.2.4　有关方面的反映和要求；

5.5.2.5　其他需要请示或报告的事项。

5.5.3　事故处理结束后，报告单位需认真总结事故发生和处理的情况，并做出书面报告，内容包括：

5.5.3.1　事故经过及处理；

5.5.3.2　事故原因及责任；

5.5.3.3　事故教训及今后防范措施；

5.5.3.4　善后处理过程及赔偿情况；

5.5.3.5　有关方面及事故伤亡人员家属的反映；

5.5.3.6　事故遗留问题及其他。

6. 旅游者人身安全

6.1　乘车。

6.1.1　司机在接团出发前必须做好一切准备工作，当车停稳后，导游员在车下照顾游客上车，然后清点人数，游客到齐坐稳后，再示意司机开车。

6.1.2　汽车在行驶途中，不得停车让无关人员乘车，遇有不明身份人员拦阻车辆时，不得停车。

6.1.3　导游员有权阻止非司机开车。因本车司机身体欠佳，经请示同意可调换司机。

6.1.4　当感到车速过快时，导游员有权加以制止，尤其是窄路、坡路、雨雪雾天等路况不佳时更应注意。

6.1.5　当行车路线较长时，导游员应定时与驾驶员交谈，提醒驾驶员以免打盹造成安全事故。

6.1.6　当车辆出现车祸时，导游员和司机要尽全力立即将游客从车内救出，迅速拦截过往车辆将危重病人送往医院。如临时无过往车辆，应以最快速度用电话报告旅行社和本地急救中心、医院请求火速救援。

6.1.7 当发现其他车辆发生车祸时，在条件允许时要立即停车全力相救（在条件不允许时，要事后报告、讲明情况）。

6.1.8 在汽车停稳之前，导游员应向游客说明下次乘车时间和地点，待汽车停稳后，导游员应在车下照顾游客下车。

6.1.9 每天第一次见面，导游员要向司机讲明当日的详细活动日程，并协商出最佳行车路线。

6.1.10 严禁汽车司机在行驶中抢时间、赶日程，严禁酒后开车或疲劳驾驶、开英雄车、斗气车，以及拼命鸣喇叭。

6.1.11 司机、导游员必须于每日团队出发前至少提前10分钟抵达现场。

6.2 住宿。

6.2.1 领队、全陪、地陪和客人都要掌握对方所住的房间号和位置。

6.2.2 导游员要弄清楚一旦发生地震或火灾时迅速离开饭店的安全通道。

6.2.3 全陪必须同客人住在同一饭店，如有事离开，必须通知地陪、团长或领队。

6.2.4 导游员要提醒游客锁好门，尤其是晚间，切不可贸然开门，让不明身份的人进入房间。

6.2.5 如游客发生意外伤亡，全陪和地陪应立即同饭店保卫部门及值班经理取得联系，保护好现场，并立即将危重病人送往医院。

6.2.6 旅行社自行选择旅游团队住宿饭店，应审查资格，明确责任，索取有效的卫生许可证、营业执照备案，并与饭店签订团队住宿协议，饭店名称、地址、电话应以传真形式报市旅游质量监督管理所、市卫生局卫生监督所和市公安局备案，并对饭店情况进行检查，发现问题应及时取消该店的供方资格。每次应与饭店签订具体住宿协议，注明住宿时间、标准、人数及注意事项等，并由双方盖章确认。

6.3 景点。

6.3.1 在客人抵达景点之前，导游员要提醒游客如在景点附近摊点购物时，要严守日程和时间，避免掉队，影响参观。

6.3.2 在参观过程中，全陪和地陪要始终和客人一起活动，要维持好参观秩序，防止坏人伤害游客，要经常清点人数，避免游客走失。

6.3.3 全陪和地陪要注意观察旅游景点或通向旅游景点的通道是否安全。如不安全，除必须停止游客参观外，事后一定要向公司书面反映，以便公司对下一次的旅游做出新的更加安全的安排。因天气原因，如下雨、下雪、刮风等，确实能给游客参观游览带来危险时，可劝阻客人改期参观。

6.4 就餐。

6.4.1 全陪和地陪如发现餐厅和楼道滑腻、地毯卷起、台阶破损等情况，除提醒客人注意外，要通知餐厅服务员立即清除或修复。

6.4.2 全陪和地陪在带领客人就餐中如发现饭菜、饮料或水果不卫生、有异味或发霉、腐烂变质时，要主动与餐厅负责人交涉，要求其按标准重新提供，并向客人道歉。

6.4.3　如发现游客就餐后出现了头疼、头晕、恶心、呕吐等不适症状时，全陪和地陪要呼吁游客立即停止进食，迅速将不适症状者送往医院，并报告检疫部门检查、化验，如确属食物中毒，导游员应立即向公司报告，并责成有关部门处理。

6.4.4　旅行社不得安排团队到无卫生许可证、无营业执照、卫生条件差的饭店就餐。

6.4.5　旅行社自行选择旅游团队就餐饭店，应审查资格，明确责任，索取有效的卫生许可证、营业执照备案，并与饭店签订团队就餐协议，饭店名称、地址、电话应以传真形式报市旅游质量监督管理所和市卫生局卫生监督所备案，并对饭店厨房卫生进行检查，发现问题应及时取消该店的供餐资格。每次应与饭店签订具体用餐协议，注明用餐时间、标准、人数及注意事项等，并由双方盖章确认。

6.4.6　加强对导游员的食品卫生知识培训，掌握游客身体状况，并对就餐饭店的菜单进行审查，原则不吃或少吃凉拌菜、小海货及冰啤、扎啤等易引起食物中毒或胃肠道疾病的食品。引导游客不喝崂山生泉水，不吃景区或街头摊点供应的凉粉、小海货等食品。

6.4.7　发现游客有中毒或疑似食物中毒症状时，应及时送医院就医，妥善安置病人，并立即向市、区卫生监督所报告，不得提前私自通知供餐饭店，防止破坏加工现场，影响食物中毒调查采样及其定案。

6.4.8　接待旅游团超过50人以上集体就餐要及时向发放卫生许可证的市、区卫生监督所报告。

6.4.9　旅行社应监督餐饮接待单位实行分餐制，可用服务员分餐或用公筷、公勺方式分餐。

6.4.10　团队外出需订购携带食品或盒饭时，应对集体订购配送餐单位严格索证制度，严禁订购食用无配送卫生许可证单位配送的食品。

6.5　购物。

6.5.1　如客人提出购物，导游应当带领游客到诚信购物商店购物。

6.5.2　带领游客到诚信购物商店购物，因购物出现的一切问题均由商店负责处理。

6.6　观赏文艺节目。

6.6.1　全陪和地陪至少有一个必须陪游客一起观赏文艺节目。

6.6.2　全陪和地陪要留意一旦发生意外，如何带游客从演出场地迅速撤出的安全通道。

6.7　其他。

6.7.1　导游员应每天向游客公布当日和次日的天气预报，并提醒游客增减衣服，照顾好游客的人身安全，特别是对老、弱、病、残者要特别注意。

6.7.2　如游客有病，要热情关心。对危重病人要立即送医院救治。

6.7.3　如游客发生重大意外伤亡事故，除按《旅游安全事故报告控制程序》执行外，还应按本程序的有关要求，迅速向公司和有关单位报告。

7. 接待过程财物安全规程

7.1　旅游者进入本地。

7.1.1　导游员接到旅游者后，要告诉游客把托运行李和手提行李分开，并提醒客人不要将护照（身份证）和贵重物品（如首饰、现金、支票、证券等）放入托运行李中。手提行李由客人自己保管，将托运行李集中起来后要检查是否上锁或破损。凡不上锁或破损到上锁无价值者不予托运，应提醒客人不要将香烟、打火机、胶卷、电动剃须刀等放入托运行李两侧的无锁袋内。

7.1.2　当旅游者进入时，全陪要将行李托单交给地陪或客人提取行李，清点行李后，在行李上挂上旅行社行李标志牌，办好手续运走。

7.2　旅游者进入饭店。

7.2.1　导游员在游客离开机场、车站前，要提醒游客检查托运行李物品是否完整无缺。如有丢失，立即报告。

7.2.2　客人托运行李送到饭店后必须填写交接单，由双方签字。

7.2.3　饭店行李员必须在客人进入房间后及时把游客行李送进房间。

7.3　离开饭店。

当游客离开饭店前将托运行李交出后，导游员要与饭店行李员交接，填写交接单，由双方签字。

7.4　离开本地。

7.4.1　导游员负责将游客行李送到离站交通运输部门时，要办理好托运手续，将有关领取单据交给全陪妥善保管。

7.4.2　当旅游者离开本站时，导游员应将行李先于旅游者送到出境地点，然后将行李交给游客，办理托运手续等。

7.5　其他。

游客在旅游期间，包括在机场、火车站、汽车、轮船、饭店、餐厅、旅游景点、观赏文艺节目、购物、自由活动时，全陪和地陪都必须做到：时时刻刻提醒游客保管好自己的护照和钱物，不要将其忘在别处，如发生此类情况，要积极协助有关单位查找。

8. 旅游汽车安全

8.1　坚持一日三检，确保车况完好。

8.1.1　出车前的检查：汽车发动机机油、燃油、冷却水、电解液加足适量；手脚制动器、转向机灵敏有效，各部管路完好，轮胎气压符合规定；车灯、喇叭、雨刷机及仪表工作正常；电瓶搭线清洁牢固；四轮制动鼓轮胎螺丝紧固，轴碗不松动。

8.1.2　行驶中的检查：行车中要随时注意发动机及底盘各部件的声响，如有异响，及时修复。长途行驶时，应中途检查各部位有无漏油、漏气、漏水情况及轮胎气压是否正常，并随时观察仪表工作是否正常。

8.1.3　收车后的检查：任务执行完毕后，装有电源总闸的车辆，应关闭总电闸，拉紧手制动器。气压制动车辆应放掉水分离器及储气罐内的污水，并拧紧堵塞。清洁烟缸内的脏物，检查车内是否有未熄灭的烟蒂，防止起火。注意补充燃油、机油。关好车门，锁好门窗及后备箱。

8.2　坚持安全操作，确保行车安全。

8.2.1 车辆发动：拉紧手制动器，将变速杆放在空档位置上。用起动机启动发动机时，每次不超过5秒钟，连续三次使用起动机而发动机仍不发动时，应查明原因再启动。发动机发动后，禁止猛轰油门，各种仪表指示灯必须正常，读数符合规定。

8.2.2 平稳起步：起步时必须先观察车辆周围情况，应用标准档起步，松开手制动器，打开方向灯，通过后视镜察看后方有无来车，轻抬离合器，适量加油。坡路起步时，如发生熄火，必须立即停车，必要时在轮胎后部打掩。

8.2.3 驾姿端正：司机执行任务时必须精力充沛；不准将胳膊挎在车门上或斜坐驾驶。行驶中做到：起步平稳，转弯不晃，刹车不点头；不准吸烟、吃东西或做有碍安全行车的动作。

8.2.4 车辆行驶：要根据车速顺序换档，不得跳换，不得低速拉车和勉强行驶。行驶中要经常注意仪表和车辆的工作情况，发现异常立即停车检查，及时排除。严格遵守会车、让车、超车、跟车的规定，不超速行驶，禁止高速滑行、间歇滑行或熄火滑行。冰雪天气或雨雾天气时，必须在落实了各种安全措施后方得出车；驾驶中要根据特殊天气的特点，坚持"一慢二看三通过"。

8.2.5 车辆停放时，必须挂好档，拉紧手制动器。在坡道上临时停车时，司机不准离车，防止溜车滑坡事故的发生。

8.3 签订规范用车合同。

旅行社在租用旅游车辆时，要按照旅游局公布的《旅行社旅游团队接待用车合同范本》，与出租方签订正式合同，明确双方的权利义务。每次用车，应与出租方签订具体用车协议，双方盖章确认，并提供给司机具体的团队计划。

8.4 租用车辆应具备相应资质。

租用的旅游车辆应经公安等部门检验年审合格，并符合行业标准与合同约定标准。驾驶员应是公安等部门登记在册、技能熟练人员，足额办理了乘员险、第三者责任险等保险手续，符合交通部门认定的旅游目的地经营范围的旅游客车。

8.5 用车前需索取相应资料。

车辆使用前索取使用车辆及驾驶员的相关资料复印件备查：（1）机动车驾驶证；（2）机动车辆保险单；（3）车辆购置税完税证明；（4）道路运输证；（5）道路运输规费缴讫证；（6）山东省营运车辆驾驶人员上岗证书；（7）其他有关资质证明。

8.6 用车当中注意事项。

出车前，要认真检查车辆性能，确保车况良好，保持车辆内外清洁卫生。驾驶员应有良好的服务态度、礼节礼貌和仪容仪表。司乘、导游等人员要密切协作，共同搞好行车安全工作。驾驶员要严格按照交通规则驾驶车辆，在行车过程中要严格遵守有关规定。对单程行程400公里（高速公路600公里）以上的客运车辆，乙方必须配备两名驾驶员，每名驾驶员连续驾车不得超过3小时，24小时内驾驶时间累计不得超过8小时。在高速公路上行车时，要严格遵守小型客车最高时速不超过110公里，大型客车、货运（行李）汽车不得超过90公里的限速规定。

8.7 乘客意见卡。

8.7.1 旅游汽车上必须放置“乘客意见卡”。在接待旅游团时，司机应主动将卡发放到乘客手中。

8.7.2 车队要及时收回“乘客意见卡”，对乘客提出的意见及时做出反应，并将各类意见汇总报告公司业务和质量管理部门。

8.7.3 旅游汽车公司业务和质量管理部门要定期对“乘客意见卡”做出统计和汇总，并对各类意见进行分析，报告公司领导，提出改进服务质量的办法。

9. 特殊情况处理

9.1 基本处理原则。

9.1.1 旅行社对游客在旅游过程出现的特殊情况，如事故伤亡、行程受阻、财物丢失、被抢被盗、疾病救护等，应积极协助处理。

9.1.2 旅行社应建立健全应急处理系统制度。

9.1.3 旅行社在处理特殊情况时，应维护旅游者的合法权益，不推卸负责，不草率应付，积极排除险情，妥善解决问题。

9.2 路线或日程变更。

9.2.1 旅游团（者）要求变更计划行程。旅游过程中，旅游团（者）提出变更路线或日程的要求时，导游人员原则上应按合同执行，特殊情况报组团社。

9.2.2 客观原因需要变更计划行程。旅游过程中，因客观原因需要变更路线或日程时，导游人员应向旅游团（者）作好解释工作，及时将旅游团（者）的意见反馈给组团社和接待社，并根据组团社或接待社的安排做好工作。

9.2.3 丢失证件或物品。当旅游者丢失证件或物品时，导游人员应详细了解丢失情况，尽力协助寻找，同时报告组团社或接待社，根据组团社或接待社的安排，协助旅游者向有关部门报案，补办必要的手续。

9.2.4 丢失或损坏行李。当旅游者的行李丢失或损坏时，导游人员应详细了解丢失或损坏情况，积极协助查找责任者。当难以找出责任者时，导游人员应尽量协助当事人开具有关证明，以便向投保公司索赔，并视情况向有关部门报告。

9.3 旅游者伤病、病危或死亡。

9.3.1 旅游者伤病。旅游者意外受伤或患病时，导游人员应及时探视，如有需要，导游人员应陪同患者前往医院就诊。严禁导游人员擅自给患者用药。

9.3.2 旅游者病危。旅游者病危时，导游人员应立即协同领队或亲友送病人去急救中心或医院抢救，或请医生前来抢救。患者如系某国际急救组织的投保者，导游人员还应提醒领队及时与该组织的代理机构联系。

在抢救过程中，导游人员应要求旅游团的领队或患者亲友在场，并详细地记录患者患病前后的症状及治疗情况。

在抢救过程中，导游人员应随时向当地接待社反映情况；还应提醒领队及时通知患者亲属，如患者系外籍人士，导游人员应提醒领队通知患者所在国驻华使（领）馆；同时妥善安排好旅游团其他旅游者的活动。全陪应继续随团旅行。

9.3.3 旅游者死亡。出现旅游者死亡的情况时，导游人员应立即向当地接待社报告，由当地接待社按照国家有关规定做好善后工作，同时导游人员应稳定其他旅游者的情绪，并继续做好旅游团的接待工作。

如系非正常死亡，导游人员应注意保护现场，并及时报告当地有关部门。

9.4 其他。

如遇上述之外的其他问题，导游人员应在合理与可能的前提下，积极协助有关人员予以妥善处理。

10. 导游服务

10.1 旅行社应为每辆旅游车上的旅游者配备至少1名导游人员。

10.2 导游人员的基本素质及其服务应符合GB/T15971的规定。

10.3 导游人员应具有一定的安全知识和防范技能，以保障旅游者的人身安全。

模块二 实训与练习

一、社会调查

1. 实训专题：旅行社组织管理。
2. 课时：0.5学时。
3. 目的与要求：了解旅行社组织机构设计及部门分工。
4. 训练方式：社会调查。
5. 实训内容：分别走访当地规模较大和很小的旅行社各一家，了解各自旅行社的组织机构形式、部门设置、各自分工等，并对比两家旅行社在组织设计方面的优缺点。

二、案例分析

1. 实训专题：旅行社组织机构。
2. 课时：0.5学时。
3. 目的与要求：了解旅行社组织设计及部门职能。
4. 训练方式：案例分析。
5. 实训内容：阅读案例，了解旅行社主要的部门及其职能。谈谈你对该组织机构设置的认识。

内蒙古××旅游公司各部门职能

市场营销部

1. 部门名称：市场营销部
2. 直接上级：副总经理

3. 下属单位：销售员

4. 部门本职：营销

5. 主要职能：(1) 市场：市场调查、客户调查、同业调查、产品可行性分析、产品销售状况分析；(2) 销售：推销、接单、签署合约；(3) 参加广告策划及公关活动；(4) 咨询：提供来电、上门咨询服务。

兼管职能：催收团款

接待部

1. 部门名称：接待部

2. 直接上级：总经理

3. 下属单位：导游员

4. 部门本职：接待

5. 主要职能：(1) 处理接待工作中的问题；(2) 导游员的业务培训、安全知识教育与安全检查；(3) 安排旅游接待任务；(4) 加强旅游接待管理；(5) 考核导游员的接待工作。

6. 兼管：质量监督

财务部

1. 部门名称：财务部

2. 上级部门：总经理

3. 下属单位：现金会计

4. 部门本职：企业财和物的管理

5. 主要职能：(1) 财务报表、会计报表的编制与分析报告；(2) 对各项目费用、采购凭证的审核；(3) 制定资金运用、资金管理和资金调度计划；(4) 供应商账款对账与支付，每日营业额统计；(5) 发票管理，税金申报、缴纳，财务报表的制作（保管：物品的收、发、存，公司所有物品的定期盘存，管理物品账，也可由计调部门来监督）；统计（整理企业财务资料并加以统计，了解劳资政策）。

计调部

1. 部门名称：计调部

2. 直接上级：总经理

3. 下属单位：计调员

4. 部门本职：采购

5. 主要职能：(1) 供应商的开发（合作、投入）和产品采购（交通、宾馆、饭店、接待单位、景点）；(2) 落实接待计划；(3) 做好统计工作、健全业务档案；(4) 掌握计划变更情况；(5) 处理临时出现的与计调部有关的一般问题。

6. 兼管：文件、邮件的收、发、存

三、案例分析

1. 实训专题：旅行社风险管理。

2. 课时：1学时。
3. 目的与要求：熟悉掌握旅行社风险的种类和应对措施。
4. 训练方式：案例分析。
5. 实训内容：
（1）阅读案例，说说以下三个案例分别属于哪类风险？
（2）案例一中，旅行社应承担怎样的责任？如何化解此类风险？
（3）案例二中，旅行社如何化解此类风险？
（4）你对案例三中大理的旅行社化解三角债问题的做法如何评价？
（5）讨论旅行社还可能面临哪些风险，能否举例说明？

案例一　老翁随团游发病　旅行社未告知风险被诉

2003年3月25日，三门峡仰韶旅行社与邓某签订河南省国内旅游组团合同，邓某等14人参加该团首都北京七日游。在北京期间，邓某浏览了部分景点，2003年4月1日返回途中，邓某身体不适被同行人员发现后告诉了带团人员，次日上午在旅行社安排下，邓某被护送回家。当日，邓某被子女送往医院，经医院诊断为脑梗塞、单发性高血压。经治疗，目前邓某左侧肢体瘫痪，其瘫痪程度经司法鉴定为二级残疾。后邓某以旅行社提供的服务低于行业标准，未尽到注意照顾义务及合同附随义务，在其出现病症前兆时，未能及时给予关注和陪同就医，发病后未将其送往医院治疗，延误治疗时间为由，要求旅行社赔偿医疗费、护理费、交通费、残疾赔偿金、残疾辅助器具费等经济损失118 709元的60%，即7.1万余元。

一审法院审理认为，邓某与旅行社虽未签订旅游合同，但邓某已随团参加了旅游，并向旅行社缴纳了旅行费用，双方之间已形成事实上的旅游合同关系。根据《旅行社管理条例实施细则》“旅行社提供的服务不得低于国家标准或行业标准，应当为旅游者提供符合保障旅游者人身、财物安全需要的服务；对有可能危及旅游者人身、财物的项目，应当向旅游者做出真实的说明和明确的警示，并采取防止危害发生的措施”之规定，旅行社在组织邓某等人去北京旅游时，未尽到风险告知义务，邓某患病后也未完全履行相应的救助义务，作为经营者的旅行社应承担一定的责任。原告邓某年事已高，应当预见旅游活动中可能出现的与自己身体状况不相适应的情况发生却未预见，也未采取相应的措施，致使旅途中患病并造成损害后果，应承担主要责任。一审法院判决被告旅行社赔偿原告邓某经济损失118 709元的15%，即1.78万余元。

判决后，邓某不服，上诉称，他在2003年3月29日游长城时就感到身体不适，随后景点无力游览，导游仅做退票处理，并且无视其嗜睡、体力不支和71岁高龄，仍安排随旅游团乘车颠簸，而未将其送往医院，以致错失治疗时机，形成瘫痪。一审认定事实偏颇，判决赔偿数额太低，请求二审依法予以改判。

资料来源：重庆律师在线，2005年11月6日。

案例二 拒签率增高带来的风险

2005年上半年，由于欧洲签证门槛大幅提高，导致旅行社所安排的赴欧游客的拒签率增长近3倍。开放不到一年的欧洲旅游市场在第一个暑期旺季就让旅行社捏了一把冷汗。

1. 面谈率提高。2005年6月中旬欧洲各国领事馆下发通知，欧洲签证执行更加严格的发放制度。制度规定每个团队有30%的游客要接受领事馆的面谈，个人签证100%面谈，没有签注史的白皮护照100%拒签等。尽管领事馆要求提交的材料没有发生变化，只是面谈率提高了，但是政策执行近一个月以来，旅行社方面称，初步统计欧洲签证拒签率增长了近3倍。

2. 旅行团操作难度加大。业内人士表示，领事馆为防止出现游客滞留现象而设置这么严格的规定，在暑期出游旺季到来的这段时间，等于在欧洲游的价格“瓶颈”上又加了一把锁，把已经敞开的欧洲大门关闭了一半。某旅行社海外部负责人说，领事馆拒签团队游客的签证是不需要陈述理由的，这就给旅行社的解释工作带来了很大困难。因为如果被拒签，游客还必须支付已经发生的签证费，如果需要前往北京或者上海两地进行面谈的话，来回费用也需要游客自己负担。更为重要的是，暑期作为欧洲游的旺季，签证门槛的提高会导致旅行社在组团时变得十分被动，高价位的欧洲游散客报名成团就远不如国内游容易，如果遭遇拒签，会导致不能成团，旅行社在团队操作上的难度明显加大。

记者了解到，目前广州只有德国、意大利、法国三家欧盟国家领事馆。其中德国由于开放3个月就滞留了6 000多人，现在团队的拒签率高达99%。而意大利的签证只能在申请国范围内进出一次，但旅行社的旅游行程很难只在申请国内游览而放弃不属于申请国的英国、瑞士等。法国由于可签申请国进出多次的签证而成为广州旅行社欧洲签证的几乎惟一之选。

资料来源：金羊网，2005年7月12日。

案例三 三角债拖垮旅游业

暑假是一年的旅游旺季，很多热门线路都是游客爆满，价格上涨，可是，著名的旅游胜地云南大理却在这个黄金季节遭遇到一场寒冬，不少旅行社联手对大理展开了一场所谓的“封杀”行动。

一张小卡片成为封杀大理的导火索

云南旅游最为火爆的就是昆明、大理、丽江这条线路，而大理的地理位置正处在昆明前往丽江的必经之路上。但令人不解的事，国旅在北京的半数游客放弃大理，而中国旅行社总社有些涉及大理的旅游产品也已经放弃。实际上，对云南大理采取封杀行动的并不是个别现象，在一些媒体的报道中，北京、上海、广州的不少旅行社都参与了这一行动。

那么，大理为什么会招惹全国这么多旅行社纷纷封杀呢？

在大理旅游集团徐副总经理看来，这次封杀的导火索就是因为一套计算机系统，它叫一卡通。和一卡通系统配套的，是一张小小的卡片，这张每年能为大理结算3亿资金的卡片成为封杀大理旅游的导火索，因为大理旅游行业试图通过它来解决当地巨额的三角债。

游客出发前都会缴清全部的旅游费用，为什么云南旅游行业还有这么多的三角债呢？原来，一般组团社向昆明转让游客时，都要多扣押一部分团费，昆明旅行社对大理地接社也是这样，层层扣押之后，大理地接社最终拿到的钱已经不够支付游客在当地的旅游费用。

组团社欠地接社的，地接社欠宾馆、饭店、餐饮、景点景区，互相拖欠，表面繁荣，实际上多数地接社叫苦连天。

即便接待完游客，处于下游的地接旅行社有时候也很难要回自己被欠的团费。组团社寻找各种理由，如果理由不成立的话，也会至少砍掉应付费用的20%左右。仅昆明各旅行社就欠了大理各旅行社8 000多万元，但全国的组团社欠昆明团费的现象更加严重，达3亿~4亿元。

组团社把本属于大理地接社的钱当成了免费的奶酪，为了夺回奶酪，大理开始实行一卡通，并规定，到大理旅游的团队必须提前向大理付清旅行团队的全款，否则大理当地的旅行社将拒绝接待。大理旅游集团徐副总经理认为，这就动了一些组团社以往可以免费享用的奶酪，因此它也成为封杀大理旅游的导火索。面对这样的后果，大理并不后悔，因为即使不推行一卡通，大理的旅游市场最终也很可能被三角债绞杀。

风光的背后隐藏着数千万元的债务

在大理共有22家旅行社。有些旅行社被拖欠款达70多万元，少的也有几百元。8 000万元巨额三角债让大理的旅行社在经营上陷于困境的同时，连带遭殃的还有大理的旅游景区。拖欠造成的景区环境的衰败，也让花了不少路费到大理旅游的游客感觉大失所望。

三角债让大理的旅行社难以支撑，景区吸引力下降，游客投诉越来越多。为了不让大理旅游走上绝路，大理开始用一卡通封杀三角债。他们希望通过这个办法，能让大理的旅游业走出恶性循环的怪圈，但在重重矛盾和阻力中，一卡通的推广并不容易。

2004年4月1日，大理开始用铁腕推行一卡通。按照一卡通的规定，从这一天起，大理当地的旅行社不得亏欠当地旅游景区、宾馆、饭店一分钱。但昆明的旅行社没有加入一卡通，所以，大理的旅行社还是收不到全款，于是，他们收到的白条越来越多。

大理的一卡通运行两年后，他们决定把一卡通系统推到昆明。如果昆明能够和全国的组团社也实现先交钱、后旅游，那么，大理将从此摆脱三角债的困局，另一方面，对大理来说，一卡通推向昆明也是刻不容缓。

2006年4月1日，一卡通成功登陆昆明，昆明随即成为一卡通挑战三角债的主战场，但全国的组团社并没有买昆明旅行社的账，仍然攥着大量的团费不肯撒手，因此，昆明旅行社的债务也在短时间内急速上升。

大理坚持用精品线路和一卡通来封杀三角债

大理方面声称，旅行社封杀他们，是因为推行一卡通堵住了旅行社拖欠债务的缺口；但一些组团社的看法却截然相反，大理旅游集团一方面控制了大理几乎所有的著名景区，另一方面又通过推广一卡通制定"精品线路"，把这些景点捆绑在一起，强迫游客参加，涉嫌"垄断"，为了保护游客的利益，他们才不得不封杀大理旅游。

大理旅游集团4月推出的争议不断的10条"精品线路"，包括5个著名景区的精品线路，价格为264～337元不等，并且参加这些线路和一卡通的团队可以享受不少的优惠，但如果一个旅游团队不参加这些精品线路或在大理的游览少于3个景区，那么进入景区他们将得不到任何的优惠。

然而，根据大理州旅游业协会的自律公约，没有旅行社为他们提供这种帮助，因为大理当地的旅行社一旦对这些不通过一卡通和不走规定线路的旅游团队提供导游服务或代购景区门票将被罚款3 000元。因此，许多外地游客根本未能游览这些景点，只能遗憾地离开。

目前，大理仍旧坚持用精品线路和一卡通来封杀三角债，而一些旅行社也仍然坚持选择跳过大理，争论的双方对事件的来龙去脉做出了完全不同的解读。

但是，随着大理旅游环境的不断改善，大理旅游景区吸引力明显增强。而且，由于一卡通和精品线路提升了当地的旅游收入，景区、旅行社之间的恶性竞争、伤害游客利益的现象大幅减少。记者也看到，购物店里，导游和游客一样都在闲逛，以往到处强拉游客购物的现象消失了。这是因为购物点的员工有了基本工资，而且社保、医保都有；而原先他们是没有工资的。

大理模式已经引起了国内很多旅游景区的关注，不少地方的旅游管理部门纷纷到大理来考察，海南省不久前也决定在全省范围内推行一卡通。

资料来源：中央电视台《经济半小时》，2006年7月。

四、案例分析：旅行社财务管理制度

1. 实训专题：××旅行社财务制度。
2. 课时：0.5学时。
3. 目的与要求：了解旅行社的财务管理规范。
4. 训练方式：课堂案例分析。
5. 实训内容：阅读案例，谈谈对该社财务管理制度的认识。

××旅行社财务管理制度

一、会计核算依据及要求

财务部会计人员依据财政部《企业会计准则》、《会计通则》的精神，严格按照《旅游、饮食服务企业会计制度》设置会计科目和账簿，准确计算企业的财务收支，认真学习和掌握财务业务知识，不断提高本企业的会计核算工作质量，做好企业监督，当好领导参谋。

二、出差人员差旅费报销的规定

1. 出差人员借款。差旅人员必须出具出差审批通知及借款单，经部门经理签字、财务负责人审核签章后，方可借款。部门经理以上人员差旅借款须经分管总经理和财务负责人签字。

2. 房费。出差人员尽量委托关系旅行社（宾馆）代订，房费每间每天，一人住房掌握在×××元以内，两人住房掌握在×××元以内，超过部分自理。房费不能含餐费，餐费不予报销。

3. 城市间交通费。出差人员乘火车，短距离一律乘硬座，夜间连续乘坐超过6小时，可乘硬卧或长途客车。部门经理以上人员若乘坐软卧（软席），自己承担软、硬卧（席）差价的40%。因工作需要乘坐飞机，需事先经总经理批准后方能购票，否则自理。乘坐轮船以普通舱（三等舱）为准，超过标准自理。

4. 自驾车进行（会务或旅游促销等）业务出差。交通费用只按本地到达目的地火车硬座票价或汽车票价金额报销费用，因此而发生的加油费、过路过桥费等杂费超额部分不予报销。

5. 出差目的地乘坐出租车、公共汽车（地铁）等交通工具，按票据金额实报实销，但票据上必须注明日期、起始地点和用车原因。

6. 出差时招待用餐、礼品等不予报销。若因工作需要，可事先向总经理请示批准，否则自理。

7. 出差补助。出差人员每人每天省内补助××元、省外××元，补助天数以中午12点为准，天数分别按半天或一天计算。

8. 出差期间发生的费用一律现付，不得转账。

三、陪团期间费用的规定

1. 陪团借款。陪同人员制定预算、出具计划，部门经理签字同意，经财务部负责人核实签章后，方可借款。

2. 陪团期间发生的费用，均按团队计划执行，执行转账结算的原则。陪同人员不得擅自增加活动项目或提高房费、餐费等费用标准，计划外部分应由客人现付。陪同现付团费，应开具正式发票据实报销，一团一清，不得弄虚作假，不能以白条抵账。

对陪同陪团期间丢失的票据及造成的团费损失，责任自负。

团费报销中，不得夹杂与团队付费无关的单据。

3. 陪团人员上下团往返本地，只报销长途交通费。报销标准按《出差人员差旅报销规定》中的第三条执行。陪团期间发生的计划之外的租车费、过路过桥费、门票、房费和餐费等一律不予报销。

4. 陪团期间发生的招待餐费、馈赠礼品等，可参照第二项《出差人员差旅费报销规定》中第五条执行。

5. 陪团补助。接待国内团及公司邀请重点入境团，本公司陪同（导游）每天补助×元，外借陪同（导游）每天补助×元。入境团和出境团陪同无此补助。

6. 陪同下团后，须在5个工作日内到财务报销费用，并将结算账单和团体机、车票交财务部专人保存。

四、关于团费报价及结算的规定

1. 团队报价。自联、横向、国内及出境团队的对外报价，须经部门经理或中心总经理签字同意后，方可报出。每月25日之前各业务部须将当月团队计划、横向团原始计划、报价结算单交财务部各一份，由财务专人审核记账。报价须标明预计应收应付团费明细、毛利情况；预计毛利要准确，成本中不得含有团队费用之外的成分。毛利率低于5%以下的团队及公司免费的邀请团，报价须经总经理签字同意。

2. 转账签单。对各地寄来的团队转账签单，个业务部门要由专人审核，并经部门经理核对、提出冲款意见并签字后，交财务部专人复核并汇入总账。财务部以加盖接待单位财务专用章的账单原件作为拨款依据入账。

3. 签订协议。公司同旅行社、宾馆、餐馆及车队等签订的业务协议（合同）文本，须经中心总经理核准，由公司总经理签署后生效，并将协议（合同）原件（一份）交财务部专人保存。

4. 团队资料。各业务部须将全陪计划及报价各一份，地陪计划、原始计划及应收团费结算单各一份，及时送交财务部。每个团队实施（报价、行程计划、名单及收付款等）资料，业务部必须保存两年以上。

5. 团队收费。坚持“先收费、后接待”的原则，杜绝一切应收欠款。对于因自联或接待团队而造成的坏账损失，责任由经手人、部门经理和中心总经理负责。

五、固定资产、低值易耗品购置及管理的规定

公司对固定资产、低值易耗品的购置及管理应由综合部专人负责，专管人员应事先拿出购置方案，经总经理签字同意后，将购置预算方案通知财务部，方可购买。专管人员必须做好所购物品的登记、保管和发放等工作。

六、关于办公用品（物料用品）的购置及发放

对于办公用品的购置，应由综合部专人负责，购买时及时到财务办理入库、出库手续。各部门领办公用品，须填制“办公用品领用审批单”。专管人员发放后的审批单及时送交财务部门记账报销。

七、关于节假日值班人员补助的规定

公司各部门因业务需要安排的值班，国家规定的节假日，每人按其本人日均工资300%补助。周六、周日加班，能补休安排补休，不能补休的，发加班费每人每天××元。

八、关于特殊津贴

1. 票务、财务综合及中国公民旅游中心，各部门每月可报销公交月票××元。

2. 分管计划生育人员每月补贴×元，随工资一起发放。

九、关于职工休产假期间工资待遇问题

按照公司产假规定，女职工在分娩期间可享有3个月假期，基本工资、岗位工资及福利费三项全额发放。第四至五个月产假，只发放基本工资和福利费。若产假超出5个月以上，按照天数计算，暂停发放所有工资及福利。

十、关于通讯费用报销

公司以手机话费交款发票为报销依据，核心管理层每人月报×××元，部门经×××元，部门副经理×××元。公司对副经理以上人员不再配备手机。

十一、关于关系客户招待费用

由公司总经理严格控制。如客户需要招待，应提前向总经理或副总经理请示，填制“公司招待费审批单”，经签字批准后，方可实施，不得先斩后奏。经办人须持正规发票及审批单，经总经理签字后，到财务部办理报销手续。如需向客户赠送礼品，须事先提出申请，并说明客户名称、礼品名称及费用预算金额，待同意后方可购买，报销要及时，不得超出预算。

十二、报销签字权限的规定

1. 董事长和总经理有关费用的支出，须由两人互签后，方可报销。

2. 本门经理以上人员有关费用的支出，须经中心总经理和总经理签字后，方可报销。

3. 公司职员有关费用的支出，须经部门经理和中心总经理签字，再由总经理签字后，方可报销。

十三、汇款签字权限的规定

1. 集中汇款。财务部做出汇款计划，经财务负责人核准、总经理签字后，财务方可汇出。

2. 零星付款。须填写“支付或预付团费审批表”，并经财务出纳进行已收团费核实。若是各部团费，×××元以下，须经中心总经理（或部门经理）、财务负责人签字后汇出；×××（含×××）以上的，须经财务负责人及总经理签字后，方可支付。

3. 各部旅游业务以外的经营费用支出，数额不分大小，均由财务负责人审核、总经理签字后，方可支付。

4. 公司对外投资、固定资产购置及核销、分公司流动资金拨付等重大事项支出，由董事长、总经理及财务负责人会签。工资及奖金支出，由总经理及财务负责人会签。

五、案例分析

1. 实训专题：××旅行社财务表格及单据。

2. 课时：1学时。

3. 目的与要求：了解各种表格及单据填写和应用。

4. 训练方式：教师搜集旅行社常用的财务表格及单据，组织学生进行熟悉和模拟分析。

六、财务分析

1. 实训专题：旅行社财务分析。

2. 课时：1 学时。

3. 目的与要求：掌握旅行社财务分析的简单方法，能够计算常见的财务指标，如流动比率、速动比率、资产负债率等。

4. 实训方式：财务分析与计算。

5. 实训内容：分析财务报表（见表 3－1、表 3－2），计算常见的财务指标，并说说这些指标的含义。

上海××国际旅行社股份有限公司××年 6 月 30 日财务报告

表 3－1 简化的资产负债表（合并） 金额单位：元

××年 6 月 30 日

资　产	年初数	期末数
流动资产	373 615 113.39	329 718 899.35
长期投资	27 099 191.76	64 862 169.68
固定资产净值	58 428 074.96	56 120 223.93
固定资产清理		
在建工程	56 359 201.18	127 186 275.91
无形资产	528 750.00	515 250.00
递延资产	8 228 550.00	8 769 726.59
其他长期资产	1 500 000.00	
资产总计	524 258 881.29	588 672 545.46
负债及股东权益	**年初数**	**期末数**
流动负债	167 391 118.93	213 949 691.72
长期负债	31 067 553.87	29 703 008.85
股东权益	315 235 220.49	333 952 112.72
其中：股本	120 505 700.00	120 505 700.00
资本公积	166 391 275.07	166 391 275.07
盈余公积	15 773 282.02	15 982 781.78
其中：公益金	11 676 025.00	1 676 025.00
未分配利润	12 564 963.40	31 072 355.87
少数股东权益	10 564 988.00	11 067 732.17
负债及股东权益合计	524 258 881.29	588 672 545.46

表 3－2　　简化的损益表（合并）　　金额单位：万元

××年1—6月

项　　目	金　　额
主营业务收入	19 046.72
主营业务利润	1 641.57
其他业务利润	
投资收益	553.52
营业外收支净额	1.64
利润总额	2 196.72
少数股东权益	36.33
应交所得税	309.65
净利润	1 850.74

第四章

旅行社的营销管理

实训目的

- □ 熟悉旅游市场问卷调查的特点和内容结构，独立设计旅游市场调查问卷
- □ 掌握结合当地资源与环境进行旅游新产品设计开发的步骤和分析要素
- □ 掌握旅行社产品的定价方法和策略，熟悉产品定价需考虑的因素与过程
- □ 掌握同业批发业务的操作流程，并在业务实践中正确运用
- □ 掌握旅行社常用的促销方法
- □ 掌握电话营销（呼出和接听电话）的操作流程、运作技巧

模块一　基础知识

专题一　旅游市场调查问卷的设计

旅游市场调研十分重要。在访问类方法中，邮寄调查、留置调查都要采用问卷形式，面谈法、电话调查也可以采用问卷的形式。因此，问卷设计是调查前一项重要的准备工作。

通过实习，要使学生掌握如何做出有针对性、又可节省被调查者时间和精力的调查问卷，并学会分析回收的调查问卷，根据反馈的信息，对调查产品做出切合旅游市场的调整，使企业在旅游市场中处于有利的地位。问卷设计的好坏，在很大程度上决定了调查问卷的回收率、有效率，甚至关系到市场调查活动的成败。问卷设计的科学性在市场调查中具有关键性意义。

1. 问卷调查的含义。问卷调查，就是根据调查目的，制定调查问卷，由被调查者按调查问卷所提的问题和给定的选择答案进行回答的一种专项调查形式。问卷调查是一种常用的专项调查手段，是国际通行的一种专项调查形式。

2. 调查问卷的结构和内容。一份比较完善的调查问卷通常由以下几部分构成：

（1）问卷的名称。问卷的名称应简明扼要，概括专项调查的主题，使被调查者明确主要的调查内容和调查目的。对于国家确定的调查问卷，还应在表头的左上方列出“中华人民共和国《统计法》第三条规定：国家机关、社会团体、企业事业组织和个体工商户等统计调查对象，必须依照本法和国家规定，如实提供统计资料，不得虚报、瞒报、拒报、迟

报，不得伪造、篡改。”右上方标明“表号、制表机关和文号”字样。

（2）被调查者的基本情况。被调查者的基本情况，主要是指被调查者的一些主要特征，包括被调查者的年龄、性别、文化程度、职业、住址、家庭人均月收入等。具体列入多少项目，应根据调查目的、调查要求而定，并非多多益善。

设置这些项目，一是为了满足对调查资料进行分组研究的需要；二是以便进一步了解被调查者情况；三是查询的需要。

（3）调查问卷的主体内容。调查问卷的主体内容就是调查者所要调查的具体项目，是调查问卷中最重要的部分。由于采用问卷的形式，所以调查问卷的主体内容应主要是根据调查目的提出调查的问题和可供选择的答案。

调查问卷的主体内容主要包括以下三个方面：

①人们的行为，包括对被调查者本人的行为或通过被调查者了解他人的行为。如对旅游消费者的消费行为进行专项调查，就要调查旅游消费者的具体消费行为。

②人们的行为后果。如对开征利息税社会效应专项调查，就要对被调查者调查开征利息税后对其实际收入的影响、开征利息税后将如何处置在银行的存款等。

③人们的态度、意见、感觉、偏好等。如游客意向专项调查，就要调查目前是否有旅游愿望、不愿再旅游的原因、未能旅游的原因、现在寻找旅游目的地的方式、希望开发哪些新旅游项目、对政府旅游主管部门或旅游公司的要求或建议等。

提示

设计调查问卷的主体内容应注意以下两点：

1. 内容不宜过多、过繁，应根据需要而确定；

2. 上述三项内容并非每个专项调查问卷中都要设置，而应根据调查的需要而决定。

（4）作业证明的记载，是指要在调查问卷的最后注明调查员的姓名、访问日期、访问时间以及交表时间等。如有必要，还需注明被调查者的姓名、单位或家庭住址、电话等，以便于审核和进一步追踪调查。对于涉及被调查者隐私的问卷，可以考虑不列入上述内容。

（5）问卷说明。一份完整的专项调查问卷，还应包括必要的问卷说明，通常包括：①调查的目的和意义；②指标解释、调查需知及其他事项说明等；③如涉及需保密的内容，必须指明予以保密，不对外提供等，以消除被调查者的顾虑。

（6）编号。有些问卷需要编号，以便分类归档，汇总统计。

调查问卷主体内容设计得好坏，将直接影响整个专项调查的价值。

3. 问卷设计的步骤。设计问卷的目的是为了更好地搜集市场信息，因此，在问卷设计过程中，首先要把握调查的目的和要求，同时力求使问卷调查获得被调查者的充分合作，保证其提供准确有效的信息。具体可分为以下几个步骤：

第一步，根据调查目的，确定所需的信息资料，然后在此基础上进行问题的设计与选择。

第二步，确定问题的顺序。一般简单的、容易回答的放在前面，然后逐渐转向难度较大的问题排列要有关联、合乎逻辑，便于填卷人合作并产生兴趣。

第三步，问卷的测试与修改。在问卷用于实地调查以前，先初选一些调查对象进行测试，根据发现的问题进行修改、补充、完善。

4. **问卷设计中应避免的问题**。设计问卷各类题型及问法也是一门学问，不能随意设问，否则会影响调查的效果。在设计调查问卷时应避免下述问题：

（1）避免肯定性语句。在设计问卷时，不能事先肯定被调查者有某种商品，例如：

"您爱喝什么品牌的汽水？"

"黄山是你您心目中山岳景观的第一选择吗？"

正确的设计方法，应该在肯定性问题之前增加"过滤"问题，例如：

"您爱喝汽水吗？"

"您钟爱山岳性景观旅游吗？"

（2）避免使用引导性语句。所谓引导性语句，是所提问题中使用的词不是中性的，而是向被调查者提示答案的方向，或暗示出调查者自己的观点。例如：

"××牌酒是过去皇帝才能享受的，您打算购买吗？"

"旅游是身份的象征，您今年夏天有旅游的计划吗？"

由这样的提问句产生的结论将缺乏客观性和真实性。

（3）避免使用模糊语句。下例的问法就属于模糊的语句：

"您经常穿 T 恤衫吗？"

"您爱穿羽绒服吗？"

"您经常旅游吗？"

这样模糊问法，被调查者不好回答，如"您经常旅游吗"这个问题，由于"经常"的标准难以界定，所以难以回答。

正确的问法应是：

"您夏天经常穿 T 恤衫吗？"

"您冬天爱穿羽绒服吗？"

"您每年旅游的频率是多少？"（备选答案：A. 1 次/年；B. 2 次/年；C. 3 次/年；D. 4 次以上/年）

这么一改，被调查者就好回答了，调查的结论亦会更具准确性。

调查问卷没有过死的框框，上面所讲述的供设计问卷时参考。

附：济南市民"五一"黄金周近郊游调查问卷（参考范本）

____先生（女士）：

您好！我是××旅行社访问员。我们为了了解您和您的家庭今年"五一"黄金周旅游的情形，想打扰您几分钟，请教您几个简单的问题。这是我们送给您的一点礼品，谢谢您的帮忙！

1. 您的基本情况：

性别：

□女士　□先生

您的年龄：

□25 岁以下　□26～35 岁　□36～45 岁　□46～60 岁　□60 岁以上

2. 您的受教育程度：

□初中　□高中/中专等　□大专　□本科　□研究

3. 您的工作情况：

□在职　□待业　□下岗　□退休　□学生　□军人

4. 您的单位与职业：

□企业员工　□事业单位工作人员　□机关工作人员　□公司员工　□公司管理人员　□其他________

5. 您是否知道济南三个以上的近郊游景点？

□是　□否

6. 您是否去过济南近郊游？

□是　□否

7. 您觉得济南近郊游的花费应是多少？

□200 元以下　□200～300 元　□300～500 元　□500 元以上

8. 您对济南近郊游景点了解些什么？

□山区　□森林　□水库　□湖泊　□民俗　□主题公园

9. 您主要从何种途径了解济南近郊游景点的？（单选）

□电视广告　□报纸、杂志　□他人介绍　□上网　其他________

10. 什么是最影响您挑选济南近郊游景点的因素？（可多选）

□距离　□价格　□想象中的景区风光

□亲朋介绍景区内的娱乐项目　□电视广告宣传得好

□其他________

11. 您认为济南近郊游还需要增加哪些功能？

再次感谢您对我们工作的支持！

专题二　新产品的开发

旅游新产品，是指旅游企业向市场推出的以前没有生产和销售过的旅游产品。它并不完全指一种全新产品的出现，只要对产品中某个部分有所创新或改革，都可称之为旅游新产品。

一、旅游新产品的类型

1. **全新型产品**，是指为满足旅游者需要而完全创新的旅游产品。如“锦绣中华”、“民俗文化村”的出现，在旅游产品的生产上带来了新的革命。

2. **换代新产品**，这是在对现有旅游产品进行较大改革的基础上推出的新产品，如我国在最初观光型旅游产品的基础上，将旅游城市西安、兰州、张掖、敦煌、哈密、乌鲁木齐、喀什等连接起来推出大型旅游产品——丝绸之路游。这是一种经过组合的主题观光型产品，是一种换代产品。在主题观光产品之后，我国又陆续推出主题旅游年，这也是一种换代型产品。

3. **仿制型产品**，是指对市场上已有的新产品进行模仿的旅游产品。这种旅游新产品在旅游市场上极为普遍，仿照“锦绣中华”、“民俗文化村”而产生的北京“世界公园”等一批人造景观，即属此类。

4. **改良型新产品**，是对原有产品进行局部和形式上的改良。如三峡旅游，初期只有两艘豪华游轮，为适应市场需求，在游船的规模、登记、游线的安排上进行改进和提高，现在的三峡游又加上了巫溪的小三峡，以此延长游客的逗留时间，提高食、宿、行、游、购、娱的规格档次。

由于旅游新产品的范围广泛，因此对于旅游经营者来说，不一定要追求完全创新的产品，重要的是新产品要能满足顾客需求；同时，开发新产品不只是单个部门的事情，还需要企业全员的支持。构思和技术只是实现产品开发的手段，而详细的市场调研、正确的经营策略是新产品开发的前提。产品开发出来后，还要有优质的服务作为保证。没有这一系列的配套工作，新产品开发只能是一句空话。

二、旅游新产品的开发过程

旅游新产品的开发过程可分为循序渐进的多个阶段。如图 4－1 所示。从确定方向到组织实施、供应市场，中间要经过分析构思、方案筛选、试产试销、投放市场和检查评价五个阶段。以下结合江门中旅开发新旅游线路的实例来说明旅游线路设计的过程。

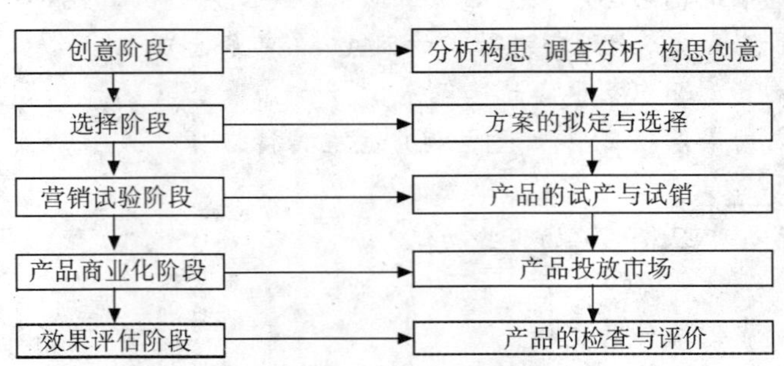

图 4－1 旅游新产品的开发过程

附：江门中旅开发新旅游战略（参考范本）

第一步，创意阶段——分析构思。

一个地区在一定的时期内，旅游资源、旅游服务设施和其他客观条件是相对稳定的，关键在于旅行社如何根据市场需求，经过科学的分析和巧妙的构思，设计出各种吸引旅游者的旅游线路。旅游线路设计的分析构思主要从调查分析和构思创意两方面来把握。

1. **调查分析**。设计一条旅游线路首先要分析市场行情，了解各类旅游群体的不同需求，然后对旅游交通状况、旅游区（点）状况、旅游可进入性、旅游设施、服务状况等进行详尽的研究和精心的选择。信息资料的来源尽可能全面、准确，可以从自己的考察实践中获得，也可以从管理人员、研究人员或推销员、旅游者或中间商，甚至竞争对手那里获得，还可以从网络、报纸、旅游局、旅游开发商、饭店宾馆及交通管理部门那里获得。要特别注意铁路、民航部门的时刻表，一定要掌握最新的动态信息。

经过调查分析，江门中旅认为：香港素有“购物天堂”之称，香港时尚界引领大陆时尚潮流。香港观光旅游与此结合，对大陆爱美的女士会有很大的吸引力。香港旅游交通状况、旅游区（点）状况、旅游可进入性、旅游设施和服务状况均能满足开发生产此类产品的需要。

2. **构思创意**。根据调查分析掌握的情况，就可以提出旅游线路的设计构思，即确定旅游线路的主题。构思越多，旅行社选择的余地就越大。旅行社只有具备创造性的构思，才能拟定出具有竞争力的线路设计方案。构思来源主要如下：

（1）顾客。顾客的需求是寻求新产品构思的起点。他们的要求和建议应成为旅游新产品构思的重要来源。旅游企业可通过询问调查，征询顾客对现有产品的意见和看法，以确定他们的需求。通常向顾客征询意见和有效处理顾客投诉都是获得旅游新产品构思的重要渠道。

（2）旅游营销人员。由于这些人员长期从事旅游工作，与顾客的交往联系频繁，因此他们提供的资料和反馈的信息往往有利于新产品构思的产生。旅游企业的经营者应充分调动员工的积极性，让员工积极参与旅游新产品的构思。企业可建立一个建议处理体系，提倡和鼓励员工的创新意识，对员工提出的合理化建议给予一定的奖励。

（3）同行业竞争对手。在激烈的市场竞争环境下，旅游企业要密切注意同行业竞争对手的新产品及顾客对竞争对手的评价，从中发现问题，找到灵感。从对手推出的新产品中往往也能得到一些有益的提示和启迪。

（4）旅游中间商。旅游中间商一方面掌握着客人需求和投诉的第一手资料，了解顾客的需求所在；另一方面，他们对多种旅游产品的类型和特点了如指掌，掌握着大量供给方面的信息。因此，他们所提供的资料对于旅游企业不断完善现有产品、推出新产品很有益处。

旅游新产品的构思来源是多方面的，关键在于企业要在内部建立有效的、制度化的建议处理体系，鼓励员工的创新意识，同时保持与外部的良好沟通，通过多种渠道形成有关旅游新产品的构思。

某旅行社曾经将购物游和美容结合起来，推出“快乐妈妈上海购物游”活动，该线路得到了漂亮妈妈女装店的赞助，先安排听美容讲座、看上海妈妈时装表演等活动，再进行快乐购物，反响很好。江门中旅受此启发，提出“香港重塑美丽之旅”、“漂亮妈妈香港购物游”、“香港美丽之旅”等7个构思。

第二步，选择阶段——方案的拟定与选择。

1. **方案的拟定**。构思并不等于方案，构思只有经过专业技术人员的筛选和可行性论证，才能最终确定其价值。通过第一阶段的工作，往往会产生大量新产品构思，然而，并非所有这些构思最后都会付诸实现，需要结合市场特点和企业实际条件，选择一些有发展前途、切实可行的产品创意。

筛选就是旅行社专业技术人员根据直观的经验判断，剔除那些与旅行社发展目标、业务专长、接待能力等明显不符或不具备可行性的构思，缩小有效构思的范围。筛选过程中要防止两种失误：一是“误舍”，即把本来很好的产品构思误认为是不可行的而舍弃掉；二是“误用”，即把错误的构思转入生产，造成时间和成本的巨大浪费。江门中旅的专业技术人员根据经验对7个构思筛选后，剔除了2个，保留了5个。

更进一步的筛选应更具科学性，一般应由营销人员、管理人员、有关专家共同参与，慎重进行，通常要考虑企业的生产能力、技术水平、资金情况，分析市场需求和竞争态势，判断新构思与企业发展目标和规划之间的适应程度。通常可以对初步筛选出的构思进行等级评定，并根据等级系数的高低，确定可行性论证的顺序。表4-1为江门中旅的专业技术人员对构思一——“香港重塑美丽之旅”的评价。

表4-1　构思一　“香港重塑美丽之旅”评价

影响因素	重要性系数	评价等级					得分
		5	4	3	2	1	
销售前景	0.25		√				1.00
盈利能力	0.25			√			0.75
竞争能力	0.20			√			0.60
开发能力	0.20		√				0.80
资源保障	0.20				√		0.40
合计	1.00						3.55

$$等级系数=\frac{得分总和}{评价等级数量}=\frac{3.55}{5}=0.71$$

对5个构思评价后得出：构思一等级系数=0.71

构思二等级系数=0.65

构思三等级系数=0.55

构思四等级系数=0.68

构思五等级系数=0.64

可行性论证简单地讲就是搜集信息、评价信息和做出判断的过程。从构思到方案拟定的论证过程中，旅行社需要把握的信息主要包括以下几个方面：

(1) 发展前途方面，包括产品市场的大小、打入市场的可能性、需求的持久性、仿制的困难性、此类产品的发展趋势等。

(2) 销售市场方面，包括产品的需求量和需求时间、产品的销售范围和目标市场、此类产品的销售数量和市场占有率、潜在旅游者数量及旅游者实际购买能力、旅游者对新产品的要求和希望、季节变动对销售的影响、与旅行社现有产品的关系以及产品的销售渠道等。

(3) 竞争态势方面，包括生产和销售类似产品的竞争者数量，各竞争对手的销售数量、产品系列、产品特点及差异程度，各竞争对手采用的竞争策略、手段及其变化情况，竞争对手的市场占有率和价格差，潜在的竞争对手及他们加入该种新产品市场的可能性等。

(4) 价格方面，包括竞争产品价格的变动情况、旅游者对此类产品价格的意见和要求、此类产品的价格弹性等。

(5) 内部条件，包括旅行社设计新产品所需人、财、物的保证程度，旅行社的信誉与管理水平，所需各种服务设施的供应能力和服务质量等。

旅行社在信息搜集过程中，必须注意以下几点：一是贯彻国家旅游发展的方针政策和有关法律，这是旅行社新产品设计中必须首先考虑的因素。二是各类旅行社在业务范围和专长方面都存在差异，旅行社应根据自身的条件和特点开发新产品，有针对性地搜集资料。三是各种信息必须全面、系统，避免挂一漏万，支离破碎。

旅行社通过广泛搜集与新产品开发有关的信息，对构思进行可行性分析和研究，便可得出不同设计方案。

江门中旅通过对5个构思的可行性分析后，认为构思三在发展前途、销售市场、竞争态势、价格、内部条件方面明显差于其他4个构思。经过研究后，剔除了构思三，保留了4个构思，相应地设计出了4个方案。

2. **方案的选择**。方案的选择是一个极为复杂的问题，因为每个方案都有其合理方面。这就要求旅行社在方案选择过程中采用定性和定量相结合的方法，对各个方案进行综合评价和比较分析，在注重宏观效益的基础上，强调各方案的经济效益。

从定性分析的角度来看，旅行社在方案选择过程中应考虑以下标准：(1) 有利于当地市场经济的发展。(2) 有利于占有市场，增加销售。(3) 有利于提高旅行社的竞争能力。(4) 有利于刺激中间商或代理人的销售热情。(5) 有利于保证原有产品的正常发展。

从定量分析的角度来看，核心是准确计算各种方案所需成本和将要达到的利润额。对此，可运用许多现代化分析方法，如等概率法、乐观系数法、最小最大后悔值法、贝叶斯法、决策树法、马尔柯夫决策法、模拟决策法等。

江门中旅采用了等概率法进行定量分析

江门中旅对拟开发的新的香港旅游线路的需求量估计为高、中、低和很低四种情况。为开发此线路，该旅行社设计出4种方案，计划经营3年。根据计算，各方案的损益额如表4－2所示。

表4－2　线路设计方案损益分析对比表　单位：万元

方案 / 损益额值	1	2	3	4
高	600	800	350	400
中	400	350	220	250
低	0	－100	50	90
很低	－150	－300	0	50

方案三的收益值在4种自然状态下都小于方案4，故首先舍弃。

等概率法，即假定每种市场需求状况发生的概率是相同的，由此可得出每种方案的收益的期望值：

方案一 $=0.25\times(600+400+0-150)=212.5$（万元）

方案二 $=0.25\times(800+350-100-300)=187.5$（万元）

方案四 $=0.25\times(400+250+90+50)=197.5$（万元）

方案一“香港重塑美丽之旅”最优，所以最终产品定名为“香港五天重塑美丽之旅”。

第三步，营销试验阶段——试产试销。在上述问题得到解决之后，产品进入营销试验阶段。**营销试验是指有限度地推出新产品和营销计划，以确定营销环境下消费者的反应**。它使得旅游经营者能够了解产品和营销组合的优势与不足，及时加以改进，避免在全面推向市场时遭受失败的风险。

对新产品进行营销试验的成本较高。它不仅表现为财务上的高投入，同时营销试验把新产品和其营销组合在正式进入市场之前暴露给了竞争对手，有可能失去出奇制胜的效果；同时，竞争对手还会利用自己的促销手段和价格手段故意破坏营销试验，以掩盖企业对市场上正常情况的预计。因此，有些企业开始寻求营销试验的替代方法，在几个细分市场上向目标市场成员展示新产品，并记录他们的真实反应，然后改进产品，以更好地适应市场需要。对于计划推出旅游新产品的企业来说，营销试验无论如何仍然是一个基本的也是必要的阶段。

在此阶段进行试验性生产，旅行社即可与有关部门或行业达成暂时性协议，将产品设计方案付诸实施，一方面要考虑新产品的使用功能、外观；另一方面要注意新产品的适用性及经济性，然后进行试验性销售。可见，产品试产与试销的目的主要有：(1) 了解产品销路。(2) 检验市场经营组合策略的优劣。(3) 发现问题，解决问题。

在试产与试销阶段，旅行社应特别注意：(1) 规模适中。(2) 保证产品质量。(3) 充分估计各种可能，有备无患。(4) 经试销证明确无销路的产品，切忌勉强投入市场。

江门中旅所开发的新的香港游产品投放市场进行了试销。由于该线路成本要远远高于普通的香港游，加上线路目标对象的单一，线路的风险性成功避免了部分中小旅行社进来与之抗衡，市场前景良好。

从“香港五天重塑美丽之旅”的行程安排表来看，5天的行程有3天是集中上课辅导，辅导内容包括自我认识及形象改善、修身纤体分析及指导、潮流发型设计及头发护理、发型设计实习、实用化妆技巧理论、仪态理论及实习等，期间还会穿插写真拍摄、证书颁发典礼；还有一天的时间用于游览；剩余一天用于来回路程。

第四步，商业化阶段—— 产品投放市场。这个阶段是新产品正式投入市场，进入商业化阶段。经营者需要制定一个完备的新产品投入市场的计划，确定产品的价格水平、销售渠道和促销手段，使消费者在需要时能够在合适的地点与时间及时获取，并享受新产品的效用，得到满足。

第五步，检查评价阶段。产品投入市场并非产品设计过程的终结，旅行社还应对产品进行定期的检查与评价，对产品进行必要的修订和改进，并广泛搜集各种反馈信息，为进一步开发产品提供依据。

产品的检查除在发展趋势、销售市场、竞争态势、价格和内部条件几个方面进行外，还应着重就产品收益情况进行分析，包括损益分析和价格分析。损益平衡分析是通过产品销售量、销售收入和成本几个变量的比较分析，明确旅行社的盈亏状况，如图4－2所示。价格分析则主要是根据产品质量、产品需求的价格弹性等因素对产品的价格水平进行衡量。如果销售价格偏高，往往会失去大量客源，使产品滞销；如果价格偏低，则会影响旅行社的盈利水平。

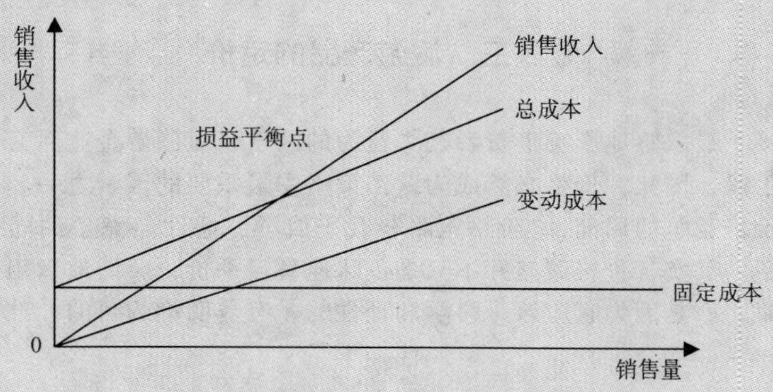

图4－2　旅行社产品的损益平衡分析

在以上分析的基础上，旅行社可将产品的主要检查结果填入下表4－3，并找出存在的问题和解决措施。

表4－3　　旅行社产品评价表

分析项目		分析结果			问题	措施
		现状	预测	评分		
竞争能力	竞争性强弱					
	价格					
	成本					
	质量					
	服务					
	信誉					
销售增长率						
市场占有率						
获利能力						
经营实力						
综合评价						

其中，竞争性强弱是指有多少与本产品存在竞争关系的产品及其质量，竞争产品种类越多，质量越好，对本产品威胁就越大，本产品的竞争性就越弱。获利能力反映旅行社的经济效益水平，它用利润率表示。经营实力是指旅行社的销售能力和接待能力。旅行社的经营实力主要由资金、工作人员数量及素质、设备和营业场所等情况决定。

江门中旅对“香港五天重塑美丽之旅”产品进行了检查评价，在此基础上对线路进行了必要的修订和改进，并广泛搜集各种反馈信息。该线路经进一步完善后，现已成为该社招牌产品之一。

专题三　旅游产品的定价

价格是最直接、最敏感地影响消费者购买行为的因素，对旅游企业而言，它又是获得收入和盈利的主要手段，因此，价格必然成为营销策略中最重要的因素之一。由于中国旅游市场长期存在恶性价格竞争的局面，“价格策略”几乎成了“恶性”竞争的同义词，它的本来意义似乎被忽略了。其实，价格策略并不只是一味地盲目杀价，灵活地运用价格杠杆之所以能够成为一种策略，就是因为它应该是科学和理性的，有着明确的目的、准确的计算和一定的自主能力。

一、旅游产品定价方法与策略

产品定价的最高上限是消费者需求，其下限是成本，而在最高价格和最低价格的幅度内，企业能把价格定多高，则取决于竞争者同种产品的价格水平。企业价格的制定以营销目标、产品形象为依据，以成本为基础，以消费者需求为前提，以竞争对手价格为参照。

1. 企业自身因素：成本、营销目标、营销组合因素。
2. 市场环境因素：目标消费者收入及心理变化、市场供求、产品需求弹性、市场竞争。
3. 社会经济因素：经济景气指数、社会购买力水平、社会货币发行量、股指和利率。
4. 法律和政策因素：价格法、反不正当竞争法、消费者权益保护法等。

（一）旅游产品定价方法

1. 成本导向定价法。

（1）**成本加成定价法**是一种基本的定价方法，通常的做法是以产品的单位成本加上一定百分比的利润来确定产品价格。

产品售价 = 单位产品总成本 ×（1 + 利润率）

　　　　= 综合服务成本 ×（1 + 利润率）+ 房费 + 餐费 + 城市间交通费 + 专项附加费

（2）**目标收益定价法**是旅游企业按预期获得的利润量和预测销售量来确定产品价格。一般经过以下几个步骤：

①确定目标收益率。它由投资者决定，在估计目标收益率时，应同时考虑风险程度、机会成本及竞争对手的投资收益率。

②确定目标利润总额：目标利润总额 = 投资总额 × 目标收益率。

③预测销售量。

④计算产品价格。其计算公式为：单位产品价格 = $\frac{\text{产品总成本 + 目标利润总额}}{\text{预测销售量}}$

2. 需求导向定价法。

（1）理解价值定价法。这种方法实际上是根据买方的价值观念来定价，定价的关键不是卖方的成本。而加深消费者对商品价值的理解，从而提高其愿意支付的价格限度的主要方法是搞好产品的市场定位、突出产品特征、加深消费者对产品的印象。

（2）区分需求定价法。它是企业对同种产品，依据不同的需求的强度而制定不同的方法，也就是依据不同时间、地点、产品及不同消费者的消费需求强度差异定价，包括区分顾客定价、区分产品定价、区分时间定价、区分位置定价。

（3）逆向定价法，是指企业根据消费者能够接受的最终销售价格，计算自己从事经营的成本和利润后，逆向推算出商品的批发价和零售价。这种定价方法不以实际成本为主要依据，而以市场需求为定价出发点，力求价格为消费者接受。

3. **竞争导向定价法**。

（1）通行价格定价法，也叫随行就市定价法，是根据本行业同类产品的平均价格水平来制定本企业产品价格的方法。

（2）主动竞争定价法，是根据本企业产品的实际情况及与竞争对手的产品差异性来确定价格。

（3）密封投标定价法。它是卖方事先不规定价格，由顾客投标竞购，然后卖者以最有利的价格拍板成交的方法。

（4）变动成本定价法，是企业以变动成本为依据，考虑市场环境以对付竞争的定价方法。

（5）倾销定价法。它是垄断企业在控制国内市场的情况下，以低于国内市场的价格向国外抛售产品，不惜低价打击竞争对手而占领市场的方法。

（二）产品定价策略

1. 新产品定价策略（见表 4-4）。

表 4-4　　旅行社新产品定价策略的选择标准

渗透定价策略	选择标准	取脂定价策略
低	市场需求	高
不大	与竞争产品的差异性	大
大	价格需求弹性	小
大	生产能力扩大的可能性	小
低	旅游者购买力水平	高
易	仿制难易程度	难
大	市场潜力	不大
逐渐	投资回收方式	迅速

（1）高价策略，又称**撇脂定价**、取脂定价，是指在新产品上市时把价格定得较高，以期获取超额利润，在短期内收回投资并取得较高收益的一种定价策略。

高价策略具有以下优点：有利于树立产品高品质形象，扩大销售；有利于企业掌握价格主动权；有利于获得更多利润。

高价策略具有以下缺点：会损害消费者利益；不利于拓展市场；容易诱发竞争。

高价策略适用范围：产品寿命周期短、需求弹性小的商品、高档商品及奢侈性用品；资源不足的紧缺商品；能独家生产经营的新产品；企业生产能力一时难以扩大的产品。

（2）**低价策略（渗透定价策略）**，是指在新产品上市初期，将产品价格定得低于预期价格，以市场占有率扩大为目标的定价策略。

低价策略具有以下优点：易为顾客接受，迅速打开销路；可以有效地排斥竞争者介入；迅速增加销售额和扩大市场占有率。

低价策略具有以下缺点：影响同类产品的销路及其寿命周期；不利于新产品高质量形象的确立；提价会引起顾客的反感。

低价策略适用范围：需求弹性大的产品；因销路扩大而导致成本迅速下降的产品；潜在市场大的产品及竞争者很容易进入的市场；消费者购买力较为薄弱的市场。

2. **心理定价策略**，是旅行社利用旅游者对价格的心理反应，刺激旅游者购买产品的产品定价策略。

（1）尾数定价策略，又称奇数定价策略，是利用旅游者喜欢带尾数价格的心理而采取的产品定价策略。带有尾数的价格让旅游者产生价格低廉的感觉，并且认为带尾数的价格是经过认真地成本核算产生的结果，使旅游者对价格产生信赖感。

（2）整数定价策略，适用于价格较高的旅行社产品，如豪华旅游、团体全包价旅游等。采取此种定价策略容易使旅游者产生“货真价实”、“一分钱一分货”的感觉，有利于提高产品形象。

（3）声望定价策略，多见于在旅游市场上享有较高声望的旅行社及其产品。

（4）吉祥定价策略，是利用旅游者喜爱吉祥数字的心理为产品制定的价格。

二、旅游定价的基本过程

科学、合理的定价程序是旅行社制定出正确的产品价格的基础。定价程序由以下七个步骤组成：

第一步，确定企业的定价目标。

旅游企业在制定价格之前，首先必须明确旅游产品想要达到什么样的目标。旅行社在一定时期内，可根据市场供求关系，明确自己的定价目标，这是制定价格的前提。

旅游企业的定价目标包括有维持生存、利润最大化、市场份额最大化及多种选择。一旦旅游企业选定其中一种作为自己的目标，就会有一系列与之相应的包括价格在内的市场营销组合。企业的目标越明确，制定价格就越容易。价格的高低对于利润、销售收入、市场份额等指标会有不同的影响。

假如我们所设定的某种旅游产品要达到利润最大化的目标，其价格水平应为 95 元；要使销售收入最大化，其价格应降为 85 元；而若希望市场份额最高，还要实行更低的价格水平。

第二步，测定需求量。

用实验方法测定不同需求量下的价格水平，推算出需求弹性，作为定价时的参考。

价格的高低在影响营销目标的同时，也影响了需求。要确定价格，就要先知道需求。一般情况下，价格与需求量之间成反比关系；但还有另一种情况，当价格上升时，需求量也增加，它代表了一种威望商品的需求。例如，住酒店的高档客房，客人往往认为是一种身份和地位的象征，在其定价降低时，顾客反而会认为不能体现其身份而不愿购买。所以价格虽然是影响需求的重要因素，但非价格因素的作用也不容忽视。要确定出价格对需求的真正作用程度，应将非价格因素的影响排除在外。影响需求的非价格因素主要有：

1. 收入。当消费者的收入增加时，即使旅游产品的价格保持不变，对旅游产品的需求量也会增加。近两年在“五一”、“十一”黄金周期间，持续出现的旅游高潮就很好地说明了这一点。

2. 替代品价格的变化。旅游产品之间的相互可替代性程度是很高的，当替代产品的价格降低时，消费者往往会倾向于去购买该旅游产品的替代品，使该产品需求量减少。

特别提示

替代品是指具有相同或类似作用或功能的产品，如包子和馒头都可以果腹，火车和飞机都能够帮助人们旅行等。替代品的价格变化通常是同向的。

3. 消费者偏好。消费者一旦对某种旅游商品产生偏好，即使其价格升高，也通常不会影响其需求。

除了非价格因素之外，需求弹性的不同也影响着需求量的变化。在需求缺乏弹性和富于弹性时，需求对于价格变动的敏感程度是不同的。就大多数旅游产品来说，在高价位时适当降低一些价格，对产品销量的增加会更明显，而对于已经定价较低的旅游产品即使再降价，其销量也不会明显增加，所以旅游企业之间的价格战并非是万能的。

第三步，估计成本。

社会对旅游产品的需求量决定着企业可为产品制定的最高价格，而企业的各种成本则决定着旅游产品价格的最低水平。旅游产品的价格至少要能补偿企业在一定生产水平下所用的固定成本和可变成本的总和。随着产量增加和经验积累而导致的成本下降，可使公司制定较低的价格，获得更大的销量，然后产量进一步增加，成本再下降，价格可更富于进攻性。

一般而言，**旅行社产品的成本包括营业成本、固定资产摊销、期间费用（营业费、管理费、财务费）三大块**。此外应将税金和附加费打入成本。营业成本包括以下项目：

1. 综合服务费。计算单位为“元/人”。

综合服务费 = 实际接待天数 × 综合服务费/人天

2. 房费。计算单位为“元/人”。

房费 = 实际入住天数 × 房费/人天

3. 餐费。计算单位为“元/人”。

餐费 = 实际用餐天数 × 餐费/人天

4. 景点门票。计算单位为“元/人”，旅游线路中各景点门票款合计。

5. 交通费。计算单位为“元/人”，旅游目的地景点间旅游车费。

6. 票务费。计算单位为“元/人”。

票务费 = 居住地至目的地的交通费 + 手续费

7. 专项附加费。计算单位为“元/人”。

专项附加费 =（汽车超公里费累加 + 特殊门票费累加）/人

成本 = 综合服务费 + 房费 + 餐费 + 景点门票 + 交通费 + 票务费 + 专项附加费

第四步，分析竞争者的产品和价格。

考虑竞争对手向市场提供的产品和价格是企业定价的一个重要因素。通过向消费者询问、自己亲自购买竞争对手的旅游产品、搜集竞争对手的价格表等途径，企业可对竞争对手的情况有一定了解，并据此来考虑自身旅游产品的定价。通过比较，若企业的旅游产品优于对手，价格不妨比其稍高；若产品与对手类似，价格也要大致和其处于同一水平；如果产品不如竞争者，那就应制定更低的价格，并对产品做出改进和完善，否则就会缺乏竞争力。

第五步，选择定价方法。

在上述步骤里明确了企业的目标，并对需求、成本、竞争者价格等做出基本分析后，下面的工作就是要选择合适的定价方法了。价格定得过高可能会使产品失去需求；定得过低又会使企业的利润得不到保证，甚至亏本。怎样才能确保旅游产品的价格既能创造需求又能创造利润呢？这就要求**企业在定价时必须考虑产品的成本、竞争产品和替代产品的价格、产品的特色等三个基本因素，**由此产生了**成本导向、需求导向、竞争导向**三类不同的定价方法。

第六步　确定最终价格。

根据定价目标，选择某种定价方法所制定的价格并不就是该产品的最终价格，而只是该产品的基本价格。为了提高产品的竞争力及对旅游者的吸引力，还应考虑一些其他因素，对基本价格进行适当调整。

在为产品确定最终价格时，企业还要考虑以下一些附加因素：

1. 顾客心理因素，即顾客对价格的主要心理认定趋势或取向。

2. 政府干预因素。企业的定价会处在政府监督之下，价格过高或过低都可能会招致政府干预。

3. 竞争对手的反应，竞争对手针对自己的定价是否也会在营销组合上做出调整，是否会引发价格战，这些都是企业所要考虑的。

4. 企业的定价政策。企业的价格定位须同定价政策相符，许多旅游企业都有企业所需的价格形象、价格折扣政策及应付竞争对手价格的经营哲学等，旅游产品的价格定位应与这些价格政策相吻合。

第七步　旅游线路报价说明。

旅行社一般为旅游者安排双人标准间或三人间，有时团队因人数或性别原因可能出现自然单间，由此产生的房费差额根据事先达成的协议，由组团社或地接社来承担。

旅游团内成年旅游者人数达到 16 人时，应免收 1 人的综合服务费，全陪只收交通费、房费，其余全免。

12 周岁以下儿童通常收取 30% ~50% 综合服务费（不占床位、车位），12 周岁以上儿童收取全额综合服务费。

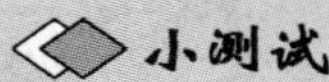

有些旅游产品，针对儿童的报价有时可能还高于成人。这是什么原因呢？

旅游线路报价一般不含各地机场建设费、旅游意外保险费（自愿投保）、火车上用餐费、各地特殊自费旅游项目费用。

超公里费指汽车长途客运的收费，各地收费标准不同，如上海是以 8 小时、80 公里为基价计算的。

旅游线路报价在实施过程中若发生因不可抗力因素造成实际旅费超过报价的（如行程延期），由旅游者自行承担额外费用，旅行社可不承担此费用，或与旅游者分担费用。

地接旅行社在旅游线路报价中应含有团队确认方式及结算方式的具体要求。

现用一家旅行社的报价单为例来说明。

附：云安达旅行社传真件（参考范本）

收件人：杭州××旅游公司　　发件人：×××

电话：×××××××　　电话：×××××××

传真：×××××××　　传真：×××××××

××经理：

您好！现将所需行程与报价传真给贵社（见表 4－5），如有不详之处，请来电咨询！希望合作愉快！

表 4－5　昆明—大理—丽江双飞双卧五晚六天游

时　间	行程安排	住　宿	用餐数
D1	由杭州飞昆明（CZ8654/15：35），接团，室内观光，游金马碧鸡坊。	昆明	晚餐
D2	游石林，参观玉石加工厂，欣赏云南茶艺表演，晚乘硬卧火车至大理。	火车	早、中、晚餐
D3	早抵大理，乘苍山索道，游崇圣寺三塔、蝴蝶泉、天龙八部影视城、大理古城、洋人街。	大理	早、中、晚餐
D4	由大理乘车至丽江，游览丽江古城—四方街（晚餐自费品尝纳西风味餐）。	丽江	早、中餐
D5	游玉龙雪山、白水河、甘海子，乘车赴大理，晚乘硬卧火车返昆明。	火车	早、中、晚餐
D6	早抵昆明，逛花市，乘飞机赴杭州（CZ8628/11：30），送团。		早餐

报价：2 580 元/人。

人数：20 人。

出团日期：11 月中旬。

标准：入住三星级酒店，提供标准团队餐（8 正 5 早，八菜一汤）。

报价含：空调旅游车费、景点第一门票费、旅行社责任险、丽江古城维护费、导游服务费、昆明—大理往返空调硬卧火车票、杭州—昆明往返机票。

报价不含：机场建议费、航空保险、单房差、客人自愿选择的自费项目。

备注：因人力不可抗拒因素或客人自身原因放弃行程造成景点减少的，只在当地按旅行社的协议价现退未产生的费用，其他产生的费用由客人现付。旅行社可以根据航班时间调整行程，但服务、住宿、景点不变。

1. 此行程线路成本预测如下：

（1）房费。60元/人（昆明）+40元/人（大理）+60元/人（丽江）=160元/人。

（2）餐费。15元/人×8（正餐）+5元/人×5（早餐）=145元/人。

（3）景点门票。

昆明：石林80元。

大理：苍山索道20元+崇圣寺三塔40元+蝴蝶泉26元+天龙八部影视城25元=107元。

丽江：云杉坪索道42元+进山费80元+古城维护费40元=162元。

共计：80+107+162=349（元/人）。

（4）交通费。50元/人（旅游车费）+150元/人（昆明一大理往返空调硬卧火车票）=200元/人。

（5）综合服务费。6×10元/人=60元/人。

（6）票务费。1 500元/人（杭州~昆明往返机票）。

成本=综合服务费+房费+餐费+景点门票+交通费+票务费

=60+160+145+349+200+1 500=2 414（元/人）

2. 此产品竞争对手的价格为2 620元/人，所以此产品的报价只能低于2 620元/人。

3. 选择定价方法。采用成本加成定价法，价格范围为2 414元以上，2 620元以下。

4. 最终确定价格。综合考虑各种因素，定价技巧采用吉祥定价法，价格最终确定为2 580元/人。

专题四 旅行社产品的促销

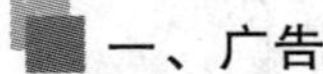

一、广告

1. **广告类型**。

（1）自办媒体广告：户外广告牌；广告传单；载有企业或产品信息的纪念品：旅行包、太阳帽、T恤衫、火柴盒、钥匙扣、针线包、圆珠笔、记事本、年历等。

（2）大众传播媒体广告。

报纸广告：影响面广，费用较低，重复率高。

杂志广告：针对性强，易于保存，读者层稳定；但缺点是出版周期长，传播范围受到一定限制。

广播电台广告：优点是价格低，信息传播及时；缺点是难以在听众脑海中长时间保留，不能产生生动的形象效果。

电视台广告：传播范围广，信息传送及时，广告形象生动活泼，广告针对性强，重复率高；缺点：播出时间短，难以让观众迅速理解广告信息；价格昂贵。

互联网络广告：新兴媒体，互动特征明显，适合面向时尚人士、白领阶层等经常接触互联网人群的产品广告。

(3) 口头广告：导游员面向旅游者的宣传。

2. 广告效果测定，是指运用科学的方法来鉴定广告在促进旅行社产品销售和利润增加幅度方面所起到的真实作用，以便对广告的内容、形式、播出或刊出时间，所采用的媒体等进行调整。

(1) 统计法：利用统计学原理与运算方法，通过对广告费用与产品销售的比率的推算，测定广告效果的一种广告效果测定方法。广告费比率愈小，广告效果愈大。其计算公式为：

广告费比率 =（广告费/销售收入）×100%

(2) 比值法：旅行社通过对其产品的销售额变化测定广告效果的方法。其计算公式为：

广告效益 =（本期广告后的平均销售额 - 本期广告前的平均销售额）÷ 广告费用

二、直接营销

直接营销，是指旅行社通过直接接触旅游者或客户来推动产品销售的促销方法。

1. 直接营销的类型。

(1) 人员推销。派出推销员直接上门拜访潜在旅游者或客户的一种促销方式，有人员接触、会议促销、讲座促销。

(2) 电话营销。旅行社的销售人员根据事先选定的促销对象名单，逐一打电话，介绍产品信息，征求他们对产品的意见并询问是否愿意购买这些产品，分自动播音营销和人员电话营销。

(3) 直接邮寄。旅行社将载有产品信息的旅游宣传册、旅行社产品目录、产品广告宣传单等促销材料直接邮寄给旅游者和客户。

2. 直接营销的特点。

优点：及时性，灵活性，可靠性，针对性。

不足之处：促销费用高，覆盖面窄，合格人才少。

三、营销公关

营销公关是指旅行社采取某些办法进行公关活动，以获得对旅行社及其产品有利的公关形象，达到促进产品销售的目的。常见形式有：

1. **新闻发布会。**向新闻媒体发送消息，通报有关的特殊旅游产品及其他旅游方面的消息。

2. **熟识旅行。**邀请旅游新闻记者或旅游专栏作家免费旅行的一种公关活动，旨在使他们对旅行社的产品产生浓厚的兴趣和深刻的印象，回去后撰写有关旅行社产品的介绍性文章和报道。

3. **邀请旅游中间商实地考察。**

4. **通过专题讲座、学术会议，**宣传旅行社最新设计和开发的产品，并吸引公众对这些产品的关注。

四、营业推广

营业推广是指旅行社以举办竞赛、短期内降价和赠送特殊纪念品等方式开展的促销活动；目的是刺激旅游者的购买欲望，提高旅游中间商的产品推销效果。

1. 营业推广的类型。

(1) 竞赛。旅行社产品知识有奖竞赛、旅游目的地情况有奖竞赛。

(2) 价格促销。通过短期降低价格来吸引旅游者和客户购买的一种促销方法。

(3) 特殊商品促销。向旅游者或客户赠送印有旅行社及其产品信息的商品而开展的营业推广活动。

2. 营业推广的对象。

(1) 针对旅游者的营业推广。其目的是改变旅游者的购买动机；奖励经常购买本旅行社产品的顾客；试销新产品；扩大市场份额；先发制人，挫败竞争对手。

(2) 针对旅游中间商的营业推广。其目的是获得旅游中间商的支持；促使旅游中间商向公众宣传其产品；加深旅游中间商对本旅行社产品的了解等。

专题五　旅行社同业批发业务操作流程

一、同业批发业务简介

同业批发业务是指一系列针对旅游同业客户的旅游产品批发业务。其中，包括同业产品的开发、区域客户网络的建设与管理、同业批发业务具体操作等三大阶段。同业批发业务是我国近几年才兴起的一种新型旅游业务，而国外同业批发业务却已经存在了几十年。

目前，旅行社的分销体系主要有以下四种形态：

1. 零级分销体系：地接社——游客。
2. 一级分销体系：地接社——组团社——游客。
3. 二级分销体系：地接社——批发商——组团社——游客。
4. 三级分销体系：地接社——总代理商——批发商——组团社——游客。

旅游批发业务是旅游分销体系的一个组成部分，是二级分销体系，即：地接社——批发商——组团社——游客，而其中的批发商涉及的批发业务类型有散拼团业务、团队业务、大项目业务。地接社作为基础产品的提供者，希望自己的产品得到程度更广的分销，在上述二级、三级分销体系中，旅游批发商发挥着承上启下的重要作用。

二、批发业务的操作流程

批发业务的具体操作流程可以分为业务询价电话、报价及确认、业务操作、后续服务与改进等四个环节。

1. 业务询价电话。批发商业务操作的第一步就是接待组团社客户的业务来电询价。首先要分清业务类型，如果是批发商向市场推出的“散客成团”产品，应该坚持公司的价格政策，问清楚游客的人数、姓名、身份证号码（如需要）、具体出行时间等，并告知组团社机位（车票）已经不多，请尽量确认。

团队的电话询价对于批发商来说非常重要，有些批发商由于进行了大量的市场开发工作，接到了很多团队的询价电话，但是由于报价和服务方面的原因，导致最后成交的业务量却很少。接听团队业务询价电话应该注意：

（1）接听客户的团队询价电话应该注意报价准确，并向客户告之自身大交通的优势和接待社的接待质量优势，可告知请示总经理后还可以优惠，给对方一个可以还价的预期。因为组团社客户一般在向批发商询价时都是采取“一团多询”，根据报价的情况及对批发商的印象或合作的评价等综合因素，考虑将该团队交给哪一家批发商。在其决策过程中，价格是最重要的考虑因素之一。

（2）接听组团社的团队业务咨询来电应注意询问客户的需求。例如，团队人数、团队特征（商务团、奖励旅游团、老年团还是成年团等），尤其应注意询问客户有无特殊需求，可根据这些特殊需求进行特殊服务细节的设计，除保证一定的价格优势之外，还要以服务产品的卖点和独到的服务细节设计来打动对方。

（3）接听组团社团队业务咨询来电时，应该认真填写接待登记表，详细记录上述事项，并特别注明进度情况，与组团社确定产品内容、发团日期、什么时候出票、首付款比例、什么地方接团、多少人、男女比例、有无儿童、有无特殊要求（少数民族饮食生活习惯、孕妇、残疾人、病人）、返程方式（火车还是汽车、飞机）等，并注意将该团队相关信息及时用传真和电子邮件等形式发送给接待社，让接待社做好接待准备。

小测试

你能否根据上述内容，设计一份接待登记表？

2. **报价及确认**。接听组团社的团队询价电话后，应该根据客户要求打印产品行程及报价单，并做好产品的分解报价，同时做好与客户进行二次价格谈判的准备。报价结束后，应该尽快进行客户跟踪服务，询问客户的团队是否已经确定，并再次表示自己愿为组团社提供服务的真诚愿望，如果客户的团队业务还没有确定，可以表示愿意全力以赴帮助客户拿下这单业务。如果客户已经将业务交给另外一家批发商，也不要因此烦恼，因为你的周到服务已经给客户留下了深刻印象，要尽量设法弄清楚对方的报价及客户与竞争对手合作的原因，并再次表示与其合作的愿望，用自己的真诚打动客户。跟踪电话往往可以大大提高业务的确认率。

经过与客户的沟通，如能达成合作意向，双方可以传真确认，格式如团队确认书。确认内容主要有：价格、行程、时间、人数、住宿标准、餐饮标准、用餐人/次数（有无少数民族特殊饮食安排）、车型、区间交通票、返程交通票、全陪姓名、联系电话等。

3. **业务操作**。

（1）接待产品确认。业务确认完成后，首先将确认单发送给接待社，由接待社开始进行产品要素的相关确认工作。某些接待社已经推出了让组团社选择导游的服务，根据客户的特殊需求和团队特征，选择合适的导游是提高游客旅游体验的重要措施。

（2）送票及帮助客户召开行前说明会。按照与组团社的约定，在收到组团社的大交通款项后进行出票，然后与组团社约定送票时间和送团时间。如果组团社有召开出行前说明会的习惯，应该配合组团社客户完成行前说明会。

(3) 送团。批发商需要在旅游团出发时，安排自己的管理人员到机场和火车站去送团，完成业务操作的全部环节。

(4) 行程跟踪。旅游过程中要与接待社的计调人员、组团社的全陪人员保持联系，了解接待的质量和客户满意度。如果出现客户投诉的情况，应及时与接待社的领导取得联系，尽早采取补救措施，力求在旅游目的地解决问题，以保证组团社的满意度，提高组团社的忠诚度。

(5) 接团结账。旅游结束后，批发商可以安排专人到机场和火车站接团，以体现服务体系的完整性。如果接待过程中出现质量问题，接团就是一个进行补救的最好时机。在出现投诉时如能得到很好的解决，往往可以给批发商带来更多的客户。接团后，可以根据与组团社达成的结账协议，把没有结清的团款结清。如果在旅游目的地发生了投诉，应该根据游客反映和接待社的处理意见，对组团社做出合理的赔偿。这时可以减免一部分团款，并对接待质量问题做出合理的解释，取得组团社客户的谅解。

4. 后续服务与改进。

(1) 团队结账。旅游团队业务结束后，核算团队的收入和成本（即批发商的批零差价），如果出现质量问题，则需要进行赔偿，只要不是批发商自身的责任（如大交通环节等），就需要根据组团社的要求向接待社提出赔偿要求。

(2) 客户回访。旅游团完全结束后，应该在一周之内对组团社客户进行回访。一方面，对客户给予的服务机会表示感谢，另外，可以向客户推荐批发商新开发的产品，询问客户最近的业务动向，有无达成新的业务合作的可能性等。客户回访的方式有很多，比如有登门拜访、电话联系、电子邮件、网上 msn 聊天、同行酒会等。

(3) 客户档案管理与维护。认真整理已有业务记录的组团社客户档案，包括企业名称、联系电话、传真、电子邮件、总经理姓名、联系方式、全陪姓名、联系方式、企业规模、组团流向等信息，并依据业务达成决定人的一些信息等，在适当的时机通过向业务决定人寄送贺卡、打电话祝贺生日等各种方式提升客户的忠诚度。

(4) 产品改进和新产品研发。可以根据客户的反馈意见，和接待社一起对产品的方案进行调整改进，避免在后来的业务推广中再出现类似的接待问题。另外，还可以根据对当地旅游市场的调研和当地组团社的需求，开发设计一些独具特色的旅游产品，并就产品的分销与当地组团大社达成一致，在产品严重同质化的今天，通过产品差异化策略获取组团社客户的认同。

三、团队批发业务流程演示

1. 业务询价电话。

A（组团社）：你好，请问大连、旅顺双飞五日能做吗？

B（批发商）：可以！请问多少人？

A：20 人，5 月中旬，全程三星的。

B：20 人全是成人吗？有其他的要求吗？

A：是的，按正常团队操作就行。

B：好的，您稍等，马上给你报过去（此时，填写接待登记表，如表4－6所示）。

表4－6　　接待登记表

序　号	旅行社	联系人	电话/传真	手　机	出行线路	出行时间	要　求	备　注	跟踪情况

接下来的工作是与地接社确认地接价格和大交通核对报价（均为人均）。

济南/大连往返机票（航空公司折扣为3折）810×0.3＝240元，燃油费和机场建设费90元，往返票价应为660元。

餐：15×5＝75元。

住宿：60×3＝180元。

门票：50＋150＋66＋115＝381元。

当地用车：25座金龙3 000元/20＝150元。

导游服务：15元。

核计：1 460元（底价）＋120（利润）＝1 580元。

2. **报价**。B将价格和行程传真给对方A，后电话报价，要求A将人员名单回传，确认价格（传真见表4－7）。

表4－7

山东××旅行社（B）

总部：济南××路2号 Tel：0531—8631××××（20条线）

8295××××（10条线）

分部：济南市××大街6号 Tel：0531—86××××××、86××××××、86××××××

质量监督：张先生130××××××××　　刘先生136××××××××

每周一、三发团

大连、旅顺、金石滩双飞五日游

行程安排

第一天：

晚（22：00/22：50）济南机场乘飞机赴大连，入住酒店（不含餐），宿大连。

第二天：

早餐后赴旅顺，游白玉山（俯瞰军港）、博物苑景区、火炬松、万忠墓、车游胜利塔、鳄鱼园（50元自理）、珍珠园、星海公园、圣亚海洋极地世界（150 元自理）、星海湾广场、百年城雕、滨海路、北大桥、群虎雕塑（早、中、晚餐，宿大连）。

第三天：

早餐后赴金石滩（66 元自理），游蜡像馆、奇石馆、金石缘公园、赏石馆、中华武馆、西部高尔夫球场（免费打三个高尔夫球）、黄金海岸（早、中、晚餐，宿大连）。

第四天：

早餐后游俄罗斯风情街、中山广场、人民广场、滨海路、北大桥、群虎雕塑、虎滩极地馆（门票 115 元/人自理）（早、中、晚餐，宿大连）。

第五天：

全天自由活动（不含餐、不用车），晚乘飞机（20：20/21：20）返济南，结束愉快的旅行！

接待标准：

1. 住宿：标准间，独立卫生间。
2. 用餐：3 早 5 正（正餐八菜一汤，十人一桌）。
3. 交通：当地空调旅游车服务，济南/大连往返机票及机场建设费（不含航空保险）。
4. 门票：景点第一大门票。
5. 导游：优秀导游服务。
6. 保险：含旅行社责任保险。
7. 礼品：赠送精美旅游纪念品。

备注：

1. 如出现单房差，差价由客人自付。
2. 我社在不减少景点的情况下可以根据实际情况调整行程。
3. 如遇天气或人力不可抗拒的原因造成的一切损失将由客人承担。
4. 客人可自行购买人身意外保险。

祝旅途愉快！

3. **业务操作。**

（1）此时应与地接确认（见表 4－8）和航空公司确认。

（2）给组团社传团队确认单（见表 4－9），并催款。

表 4－8

××旅行社出团确认书

TO：地接旅行社××经理	For：B（批发商）旅行社××经理
电话：（略）	电话：（略）
传真：（略）	传真：（略）

××经理：

您好！

现将我社 20070521 大连、旅顺、金石滩双飞五日游团队确认如下：

人数：20 名成人。

行程：（略）

服务标准：车型、住宿、导游、用餐等要求（略）

结算价格：

表 4 –9

组团社出团确认书

TO：A 旅行社××经理	For：B 旅行社××经理
电话：（略）	电话：（略）
传真：（略）	传真：（略）

××经理：

您好！

现将贵社参加我社“20070521 大连、旅顺、金石滩双飞五日团队”确认如下：

人数：（略）

行程：（略）

服务标准：车型、住宿、导游、用餐等要求（略）

集合方式：（略）

导游电话：（略）

结算价格：（略）

请将团款于 2007 年 5 月 18 日前汇入我公司。

账户：（略）

（3）出机票（出机票前要和组团社核对名单，确认是否出票）。

（4）送站：安排送机。

（5）行程跟踪：电话询问。

4. 后续服务。

（1）团队结账。

（2）客户回访。

B：你好，××在吗？我是××旅行社的，我想问贵社××团队回来后客人反映还好吧？

A：哦，还可以。

B：那就好，再次感谢对我社的支持，希望以后加强合作。

（3）将客户资料整理到客户档案里（见表 4 – 10）。

表 4 –10　　**客户档案表**

序　号	旅行社	联系人	电话/传真	手　机	出行团队	备　注

附：旅游营销合作协议书（参考范本）

甲方：A（以下简称甲方）

乙方：B（以下简称乙方）

经过甲、乙双方协商一致同意，就双方以旅游电子商务平台为依托，开展旅游营销达成如下协议：

一、乙方提供下列旅游线路，由甲方负责营销。

旅游线路列表：

旅游线路名称、发团周期、天数、出发地、价格（元），详细说明资料。

乙方提供：(具体内容从略)

二、据乙方提供的旅游线路（产品），通过甲方旅游电子商务平台、预订热线开展旅游营销；甲方组织的旅游客户由乙方负责接待、安排行程服务。

三、双方的权利和义务

1. 甲方为乙方发布、更新即时的旅游线路（产品）信息；同时通过网上宣传、营销扩大乙方旅游线路（产品）的知名度。

2. 甲方把旅游市场动态和旅客反馈的信息随时提供给乙方，双方共同制作适应旅游市场、有竞争力的旅游新产品；同时，甲方以庞大的旅游联盟体，通过旅游资源整合、互补、共享等联盟合作，使乙方获得利润最大化。

3. 甲方承销乙方旅游线路（产品）。甲方收到客户订单后，以电话、传真方式通知乙方，乙方应即时做出是否成交回复，乙方同意成交，应做好接待安排旅游行程服务工作；甲方应保证旅游客户信息的准确性，旅客行程如有变动，应及时通知乙方。

4. 乙方由于旅游淡旺季及节假日等原因，使乙方所提供的旅游线路内容及价格发生变动，乙方应及时通知甲方，甲方以新的旅游线路内容及价格进行发布营销。

5. 乙方应确保旅客行程的服务质量，不得有变相加价或降低服务标准等损害旅客的利益，否则因此而造成的一切后果由乙方负责，甲方不负任何责任。

四、利润分成

乙方同意按每一单旅游销售额××%提成给甲方，或者按每人________元作为佣金返回给甲方。

五、结算

双方每发生一笔业务，乙方发送业务清单传真一份给甲方存底，每月结算一次，由双方财务人员按相关结算凭证对上月的业务进行结算。

六、其他条款：____________________。

七、本协议未尽事宜由双方协商解决。

八、本协议一式两份，双方各执一份，自双方签订之日起生效。

九、有效期：××年×月×日至××年×月×日止。

甲方：	乙方：
地址：	地址：
电话：	电话：
传真：	传真：
代表：	代表：
业务负责人：	业务负责人：
开户名：	开户名：
开户银行：	开户银行：
账号：	账号：
签订日期：	签订日期：

专题六　电话营销的流程与技巧

电话营销是以消费者为主导市场而形成的一种新型的市场营销手法。电话营销的对象有两大类：一般消费者和企业。电话营销是一个相当复杂而且颇为专业的系统工程。例如在酒店行业，一个专业的电话营销员需要在打通电话十几分钟的时间内完成邀请客户、产品介绍、结束销售、确认成交这一系列的步骤，其复杂程度和专业技术都远远超出一般人的想象。

一、电话营销的基础知识

1. 专业电话营销的定义。**电话营销是指通过使用电话这种通讯手段来实现有计划、有组织，并且高效率地扩大顾客群、维护顾客等市场行为的方法。**成功的电话营销应该使通话双方都能体会到电话营销的价值。

2. 基本参考流程。无论是来电，还是去电，其流程具有很大的相似性。电话销售流程共分为如下几个阶段：准备阶段（打电话或接电话）⟶开场白（问候）⟶探寻客户需求⟶推荐合适产品⟶达成合作协议（或约定下一步行动）⟶结束电话⟶跟踪销售(跟进客户，确保客户满意)。

3. 成功的电话销售需要在销售的过程中完成以下几件事情：

(1) 整体印象。当客户与你第一次接触时，你的声音在很大程度上决定了客户对你留下的第一印象如何。作为电话销售代表，要用热情而积极的声音与客户接触。

(2) 解析需求。如果客户没有购买需求、没有问题需要解决，那就不会有销售机会。电话代表首先要做的事情就是了解客户的真正需求。

(3) 推荐产品。在了解了客户需要的是什么之后，就要给客户介绍一种或数种符合或接近客户需求的产品，将客户的需求落实到实际的产品或服务上。这会是一个与客户不断确认，最终形成一种具体产品描述的过程。

(4) 了解顾虑。通常客户都有多种产品或服务可选择，而这些产品或服务往往各有优缺点，以至于客户在作决定时要权衡利弊。了解客户的顾虑是什么，有的放矢地帮客户分析解决问题，会大大提高赢得订单的几率。

(5) 签单之后。签单只是针对一个客户进行销售的开始。签单之后，要跟踪服务实施情况，并定期回访客户，维系客户关系。在企业实施客户关系管理的总体战略后，签单更是代表了一个新过程的开始。

一次成功的电话销售的每一个环节都紧扣客户的体验、需求与利益，并将公司的产品或服务与客户的需求紧密结合起来。

二、呼出电话（主动营销）的流程

呼出电话是进行主动营销，主要分为以下九个步骤：

(一) 开场白

电话营销的关键是能否在短时间内吸引客户，这就在客观上提出了对开场白的要求。在初次打电话给客户时，必须在20秒内进行公司及自我介绍，引起客户的兴趣，让客户愿意继续谈下去。要让客户放下手边的工作倾听你的谈话，销售员须在20秒钟内让客户清楚地了解下列三件事：

· 我是谁/我代表哪家旅行社。

· 我打电话给客户的目的是什么。

· 我公司的服务对客户有什么好处。

1. **重点技巧**：提及自己旅行社的名称、专长；告知对方为何打电话过来；告知对方这个电话可能会有什么好处；询问客户相关问题，使客户参与；我是谁/我代表哪家旅行社；我打电话给客户的目的是什么；我公司的服务对客户有什么好处。

2. **吸引客户注意力的开场白方式**。能够吸引客户的开场白方式很多，下面介绍常用的几种：

（1）**相同背景法**。

【案例】“王主任，我是××旅行社的××。我社最近推出了一项为公司客户解决差旅费用的商旅综合服务方案。我打电话给您的原因，是许多像贵公司一样的大客户已经成为我们商旅俱乐部的会员。我们为他们节省了大量的差旅费，而且提供的票务咨询、送票、差旅费用统计及分析服务等都是业界领先的，能够满足广大公司客户控制公司差旅费的要求。我想请问贵公司，现在是哪一家旅行社为您提供差旅费管理服务的?”

（2）**缘故推荐法**。

【案例】“王总，您好，我是××旅行社奖励旅游部的××。您的好友张辉先生是我们的高级会员。他介绍我打电话给您。他认为我们的奖励旅游服务方案设计新颖，比较符合公司客户奖励旅游的需求，也想请您了解一下。请问您目前有没有公司奖励旅游的计划？能否给我们一个为您服务的机会?”

（3）**孤儿客户法**。

【案例】“王××先生，您好！我是××旅行网客户服务部的××。您于半年前在我们旅行网注册了一个金卡会员，我们为您提供的服务包括票务预订、会议服务、企业奖励旅游服务等。很久没有和您联系了，也没有多征求您的意见，这是我们的疏忽。今天打电话给您，是想询问您对我们是否有什么宝贵的意见和建议？我们网站新改版，为金卡会员增加了很多新的服务内容，欢迎您登录浏览。一些问题，由于像您一样的客户的反馈，我们在新版中已经给予了解决，希望您也能给我们提出宝贵的意见和建议。”

（4）**故交巩固法**。

【案例】“王总，我是××旅行社的××，最近可好？上次您交给我们的团队已经返回上海了。客户对我们的服务都很满意，最近还有没有团队呢?”

老客户：“最近太忙，我和几个朋友最近有一个到云南的包机，门市报名的趋势很好，如果你能保证服务质量，我可以考虑放一部分客人给你。”

（二）找到目标客户的关键人物——电话销售中穿破屏网的技巧

当你第一次打电话给客户时，你往往需要解决一个问题，即如何越过公司中的屏蔽层面，如秘书、总机小姐等。这类人常常会帮老板把关，也没有意愿帮你约到所要找的人，会将你拒之门外，使你没有机会将你的产品或服务介绍给需要的人。

针对屏障层面，有经验的销售人员会告诉你这通常是相当费劲的事。以下有几种通用的方法：

1. 试图绕过屏网。你应当表现出完全的自信、专业，没有人可以停止你。不断地以问题使得屏网失去平衡，让其感到来电的紧急与重要，帮你把电话转到合适的人。

若你被问到："您找他什么事？"

你尽可能回答得较为抽象，不要忘记每个回答后追问一句："他在吗？"

如果这样不行，同时你又在相关材料中得到了决策者的名字，你可以回答："陈经理说对我们的产品感兴趣，希望有一些信息给他，他在吗？"

2. 钻过屏网。通常屏网层面员工都为早九晚五员工，会有固定的时间吃午饭或休息，而通常一些决策经理人都会比较早来到公司，较晚或不吃午饭，较晚离开。所以可以先打电话问到决策人的分机或直线，然后在屏网层面员工不在的时候直接与决策人通话。

3. 跨跃屏网。知道要找的人后，先找他的上司甚至更高。一般高层人员都比较礼貌，但对你的业务也不熟悉，就会告诉你找他下面的谁，这样一层层转下来。当找到你要找的那一级时，其秘书、助手自然会较为重视，不会轻易拒之门外。

但是，你要小心不要被转到太低层，你花了大量时间说服了一个基层人员，然而他根本做不了主。

4. 化解屏网。当你需要多次电话与客户联系时，这是最有效的。这需要与屏网建立信任：

（1）了解她/他的名字并使用它。

（2）让她参与进来。比如，你对目标客户说："我下周会请您的秘书帮我们安排10分钟的电话会议时间。"

（3）最后，在每一次的沟通中都表现出你的诚意与感谢。逐渐使其更主动地帮助你。

以下是实践中证明有效的一些诀窍和具体做法，供参考：

第一，在电话中不要谈到购买，而应强调服务对客户的利益（等客户问到时再说价格，并要强调性价比）。

第二，表明自己很忙，而不是随时有空（让客户觉得你的电话有价值，直接拒绝有损失）。

篆三，一定要留有后路。因为即使通过秘书找到了负责人，也还有可能负责人又将事情的处理权交还给秘书。因此，要客气地感谢秘书的帮助，有可能的话还应在负责人面前美言秘书几句。

（4）克服心理障碍。设想一下自己这个电话将为对方带来愉快的旅游感受，为客户的生活增光添彩。不妨分析一下自己无法取得突破性进展的原因：是否因为过去的失败造成了自己的心理障碍，必须突破这种心理障碍；是否觉得买方公司是你的衣食父母，不敢轻易冒犯等。你如果站在接电话人的角度，想象他将如何拒绝你，那就变成了两个人在拒绝你。其中占主导地位的，就是你自己的心理障碍。

（5）注意你的语气。讲话时，要充满自信地清楚表述公司旅游服务和产品的优势，先不谈产品的价格，而是强调公司服务的性价比，以取得秘书对产品的信任。

"早上好，请问张先生在吗？"不要说："我是××"，而要报出公司的名称，"我是××（单位）的××"。如果接电话的人说出其自己的名字，就要说："嗨，李小姐（先生），请问张先生在吗？"

（6）避免直接回答对方的盘问。接电话的人通常会盘问你三个问题：你是谁？你是哪家公司？有什么事情？如果你不直接回答这些问题，他们就不知道该怎么办。你或许该这样回答：

"我很想告诉您，但是这件事情很重要，我必须直接跟他说。"

"我也不确定。"

"您觉得还要讲很久吗？对不起！我是在打长途电话呢。"

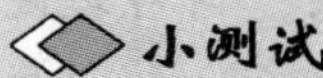

小测试

这些电话沟通方式是不是都很有意思？不妨在课堂上演示一，看其是否有效。

（三）有效询问

这是很关键的步骤之一，在询问中才能真正了解自己目标实现的可能性。

1. 确定谈话对象或转接后的对象是有决定权的人。如果他没有决定权，谈的再多也是没有用的，有时还会起到反作用。

2. 了解相关信息。例如，客户对什么类型的景点有兴趣、目前需求是什么、接受的价格是多少、客户何时能做出最后决定等。

3. 与客户双向沟通，提出开放性的问题，尽量鼓励客户多说话，建立良好的合作气氛。

4. 确认谈话过程没有偏离预定目标，特别是主要目标。

案例

向客户推介旅行社的综合商旅服务解决方案

"我们希望为贵公司量身打造一套能够解决差旅费管理需求的服务方案，我能否向您请教一下贵公司的基本需求和相关情况？"

"您公司的规模如何，经常出差的员工有多少？一年的差旅费大概有多少？"

"您公司有没有具体的差旅费报销标准？"

"您公司的人员出差是自己订票还是由行政部门统一订票？哪家旅行社在为你们提供订票服务？您对他们的服务满意吗？您认为他们的服务还有什么需要改进的地方？"

"我们的差旅费管理方案，可在现有基础上为客户节约15%左右的差旅费，您对此感兴趣吗？"

"您认为我们的差旅费管理服务应该怎样与贵公司的差旅费制度对接？您认为如果接受我们的服务，什么样的结算方式比较符合贵公司的财务管理制度？"

（四）重新整理客户回答的问题

对于客户所回答的问题，很多时候需要在沟通中再重复或者确认一次，并在得到客户确认的同时，整理自己的思路，对询问中尚未得到确认或者还不甚清楚的地方进行再次确认沟通，以求确定。

（五）介绍旅游产品的功能及利益点

在明确了解了客户的需求和意见后，就要根据客户的实际情况进行重点推销。通常电话销售人员会接受一定的产品培训，掌握对某一产品通用的描述：（1）产品的特征；（2）产品的性能；（3）产品独一无二的优势；（4）产品给客户带来的利益。

关于本公司的优势以及客户若选择向你购买产品会带来的附加价值都是值得仔细准备的要点。

有了这些通用的要点，还要结合每个客户不同的情况，进行有效的产品推荐。对客户来说，最能打动他们的就是你对他的需求和顾虑感兴趣。你的机会是与客户建立信任，向客户表明你的能力——根据客户需求来推荐产品，以显示你对客户需求的理解。你还要针对每一个客户的不同需求，分析出对于这个客户来说，你的产品对他最有价值的地方。这对于一次成功的营销意义重大。

（六）尝试成交

试探性的询问客户的旅游需求及何时出行等信息，确定其购买意向。

（七）正式成交

如果对方旅游意向强烈，且对服务方案非常感兴趣，便可以带着相关文件登门拜访，或用传真等形式与对方进行最终确认，并办理付款等相关手续。

（八）有效结束电话

当电话沟通进入最后成交阶段时，其结果仍存在着三种可能性：一种是生意未成交；一种是生意成交；还有一种是客户暂不能明确答复。

1. 如果生意未成交。销售人员在结束电话时，一定要使用正面语言来结束这次通话，千万不可因生意不成而气急败坏。虽然此次未能成交，但如果客户对你留下了良好的印象，当他们有了旅游需求时，做成生意的机会可能仍然会留给你。其次，如果因为客户此次未同意购买就产生负面情绪，将可能会把这种负面情绪带到下一次电话营销中，从而影响自己的心情及客户的心情。

2. 如果生意成交。销售员同样必须采用正面的积极方式来结束对话。结束对话应注意两点：一是不要讲太久，如果针对服务及利益讲得太久，反而可能会引发一些新的负面问题；二是不要太快结束电话，否则，又可能会忘了和准客户确认某些重要事项。

3. 假如客户暂不下单。即使当客户说“不”时，我们依然要注意：

（1）感谢客户付出的时间。

（2）如果可能，要求客户给予回应：①客户的决定是出于什么原因？②我们的产品或公司缺少了什么条件？③我做了些什么事情，或者没有做些什么事情，从而影响了这个决定？

（3）根据客户的回答，看一看有没有什么可以立即补救的方式。如果客户没有把门关死，应试图请求和客户保持联络，进行跟踪：

①“那我下星期一给您打个电话，看您能否定下来了，可以吗？”

②“我马上传给您那份材料，您看后明天中午前可以给我一个答复吗？”

③“那我今天下午就等您的传真了。如果没收到，我会跟您联系。好吗？”

（九）后续追踪电话

当销售过程进入成交阶段，可能因为客户需求不明确等某些原因而无法在这次通话中成交，必须再安排下一次通话。销售人员在决定是否要继续追踪这个客户前，首先应确定对方真的是目标客户还是随便敷衍你，特别是在与同业客户沟通时尤其需要注意这一点，否则，即使打了许多后续电话给他，也是徒劳无功的。

后续追踪电话需要注意以下几点：

1. **确认对方是一个值得继续开发的客户：**（1）对你的服务/产品有兴趣；（2）对你的服务/产品有需求；（3）有资金实力；（4）有权做出购买决定，或者能够传达决定信息。

2. **后续电话追踪前必须完成的准备工作：**（1）寄相关资料给客户（或者发传真、E－mail）；（2）预想客户可能提出的问题，并备好应对之词。

3. **告知客户，当你再次打电话给他之前，他需要做些什么。**比如："×总，我把您要的旅游线路介绍亲自送过去/马上传真/电邮给您，麻烦您先看一遍，两个小时后我会再打电话过来，和你讨论价格和付款方式问题。不知您是今天下午2：00方便，还是明天上午9：00方便?"

三、接听电话的原则与技巧

每个人的心情都时好时差，但身为旅游销售人员，必须能够克服自己心理上的情绪不定，随时以最适宜的语言和语气接听电话。因此，每一个电话都是"成本"、"商机"，不可不慎。

（一）在三次铃响之内接听电话

电话等待会让人不愉快，甚至是一件令人讨厌的事。当你拿着听筒，听着呼叫的铃声响个不停，总会怀疑对方的公司是否已经倒闭，或是人手不足或懒散成性，进而使人要与其合作的兴致消失殆尽。接电话同样如此，不必在第一声铃响就接电话，对于多数人而言，这样的速度太快了，而在第二声或第三声铃响时接听电话就比较从容。

接听电话应掌握下列原则：

1. 拿起话筒，先报出本旅行社或单位名称以及自己的姓名（如果有总机，则不必再报单位名称）。

2. 对方报名就立刻打招呼。

3. 如对方指名要某人接听电话，而被找者又恰好正在打另外一个电话，就要礼貌地请对方稍候。如果等待时间较长，须请对方再多等一会儿。如果时间拖得很久，便可告知对方"等会儿让他给您回电话，好吗?"如果对方同意，就请对方留下电话号码。如果公司电话有来电显示功能，也最好告知对方"我会根据电话显示的号码请他尽快给您回电话"。

4. 被指名接电话的人回复电话时首先应该说："对不起，让您久等了，我是××。"

5. 接电话的时候应随时准备记录，所以要备好纸笔。这一点很重要，经常让对方等你找纸和笔是不礼貌的，也是告诉对方自己工作不够高效。

6. 所听到的事或与客户谈话的重点最好复述一次，确认之后记录下来。

7. 如果代别人接听电话，就说："我是××，某某人不在，我可以为您效劳吗?"

8. 寒暄的言辞可作为开场白。无论接听电话还是拨出电话，都必须用寒暄的言辞来问候客户或可能的潜在客户。在面对面沟通的情况下，每个人都把握手视为问候与信任的象征。在电话中，用什么来代替握手呢？简单地说声"早安"或"午安"，会增加交谈时的亲切感，有欢迎之意，应经常使用。在自报姓名时，在声音上应表现出亲切感。这样，会使客户认为你肯说出自己的姓名是一种负责任的态度，进而把你看成是值得信任的人。

（二）尽快说出对方的姓名

每个人对自己的姓名都有一份特殊的感情，如果别人叫出自己的名字，可使我们觉得自己很重要，同理，称呼对方的姓名也可拉近双方的距离。

（三）电话中辍，等待不宜超过17秒

电话中辍，通常在等待17秒之后，人就很难控制自己的情绪，产生烦躁情绪。因此，

要赶快接打电话或是回话给对方。记得自己在等 17 秒时的感受，将心比心，就不会在中辍电话后让对方等待太久了。假如你需要对方等待，要先征询对方是否愿意。

（四）使用正面的词语

电话中应避免使用令人生气的字眼，否则将破坏彼此的关系。回应中辍的电话，在情绪烦躁之下，往往会使用一些负面语言，使对方受到伤害。如“您还在等吗?”虽然也满含歉意，却不如换一种说法。如“谢谢您，让您久等了”。尽管这两句话一样是表示歉意，但后者的作用却远比前者更有效。它引发的一般心理反应是“不用客气，没关系”。彼此都有台阶下，感觉也好多了。

假如你不知道该如何回答，最好使用“了解”，要比“知道”好得多。千万不可回答“我不知道”，因为这反映出专业能力不强、漠不关心或不想做生意的态度。若说“我不是很了解，但我将马上去查……”这样回答给人以态度积极的印象，是主动想去解决或弄清问题。应避免使用含糊或推诿的字眼，例如，“只是”、“可能”、“或许”、“不一定”等概念模糊且不负责任的说法。另一种回答是“没问题”，或更糟的“我来办，您放心”，这些言辞风险太大，除非有200%的把握，否则千万不可承诺“说到做到”，特别是订机位候补、送签证，办理护照赶件、补件等业务。可以试着用“我乐意为您尽一切努力来办理，但……”来规避风险。

下面的例子，语言运用虽然要表达的意思差不多，但由于表达的方式不一样，会使客户产生不同的感觉，从而影响其与你及你所代表的企业的关系。

1. 选择积极的用词与方式。在保持一个积极的态度时，沟通用语也应当尽量选择体现正面意思的词。比如说，要感谢客户在电话中的等候，常用的说法是“很抱歉，让你久等了”。这实际上在潜意识中强化了对方“久等”这个感觉。比较正面的表达可以是“非常感谢您的耐心等待”。

如果一个客户就产品的一个问题几次求教于你，你想表达你想真正解决问题的决心，于是你说“我不想再让您重蹈覆辙”。你不妨这样表达：“我这次有信心让这个问题不会再发生”，是不是更顺耳些?

又比如，你想给客户以信心，于是说“这并不比上次那个问题差”，按照我们上面的思路，你应当换一种说法：“这次比上次的情况好”，即使是客户这次真的有些麻烦，你也不必说“你的问题确实严重”，换一种说法更好：“这种情况有点不同往常。”

你现在是否可以体会出其中的差别?下面是更多的例子：

习惯用语：问题是那个产品都卖完了。

专业表达：由于需求很高，我们暂时没货了。

习惯用语：你怎么对我们公司的产品老是有问题。

专业表达：看上去这些问题很相似。

习惯用语：我不能给你他的手机号码。

专业表达：您是否向他本人询问他的手机号。

习惯用语：我不想给您错误的建议。

专业表达：我想给您正确的建议。

习惯用语：你没有必要担心这次修后又坏。

专业表达：你这次修后尽管放心使用。

2. 善用“我”代替“你”。有些专家建议在下列的例子中尽量用“我”代替“你”，后者常会使人感到有根手指指向对方……

习惯用语：你的名字叫什么？

专业表达：请问，我可以知道你的名字吗？

习惯用语：你必须……

专业表达：我们要为你那样做，这是我们需要的。

习惯用语：你错了，不是那样的！

专业表达：对不起，我没说清楚，但我想它运转的方式有些不同。

习惯用语：如果你需要我的帮助，你必须……

专业表达：我愿意帮助你，但首先我需要……

习惯用语：你做的不正确……

专业表达：我得到了不同的结果。让我们一起来看看到底怎么回事。

习惯用语：注意，你必须今天做好！

专业表达：如果您今天能完成，我会非常感激。

习惯用语：当然你会收到，但你必须把名字和地址给我。

专业表达：当然，我会立即发送给你一个，我能知道你的名字和地址吗？

习惯用语：你没有弄明白，这次听好了。

专业表达：也许我说得不够清楚，请允许我再解释一遍。

3. 在客户面前维护企业的形象。如果客户一个电话转到你这里，抱怨他在前一个部门所受的待遇，你已经不止一次听到这类抱怨了。为了表示对客户的理解，你应当怎么说呢？适当的表达方式是“我完全理解您的苦衷”。

另一类客户的要求公司没法满足，你可以这样表达：“对不起，我们暂时还没有解决方案。”尽量避免不很客气地说：“我没办法。”当你有可能替客户想一些办法时，与其说“我试试看吧”，不如说“我一定尽力而为”。

如果有人要求打折、减价，你可以说：“如果您集体报名参团，我也许就能帮你……”，而避免说“我不能，除非……”

如果客户的要求是公司政策不允许的。与其直说“这是公司的政策”，不如这样表达：“根据多数人的情况，我们公司目前是这样规定的……”

语言表达技巧是一门大学问，有些用语可以由公司统一规范，但更多的是自己对表达技巧的熟练掌握和娴熟运用，以使在与客户的通话过程体现出最佳的客户体验与企业形象。

（五）准确记录留言

接听电话留言，最重要的是要准确无误地记录下对方的姓名、电话号码、公司名称、留言摘要与何时打来。当然，最后的代记留言者姓名也是不可少的，这样，当有疑问时便可以立刻问清楚。因此，不可草率，字迹要清晰、工整，易于辨认。此外，记下留言后的一项重要责任就是敦促被留言者回电。

（六）转接电话不可偷工减料

在旅行社的工作环境中，销售部门的员工大都有机会转接电话，应该有礼貌，且要在确定对方已拿起话筒后，自己才可以挂断电话。专职转接总机必须轮值代职总机的工作，同时，要熟知各部门员工的姓名及分机号码。

（七）接听所有的电话

或许有的电话不是找你的，但却是你的责任。如果客户找错了人，不要说“对不起，这事我不管”，换一种方式：“有专人负责，我帮您转过去。”无论是不是你的电话，只要打到公司，就应去接。

（八）等对方先挂断电话

“咔嚓”一声，很快地挂断电话所产生的尖锐刺耳的声音是非常糟糕的一件事。我们不需要重重地把电话挂断，让人产生不愉快的感觉，应试着等对方先挂断电话，特别是对长辈、客户及上司，更要如此。

四、如何处理电话沟通中的异议

旅游服务人员在进行电话沟通时，客户会产生很多异议。在处理这些异议时，许多工作人员急于证明客户的想法是不对的，或者进行相关的解释以证明自己没有错，结果造成双方你来我往，谁也不肯相让，最后，自然生意成交。其实，站在客户的立场思考问题才是促成生意的关键环节。对于服务人员来说，不要期待沟通中没有一点异议发生，“褒贬是买卖”这句老话是很有道理的，如果客户对你的产品一点兴趣都没有，他们就不会有任何异议，你也就失去了获得生意的机会。

（一）客户产生异议的原因

异议产生的原因不外乎以下几点：

1. 客户不太需要你所提供的旅游服务或产品，将来也不太需要。这种客户要及早放弃，以免浪费时间。

2. 旅游服务人员的销售技巧不高，对自身产品把握不好，无法有效地回答客户所提出的问题。此时可告知客户：“对不起，这个问题需要由领导决策，可请我们王总回答您的问题，请稍候。”

3. 旅游服务人员把自己的服务方案说得太完美，让人生疑。不要满篇都是赞美之词，世界上没有完美的东西。

4. 产品价格太高。应告知客户，我们的价格是业内最合理的，或者说我们的产品如何超值，而不要过多地贬低竞争对手的产品，尤其是特定的某些旅行社。只要将自费景点、购物商店数量、饭店住宿标准等大家关心的问题加以简单解释即可。

5. 客户不愿很快做出决定。客户总是希望对一系列信息进行对比之后再作决定。此时，服务人员可根据现行的价格定位，在取得主管同意的前提下给以适当的优惠，以吸引游客报名，或者告诉游客过了某个时间优惠就会取消。

6. 客户不想在电话上过多地浪费时间，尤其是当客户正忙的时候。此时，服务人员可请他转给别人接听，或者告知联系电话、传真号码，或者发送 E－mail 等，请他有时间时看一看，或者约定下次沟通时间。

7. 销售员提供的资料不够充分。资料的缺失无法帮助客户做出是否购买的判断。此时，可询问客户还需要哪些必要的资料，并根据客户的需求进一步补充资料。

8. 客户担心被骗。对此，可通过向权威机构求证的方式，或用企业获得的荣誉、主管机关的认可及本企业有法律效力的质量保证等措施消除客户的担心，并告知他们求证的方式。

（二）客户异议处理的基本原则与禁忌

1. 勿将反对意见个人化。
2. 勿期待每次都销售成功。
3. 永不放弃，务必不屈不挠。
4. 务必对本企业的旅游产品充满信心。
5. 务必认真练习电话沟通技巧。
6. 务必保持正面的销售态度。
7. 务必牢记首要目标——使客户感到愉快。

表 4－11　　电话沟通中的常用语言技巧

不要说	要说
你必须，不得不，应该	我建议，你所需要做的只是，请您
我要你做……	很感谢您
我告诉你	我跟您解释/建议
这就是我为什么这么说	像我刚提到的
我不能……除非	如果你……我会
我会尽力试一下	我会尽力去做
它的价格是	它只要￥××
不行，不可能	我能做的是……
你是谁？	请问是哪位，贵姓
我试试	我会做
我尽快答复你	我会在（具体时间）前答复您
抱歉，让您久等了	谢谢您的耐心
便宜	有竞争力，优惠价格，玩得起，性价比好
贵	品牌好，优质服务，质量有保障
卖	提供
收费	额外费用
花钱	投资
我猜想	我建议，我提议
处理	解决
当然	肯定，确定，没问题
我知道	我明白，是事实
如果您坚持	如果您要求/喜欢
产品	系统，解决方案
短缺	供不应求
政策	标准，惯例

模块二 实训与练习

一、问卷设计

1. 实训专题：旅游市场调查问卷的设计。

2. 课时：2 学时。

3. 目的与要求：能够独立进行简单的旅游市场调查问卷的设计。

4. 训练方式：课堂练习。

5. 实训内容：随着旅游市场的细分化，大学生旅游市场以其鲜明的特色成为一个不可忽视的目标市场。为了更好地了解该市场并向其提供适销对路的旅游产品和服务，请设计一份有关于大学生旅游市场状况的调查问卷并付诸调研实践，以获得宝贵的第一手资料，为企业进军该市场创造有利条件。下面的调研问卷仅供参考。

附：大学生旅游市场调研问卷（参考范本）

____先生（女士）：

您好，感谢您在百忙之中抽出时间来填写这份调查问卷。这是一份关于大学生旅游市场的调查问卷，希望您能如实填写，支持我们的调查工作。深表感谢！

1. 性别：（　　）

A. 男　　B. 女

2. 您的年龄：（　　）

A. 14 ~ 18 岁　　B. 18 ~ 22 岁　　C. 22 岁以上

3. 您的职业：（　　）

A. 在校大学生　　B. 已工作人士　　C. 待业青年

4. 省份：

5. 学历：

6. 您喜欢旅游吗？（　　）

A. 喜欢　　B. 一般　　C. 没兴趣

7. 您每年都有出游的计划或想法吗？（　　）。

A. 经常会　　B. 偶尔　　C. 从来没有过

8. 您之所以没有完成您的出游计划或想法，原因通常有（可多选）：（　　）。

A. 时间不够　　B. 支出有限　　C. 找不到同游伙伴

D. 觉得自己安排旅游是一件很麻烦的事情　　E. 其他（请填写）

9. 过去您常去的旅游目的地一般会在（　　）。

A. 市区　　B. 市郊　　C. 外地　　D. 不一定

10. 您出游一般喜欢选择的时间是（　　）。
A. 周末　B. 黄金周　C. 寒暑假
D. 平时非周末空闲时间

11. 您一般喜欢什么样的旅游？（　　）。
A. 欣赏著名景点　B. 接近大自然式的（青山、绿水、大海等）
C. 探险式的远足　D. 其他（请填写）

12. 您比较喜欢怎样的出游方式？（　　）。
A. 独自出游　B. 和三两好友结伴出游
C. 与父母亲戚一起出游　D. 与志趣相投的朋友相约出游

13. 您认为旅游前的信息搜集重要吗？（　　）。
A. 很重要　B. 一般　C. 不是很重要

14. 您对于去外地长途旅游前的信息搜集和计划，一般来说（　　）。
A. 很周密　B. 一般了解　C. 经常没有什么计划

15. 您对于一天或两天的短途旅游的信息搜集和计划，一般来说（　　）。
A. 很周密　B. 一般了解　C. 经常是突然决定，没有事先准备

16. 您一般通过怎样的方式搜集旅游方面的相关信息：（　　）。
A. 通过朋友　B. 通过广告宣传等　C. 通过网络论坛、搜索等
D. 旅行社等咨询机构　E. 其他（请填写）

17. 如果是适合的季节，春天或秋天，您喜欢在周末的时候去郊区旅游吗？（　　）。
A. 喜欢　B. 一般　C. 不喜欢

18. 您在郊区旅游地愿意停留的天数一般是（　　）。
A. 只停留一天　B. 可以停留两天　C. 三天或三天以上

19. 您认为您的周末郊区旅游计划没有实施的原因一般有（可多选）（　　）。
A. 目的地交通不便　B. 很难搜集旅游目的地的信息
C. 没有组织者，一个人嫌麻烦　D. 找不到同游伙伴　E. 其他（请填写）

20. 您喜欢在“五一”、“十一”或寒暑假的时候去外地旅游吗？（　　）
A. 是　B. 否

21. 您去外地旅游对住宿的要求一般是（　　）。
A. 星级酒店　B. 安全舒适的家庭旅馆　C. 经济型旅店

22. 您去外地旅游最重视的是（可多选）（　　）。
A. 住宿的舒适　B. 旅程的安全　C. 旅游目的地的吸引力
D. 交通便捷　E. 价格适合　F. 其他（请填写）

23. 您去外地旅游最想收获的是（可多选）（　　）。
A. 一种旅行体验　B. 旅游目的地的游览　C. 结交新朋友
D. 旅行情缘　E. 其他（请填写）

24. 您今年暑假打算出游吗？（　　）
A. 是　B. 没打算　C. 没想好

25. 如果条件合适，您今年的暑假出游计划是（请填写出游时间、目的地等）：

26. 如果有一个平台可以为您提供和安排外地旅游目的地的交通、住宿和景点信息，价格低于市价，您会考虑利用它吗？（ ）

A. 一定会　　B. 一定　　C. 基本不会

27. 您对这样的旅游平台有什么要求？

再次感谢您对我们工作的支持！

二、案例分析

1. 实训专题：新产品开发。
2. 课时：1 学时。
3. 目的与要求：认识新产品开发的重要意义。
4. 训练方式：课堂案例练习。
5. 实训内容：阅读案例，分析以下问题：

（1）旅行社为何不愿开发全新线路？

（2）旅行社为何更倾向于开发改良型旅游产品？

（3）旅行社如何开发不被其他旅行社轻易模仿的旅游新产品，保护自己的创新权益？

旅游线路为何多年不见变

在一家电子产品公司打工的小马终于结束了长达 7 年的爱情长跑。连日来，在安排婚礼的余暇，小马开始四处搜罗报纸旅游分类广告和旅行社线路报价单，为蜜月旅游做准备。然而资料搜集得越多，小马越迷惑，“不是海南就是云南，线路安排上都是千篇一律，选择一个有新意又浪漫的蜜月游，怎么这么难？”

其实，有这样困惑的人并不止小马一个。不少旅游者反映，目前市场上可供选择的新线、新景实在太少，人们看到的多是那些流行多年的“老线”、“热线”。

一、老线路千篇一律，长期垄断

随便翻翻分类旅游广告和旅行社的线路单，如今的中长出游线路基本上都被海南、桂林、九寨沟、张家界、贵州黄果树等这样的传统经典热线长期占据。

面对这种情况，记者在采访中发现：一方面是旅行社大叹现在竞争激烈，生意难做，微利生存；另一方面是许多旅游者抱怨旅行社的线路陈旧，自己心仪已久的一些旅游目的地在旅行社的“菜单”上难觅芳踪。面对差异不大的旅游产品，不少旅游者发出了这样的疑问：难道旅行社就不能创新，开发自己独特的产品吗？

二、新线路风险太大，无人开发

“不是旅行社不愿意推新线，而是**‘推新’成本太高，模仿又太容易。”**谈起这个话题，山西卓根旅行社总经理董勇颇有感触：“要不要推新线一直让我们很矛盾，传统的经典老线让游客‘审美疲劳’，但一条新线路从冷到热，先行者要投入大量成本，包括实地考察、编排线路、落实交通工具、广告投入等。而且，旅游新线路也不可能设置壁垒或申请专利保护。一旦一条新线路得到游客认可，众多旅行社就可能一哄而上，只需在卖价上低20元，就能让先行者无生意可做。”

除了研发成本之外，**游客需求和大交通的问题，也是开发新线路的羁绊**。“就拿海南来说吧，尽管这条线路已‘流行’了十多年，但即便是在“十一”黄金周过后，客源依然充足。”甘肃金桥总经理苏自立认为，游客有需求，旅行社就跟进，这是很自然的事情。如果有一天大部分的甘肃游客都厌烦了海南而转向其他地方，新线路自然就形成了。此外，相对于新线路而言，成熟线路交通方便，旅行社在机票、食宿、门票等方面能获得更多优惠，而且操作起来“熟门熟路”。若要冒极大风险开发新产品，自然会慎之又慎了。

三、寻出路，联合推新改良热线

虽然大部分旅行社不愿担风险开发新线路，但也有众多不甘“平庸”者。在寒冷的冬季，身处内陆甘肃的游客偏爱温暖的南方。长线国内游市场上，**一条海南疗养30日游的全新线路正在酝酿上市**。甘肃金桥总经理苏自立表示，他准备联合几家大型旅行社共同投放广告、共同收客，并联手取得交通、住宿和门票等方面的优惠政策，以此来推广这条线路。

除此之外，对现有的传统热线进行改造，添加新的内容，也是旅行社寻求创新的尝试。业内一资深经营者透露，虽然旅行社年复一年在炒作热线上下工夫，但事实上大部分成熟热线常规团的利润空间已经一跌再跌。

既然推出新线困难重重，一些旅行社便在**改造传统线路**上动起了脑筋。记者了解到，目前市场上最流行的海南双飞5日游已经被一些旅行社重新进行了包装，在保留天涯海角等一些游客认知度高的景点外，加上东郊椰林、南山等一些常规团游客罕至的地方，同时在服务上提高标准，加上了海边别墅等。虽然报价比普通的海南双飞5日游高出了近1 000元，但从市场反应来看，成绩不俗。

资料来源：山西新闻网。

三、旅行社新产品的开发

1. 实训专题：旅行社新产品的开发。
2. 课时：1学时。
3. 目的与要求：熟悉旅行社新产品类型及其开发过程。
4. 训练方式：课堂练习、案例分析。
5. 实训内容：

（1）走访当地一家拥有较丰富产品目录的旅行社，仔细辨认其新产品的类型。

（2）请阅读案例，就以下问题展开讨论：该案例中的产品属于哪一类型新产品的开发？新产品开发的步骤在该案例中是如何体现的？

2001年初，天津观光旅行社的周凯总经理在进行市场分析时发现今年是中国共产党成立80周年，一些高等学校打算组织学生到革命老区进行革命传统教育。周总经理认为，应该抓住这一契机设计和开发“革命传统教育游”产品。由于这种产品以前未曾面市，究竟能否成功，周总经理并没有十分的把握。于是，他首先到革命老区——河北省平山县西柏坡村进行实地勘察，了解当地的景点、参观线路、接待设施、导游水平以及往返于天津和西柏坡村所需的时间。同时，他还与当地的乡、村干部及接待单位的负责人座谈，了解景点门票、食宿的价格。通过实地勘察，周总经理认为新产品有成功的可能。于是，他便同有关部门签订了交通、景点、住宿、餐饮等供应协议，以较低的价格采购到质量较高的各种旅游服务产品。

同年4月，新产品开发成功后，观光旅行社并没有立即大张旗鼓地刊登广告进行宣传促销，而是先在较小的范围进行试销。到了6月底，市场上一些旅行社已经开始推出同类产品时，周总经理认为时机成熟，决定大规模地进行促销宣传。广告刊出后，由于该旅行社的产品在价格、线路、包含的内容等方面均具有较大优势（例如，周总经理以15元/天的价格包下全村的住宿床位，而其他的住宿供给只能在离村1小时路程的山外才能采购到。在本社没有团队时，以45元/天的价格卖给同行），吸引了大量的旅游者，获得了理想的经济效益和社会效益。

【分析提示】

（1）案例中体现的是全新型产品的开发。

（2）观光旅行社及其总经理周凯在开发新产品时既能够准确地把握时机，大胆创意，又在具体的设计和销售过程中谨慎从事，亲自到实地勘察，了解旅游供应的情况，同时，他们采取的先试销、待成功后再大规模推广的经营策略也是保证产品获得成功的有力措施。

四、旅行社新产品的定价

1. 实训专题：旅游产品定价方法策略辨析和行程报价分析。
2. 课时：1学时。
3. 目的与要求：掌握旅游产品定价方法策略和技巧，熟悉产品定价步骤。
4. 训练方式：课堂练习、案例分析。
5. 实训条件：准备当地旅行社刊登广告的主要报纸。
6. 实训内容：

（1）仔细阅读报纸上刊登的旅行社广告，分析其中哪些是按照取脂定价法制定的价格，哪些是采用渗透定价法制定的价格，哪些是利用心理定价法制定的价格。

（2）案例分析：仔细阅读下面某旅行社的行程报价单，试分析一下该产品的行程报价。

山东××国际旅行社报价单

中国公民出境旅游特许组团社、济南市十佳旅行社、山东十佳诚信旅行社

泰国泼水节包机6天风情游

机型：空中客车320，共156座。

航班时间：4月12日济南—曼谷（21：00/01：30）

4月17日曼谷—济南（02：30/07：20）

4月12日	济南—泰国 济南直飞泰国首都曼谷，接受泰女献花，随后带领各位贵宾入住酒店休息。
4月13日	曼谷 长尾船游湄南河水上市场，远眺郑王庙、皇朝大皇宫、泰国第一国宝玉佛寺，巡观皇家田、五世皇柚木宫、马车博物馆、桂河大桥、尼姑浮水，漂流屋竹筏卡拉OK，夜游桂河。
4月14日	曼谷—芭堤雅 泰国宝石，皮具中心，泰北民族村，金三角风情，九十三师文史馆，武器与毒品展示馆，泰国骑大象、出马车、探险船大战鳄鱼湖，艺城大型古文化歌剧表演。
4月15日	芭堤雅 金沙岛，海底珊瑚，前往“舒乐康”SPA精油推拿，草药香蒸/水疗/养生茶、小点，东番石榴园（大象表演/民俗表演），灵猴摘椰，千姿兰花园，百态仙人掌，东方公主号夜游暹罗湾。
4月16日	芭堤雅—曼谷 三大奇观（七珍佛山、九世皇庙、蜡像馆），神殿寺，土产市场，毒蛇研究中心，泰国人妖歌舞表演，前往泰国华人上流社会活动中心——嘉乐斯夜总会参加告别晚宴，观看晚会精彩表演。
4月17日	曼谷—济南 前往曼谷国际机场，留下美好回忆，挥别微笑之邦——泰国，返回温暖的家，结束难忘旅程！

备注：18岁以下儿童不占床，加200元/人；占床，加300元/人；60岁以上老人加收300元/人。

1. 标准游：同行价：2 280元/人；直客价：2 680元/人。

特色：（1）赠送5条游船；（2）一流大自然SPA；（3）全程专职领队服务；（4）三星酒店；（5）只需保证自费套餐800元/人。

2. 品质游：同行价：2 680元/人；直客价：3 080元/人。

特色：（1）赠送5条游船；（2）一流大自然SPA；（3）全程专职领队服务；（4）三星酒店；（5）无强迫自费。

3. 超品质游：同行价：3 480 元/人；直客价：3 880 元/人。

特色：(1) 泰国无强迫自费，如强迫按卖价 5 倍赔偿；(2) 全程住宿四星酒店标间；(3) 赠送 5 条游船尽情畅游；(4) 全程专职领队服务；(5) 餐餐有风味；(6) 包含小费 180 元/人。

【分析提示】 此行程报价是针对组团社的，是旅行社用于二级市场的行程报价单，做得非常完整。其中，价格的制定在成本加成定价法的基础上，考虑了竞争对手的价格因素，做出了不同等级分别报价。每一等级定价分别采用了心理定价技巧中的尾数定价法和吉祥定价法，形成最终报价。此种定价报价方式有针对性，具有竞争力，又方便组团，为旅行社赢得了较高的销售额。

五、专题讲座

1. 实训专题：同业批发业务操作流程。
2. 课时：2 学时。
3. 目的与要求：熟悉国内旅游同业批发业务操作及行业现状。
4. 训练方式：专家讲座。
5. 实训条件：二级市场报价单，业内权威人士或专家讲座。
6. 实训内容：

(1) 从旅行社索要一份线路行程，模拟进行团队批发业务流程演示。

(2) 邀请旅行社业内人士或专家进行一次有关于旅游销售渠道的讲座，以了解目前我国旅行社产品营销渠道现状及发展趋势。

六、案例分析：开场白与客户异议的处理

1. 实训专题：电话营销的技巧。
2. 课时：1 学时。
3. 目的与要求：熟悉电话营销运作技巧，提高对客户异议处理的能力。
4. 训练方式：课堂案例分析。
5. 实训内容：

(1) 请对案例进行分析，判断下列开场白方式得当与否，并说明原因何在。

【案例一】 销售员："您好，陈总，我是××旅行社的××。我们是专业做华东地接业务的，请问贵公司现在到华东的客人都同哪家旅行社合作?"

【案例二】 销售员："您好，陈总，我是××旅行社的××。几天前，我寄了一些我们旅行社今年地接线路的资料给您，不晓得您收到没有?"

【案例三】 销售员："您好，陈总，我是××旅行社的××。我们是专业提供企业商旅服务的专业机构，不晓得您现在是否有空，我想花点时间向您介绍一下我们的商旅服务。"

【案例四】 "喂，陈总吗？我是××旅行社的××。我们有非常丰富的旅游线路体

系，其中包括美国和欧洲的专业商务考察，今天我打电话过来的原因，是我们刚刚为××公司的王总安排了一次到美国的商务考察。这次考察为王总联系了3个美国大客户。王总说您最近也有到美国考察的打算，为了能促进相互了解，我们是否也能替您服务？我想请教一下，您目前是否有赴美考察的计划？”

【分析提示】

案例一错误点：

- 旅行社工作人员没有说明为何打电话给陈总以及这个电话对客户有何好处。
- 在尚未介绍对客户有何好处之前，就迫不及待地提出问题，让人立即产生防范之心。

案例二错误点：

- 同样的问题，没有说明为何打电话过来以及对客户有何好处。
- 平常大家都很忙，即使收到资料也不见得会看，而且同业客户的产品资料很多。如此提问，恰好给了让客户回答“没收到”的机会。（沟通电话技巧提示：资料、产品要说明白，一定要强调资料的价值，如价格低、服务好等）

案例三错误点：

- 仅提到商品本身，而没有谈及对客户有何好处。
- 不必问客户是否有空，也不可“强占”客户的时间。

（2）处理客户异议，首先要确定对方异议的真实意图，然后对症下药，提出建议性意见或建议。通过分析一下客户异议情况，找出应对策略。

【案例一】“我已向很多旅行社咨询过价格了，现在仍未做出最后决定。”（看来贵公司对这次旅游很重视啊！只有比较才能享受最好的服务。如果方便，请告诉我，您都和哪些旅行社接触了？看看我能不能给您更好的建议？）

【实际操作技巧提示】 提出开放性的问题，让客户充分说明他们现在已掌握的情况，你才有机会找到他们的真正需求，为他们提供旅游服务。

【案例二】“我们外出旅游一直都与××旅行社合作。”（××旅行社是个不错的旅行社，您在跟他们去旅游的时候有没有什么不满意的地方呢？）

【操作技巧提示】 从客户的不满入手，强调自己的服务优势。

【案例三】“我们公司以往都是从国旅那儿拿票，合作很长时间了。”（我明白，每个公司都有自己长期的服务提供商。我想知道，贵公司选择票台的标准是什么？您觉得还有哪些方面需要改进？）

【案例四】“我现在很忙，没时间和您讨论。”（您的业务看来一定很多，那您看，我明天下午3：00再给您打电话好吗？）

【案例五】“我对你们的方案不感兴趣。”我理解，您现在对这个产品还不感兴趣，但听了我的介绍，您肯定会很感兴趣。现在已经有多家公司，如××计算机公司等都已经成为我们的会员了，他们对我们的服务很满意）

【案例六】“给我传真一份价格单，邮寄一些资料就行了。”（好的，我先把传真发给您，您看我明天上午9：00再给您通个电话，对您不清楚的地方再沟通一下，怎样?）

【案例七】“你们的价格比别的旅行社贵100多元呢，太贵了!”（我理解，您是想花尽可能少的钱享受到最好的服务。您是和什么旅行社相比，为什么觉得我们的产品价格高呢?）

【案例八】“去年‘五一’我参加过你们的旅游团，服务不好。”（我理解，您参加我们旅游团的时候有过不愉快的经历。您也知道，哪个旅行社也不能保证他们的团队在旺季的时候不出一点儿问题，但是我们一直在努力提高自己的服务质量。您看，自从您上次参加我们旅游团至今，我们已得过旅游局颁发的×××奖，所以您不必再为我们的服务质量担心了。您提到的这个问题很好，我会马上反映给公司领导）

七、案例分析

1. 实训专题：旅行社营销策略。
2. 课时：1学时。
3. 目的与要求：掌握旅行社常用的营销策略。
4. 训练方式：课堂案例分析。
5. 实训内容：阅读文字材料，谈谈对这些营销策略的评价，能否再举出类似的营销手段。

旅行社招揽游客的计谋和策略

客源是旅行社的生存之本。客源的多少直接决定了旅行社的存在、发展与规模。如何寻找、挖掘、开拓、招徕客源，不断增大客源量，是旅行社不可回避的重大问题。如何提高营销人员的思想水平和业务技能乃当务之急，持久之计。笔者认为，作为旅游市场中坚力量，旅行社有许多有效的“计策”可以抓住顾客的心，既赚到了顾客的钱，又让客人有一个愉快的旅行。

一、广告煽情——成本虽大，收益空前

广告宣传，以“攻心为上”，是现代营销的基本手段之一。广告往往简洁明快，动人心弦，它用精彩的画面、凝练的语言、悦耳的音乐去“煽情动感”，颇为有效。例如，近年来，大连在北京火车站的巨大彩屏上发布大连旅游信息，在京城最繁华的王府井大街上用灯箱形式向中外来宾昼夜展示大连独特的山水风光和城建亮点，打出了中国最漂亮的“浪漫之都”这一招牌，虽花了重金，但效果相当好。可以说，大连1999—2001年省外游客和旅游创汇连续3年每年以30%的速度递增，国内游客每年增加100万人次，现已达到1 400万人次，旅游总收入也从每年61亿元增至135亿元，平均每年增加约15亿元。

二、参展联络——广结朋友，扩大领域

每年国内外旅游专业博览会都会如期举办，也会新增许多地区的大型展览会。选择性的参展，会通过老客户结交新客户，也会直接认识许多新的合作伙伴，结交天下同业人员，对扩大合作领域十分奏效。因此，参展十分有必要。

三、登门拜访——不怕失败，闯出天地

客源来自社会不同层次，不同方面。实践中发现，企事业单位的“老干办”、“退管办”、工会、团委、办公室常常是组织旅游的主管部门，只要“撬开”这些大门，与其建立真诚的友谊，彼此信赖，日久天长就可以挖到客源。不过要有精神准备，你与人家不熟悉，人家不买你的“账”，甚至有时给你个“闭门羹”，这也是正常现象，不必计较。要保持宽容自信的良好心态，不断反复地进行人际沟通，必定有效。

四、影视、歌曲传播——经久难忘，受益持久

宣传上最好的工具当属影响力大的影视与歌曲。一部《尼罗河上的惨案》使多少人对尼罗河两岸神奇的古迹产生了热烈的向往，对文明古国埃及产生了浓厚的兴趣；一部《庐山恋》又使多少人想领略一下庐山的真面目，如今庐山仍然让人想念；还有《刘三姐》、《阿诗玛》等。2001 年大连国际服装节的大型广场音乐会的实况，在中央电视台一年内足足播了 56 次，为提升大连的知名度、赢得客源起到了意想不到的良好效果。

五、新闻媒体——影响力大，知名迅速

招徕中最为省钱的办法是邀请新闻记者、电视台记者及作家进行旅游宣传促销，也可自己做新闻报道。这种宣传具有可靠性、快捷性、实效性、影响性，也是最佳手法之一。新华社著名记者穆青 1966 年写的长篇通讯《县委书记的好榜样——焦裕禄》轰动全国，被编入中学课本，使兰考县这个名不见经传的县城天下闻名，引起人们久久的关注，吸引许多人前往参观学习。这些年，电视旅游节目时间都不长，它用滚动的画面、动听的音乐、优美的解说词令观众陶然沉醉，前往体验。

六、说明会议——产品到家，倾倒宾朋

有计划、有准备、有组织地在重要客源地召开大规模的旅游产品说明会，“送货上门”，进行企业之间面对面的招徕，可达到“芳心大动”之奇效。如 2004 年 4 月 10 日大连旅游促销团在北京举办了“周末度假到大连，体验属于自己的浪漫”大型旅游说明会，会上散发了大量招贴画、小册子、旅游纪念品及多种多样的宣传材料，掀起了强劲的“蓝海盛情”热潮，仅大连国旅就招徕了 10 个专列，有 1 万多人次到大连参加国际沙滩文化节。

七、聚会交友——亲切自如，获取成功

旅游营销人员应是社会活动家，走到哪儿都要“三句话不离本行”，想方设法让所有认识你、知道你的人，还有你能通过熟人认识结交的人，了解你是真心实意、具有专业水准的旅游服务工作者。在公众场合要举止大方，温文尔雅，笑容可掬，给人成熟谦虚、和蔼诚实、有知识、有教养之感，由于这些活动是在热烈、亲切、友好、欢乐的气氛中进行，又有许多知己在场，帮助你介绍牵线，人与人之间充满了友善，故这种小范围的招徕自然流畅，成功率极高。

八、邀请洽谈——友情为重，寓意深长

利用大型活动或社庆、新景点开张、新酒店开业之际，有选择性地邀请中外客户参加，予以招待。会后组织集体游览，业内同行在一起同住、同吃、同游、同探讨，即增进了感情，交流了信息，加强了联谊，又可推出新的旅游产品。大家畅所欲言，当面洽谈，可就一些设想和合作中的细节进行详细深入的研讨，往往会在互相学习、共同切磋中提高招徕的数量和品质。如大连每年举办“赏槐会”、“交易会”、“服装节”和“国际马拉松比赛”，这四大有影响的旅游活动都是请进来借题招徕的好机会。

九、“鸿燕”传递——情洒四海，真意绵绵

平时旅行社之间常用互发信函的方式交流信息，互通情报。逢年过节，应提早向海内外的客户寄发贺年卡，联络感情，表示答谢。

十、名片有别——诱人收藏，赢得交往

名片虽小，颇有价值。它是业务联系、感情交流的“通行证”，俗话说“勿失小节，方成大器”。名片印刷的是否豪华并不重要，但有独特风格、感染力的名片会起到引发交往的作用。

十一、回访感人——服务制胜，客源滚滚

回访是指团队接待结束前，地接社负责人前往饭店主动征求意见，加强合作，改进工作。回访是把工作做细的体现，动作不大，收获丰盛，可惜我们许多旅行社忽视了这一细节。如今中国百强旅行社排名第一的上海春秋旅行社，成立之初是在一间旧铁皮房起家的，客户也不多，但他们做到“逢团必保品质，结束必访客人和领队”，开始外地组团社发给他们一个团“试一把”。经这一试，果然不错，结果后面团队蜂涌而上，客源量不断攀升，形成滚动式发展。他们的客户群50%是通过回访建立起来的，所以生意越做越大，最终产生了量变到质变的飞跃。

资料来源：作者李晓军，《中国旅游报》，http：//www. ctnews. com. cn。

第五章

旅行社业务管理

实训目的

□ 掌握旅游服务采购工作，包括撰写服务要素采购合同
□ 掌握旅行社组团、接团流程与技巧
□ 旅行社出境旅游的服务与管理技术
□ 掌握计调的流程与技巧
□ 熟悉旅行社售后服务基本技巧与方法等

模块一　基础知识

旅行社业务通常是从计划设计开始，第一步是经过反复的调查研究，推出好的旅游线路，开始在市场上推销；第二步是通过报名、组团、收费、编出团队计划；第三步是制作内部计调表，并报财务核算；第四步是开始具体实施，一般包括以下内容：订机票、船票、火车票、巴士票；向接待社发团队确认书；向接待社发旅游行程表，向酒店、餐厅、景点、商店发通知单；向酒店、餐厅、商店发服务通知单（结算单）；向车队发通知单；向领队、导游发通知单；接团、旅游；与旅行社、景点、旅乐场所、商店以及酒店、餐厅报账；第五步是财务部核单、结算、付款，进行必要的售后服务。至此，一个完整的旅游业务才算结束。

以下，我们将分专题对这一过程进行分解说明。

专题一　旅行社门市接待

一、前台咨询规范

1. 前台是公司的窗口，直接负责本公司产品的售前服务，应给客人留下一个良好的印象以及强烈的参团愿望。

2. 前台销售人员以及值班人员必须在公司咨询电话响铃三声内接起。接电话后问好：“您好，××旅行社（旅游公司）为您服务。”

3. 客人前台咨询，必须起立招呼：“您好，请问有什么可以帮助你?”在接受咨询过程中，必须态度热情、有问必答，并站在客人的角度为客人提供建议，有不明白的事立即请教其他同事，或者留下客人联系电话并通知相关业务员与客人联系，严禁以不知道回答。

4. 尽量留下客人的联系电话。客人咨询后登记，并进行跟踪。挂电话之前，必须感谢客人咨询：“谢谢您的咨询。”

5. 根据客人的需要与相关业务员沟通。客人登记报名，注意索取所有客人必须登记的资料，同时告知客人旅游目的地的气温等基本情况，对客人进行有关提醒。

二、前台接待规范

1. 业务熟练，操作规范，有问必答。

2. 详细为客人解释行程，并通过沟通了解客户所需所想，有针对性地为客户介绍解释，尤其应让客户了解行程的注意事项。

3. 掌握销售技巧，做旅游咨询专家。

4. 具体接待流程如下：

（1）填写报名表，要求客人资料尽可能填写详细，检查证件是否有效，并于当日进行电脑录入。

（2）填写客人资料收取凭证，通常一式三联，营业部、旅行社、客人各留一联，业务主管统一保管资料，并定期交予对应部门业务人员；业务主管和业务人员必须在收取凭证上签字确认。

（3）签合同，要求注明行程内不含费用及儿童费用的注意事项。

（4）填写缴费单，要注意仔细填写缴费单的每一项。

5. 前台接待与客户面对面，是企业的形象代表，每一位接待人员都应积极热情。

6. 门市经理要督促业务员及时收款，团队出发前（比如3天），务必全款收齐。

前台接待人员的行为规范

1. 与客人讲话应目视对方，与客人介绍电脑显示屏上的线路时应稍欠身。

2. 打印出线路资料应双手递给客人；其他服务如倒水给客人，也应用双手递给客人。

3. 客人要走，在咨询台时，应起立送到门口（为客人开门，并收起水杯，将椅子、材料放回原位。

4. 客人要走，在柜台时，应礼貌地站起身。

5. 工作期间，严禁在前台做与工作无关的事情（如聊天打闹、吃零食、化妆），严禁工作时间打接私人电话。

6. 注意打扫卫生，早晨上班后首先将前厅收拾干净，并全天保持。

7. 随时保持台面整洁、工作用品摆放有序，工作台面卫生，各种电线放整齐，台上台下不允许摆放私人物品。

8. 下班时应仔细检查所有电器是否关闭，做到人走机关、节约用电，并将桌椅摆整齐后方可离开。

专题二 旅行社发团、接团业务流程

一、发团流程

1. 接受报名：签订“组团旅游合同”，全额收款，交财务部入账，填写交款记录，成团。

2. 编制（预报）计划。向目的地接待社询价的同时编制出团计划“团队接待通知书”；向行程中的各接待社发出预报。

3. 编制概算。编制概算，报财务审核，总经理签字后开始作业；凭“概算单”（也称预算单）、“组团合同”、地接社确认件、正式计划（即“团队接待通知书”）填写“借款单”，经部门经理签字，报财务审核，总经理签字后领取借款。

4. 订票作业。仔细落实并核对计划，向票务人员下达“团队订票单”，注明团号、人数、航班（车次）、用票时间、票别、票量，并由经手人签字。如遇变更，及时通知票务人员。

5. 书面确认。督促接待社在最短的时间内（8～24 小时）书面确认。确认重点为：机（车、船）票、用房、用车、结算等。

6. 发出正式计划。早于出发前发出正式计划，要求：正式打印，加盖计划专用章，一式两份（发出、留存各一份），督促回执。

7. 选派导游。向导游交代接待计划，确定团队接待重点及服务方向。

8. 最终确认。出发前 24 小时与对方核对计划，要求对方最终确认。向对方催要“结算单”。

9. 付款。确认团队质量无异议，经财务部审核，总经理批准，将团款汇入地接社账户（允许预付）。

10. 报账。团队行程结束后，一周内清账。填写“决算单”，连同“概算单”一式两份、“组团合同”、地接社确认件、地接社“结算单”、“团队接待通知书”原始凭证交公司财务部报账。

11. 登账。部门将涉及到该团协议单位的相关款项及时登录到“团队费用往来明细表”中，以便核对。

12. 归档。整理该团的原始资料，每月底将该月团队资料登记存档，以备查询。

特别提示

现在越来越多的旅行社开始采用计算机管理软件系统进行管理，业务流程通过计算机进行操作。由于每家旅行社的情况各不相同，因此并不存在全行业统一的旅行社操作流程。本章所给的流程尽量详尽、科学，总结归纳了绝大多数管理较为规范的旅行社的做法，供读者学习、参考。

二、接团（地接）业务流程

1. 报价。根据对方询价编排线路，以“报价单”提供相应价格信息（报价）。

2. 计划登录。接到组团社书面预报计划，将团号、人数、国籍、抵/离机（车）、时间等相关信息登录在当月团队动态表中。如遇对方口头预报，必须请求对方以书面方式补发计划，或在我方确认书上加盖对方业务专用章并由经手人签名，回传作为确认件。

3. 编制团队动态表。编制接待计划，将人数、陪同数、抵/离航班（车）、时间、住宿酒店、餐厅、参观景点、地接旅行社、接团时间及地点、其他特殊要求等逐一登记在“团队动态表”中。

4. 计划发送。向各有关单位发送计划书，逐一落实用房、用车、用餐、返程交通等。

5. 计划确认。逐一落实完毕后（或同时），编制“接待确认书”，加盖确认章，以传真方式发送至组团社，并确认组团社收到。

6. 编制概算。编制团队“预算单”，注明现付费用、用途，送财务部经理审核，填写“借款单”，与“预算单”一并交部门经理审核签字，报总经理签字后，凭“预算单”、“接待计划”、“借款单”向财务部领取借款。

7. 下达计划。编制“接待计划”及附件，由计调人员签字并加盖团队计划专用章。通知导游人员领取计划及附件。附件包括：名单表、向协议单位提供的加盖作业章的公司结算单、导游人员填写的“陪同报告书”、游客（全陪）填写的“质量反馈单”、需要现付的现金等，票款当面点清，并由导游人员签收。

8. 编制结算。填制公司“团队结算单”，经审核后加盖公司财务专月章。于团队抵达前将结算单传真至组团社，催收。

9. 报账。团队行程结束，通知导游员凭“接待计划”、“陪同报告书”、“质量反馈单”、原始票据等及时向部门计调人员报账。计调人员详细审核导游填写的“陪同报告书”，以此为据填制该“团费用小结单”及“决算单”，交部门经理审核签字后，交财务部，并由财务部经理审核签字，总经理签字，向财务部报账。

10. 登账。部门将涉及到该团的协议单位的相关款项及时登录到“团队费用往来明细表”中，以便核对。

11. 归档。整理该团的原始资料，每月底将该月团队资料登记存档，以备查询。

专题三 计 调 业 务

计调业务包括采购、计划、团控、质量、核算等内容。

一、旅游采购服务

旅游采购服务是计调最基本的业务。旅游服务采购的成效直接关系到旅行社经营活动的成败。

旅游产品是旅游经营者为满足旅游者在旅游活动过程中的各种需要所提供的有偿服务。旅行社作为旅游经营者，通过旅游中间商向旅游者（或直接向旅游者）出售的综合包价旅游产品，大部分是由其他旅游服务企业或相关部门供应的，也就是说，旅行社通过向其他旅游服务企业或相关部门采购交通、食宿、游览、娱乐等单项服务产品，经过组合加工再进行销售。旅行社是一种旅游中介组织，并不直接经营旅游活动中的交通、食宿、游览、娱乐等服务项目，采购旅游服务也就成为旅行社经营活动的一个重要方面。**旅游服务采购是旅行社通过合同或协议形式，以一定价格，向其他旅游服务企业及相关部门定购的行为，以保证旅行社向旅游者提供所需的旅游产品。**

旅游活动涉及到食、宿、行、游、购、娱等方面，航空公司、铁路、轮船公司、酒店、餐厅、景点以及娱乐场所等也就成为旅行社的采购对象，对于组团社而言，还要采购接待社的产品。

1. **交通服务的采购**。交通不仅要解决旅游者往来不同旅游点间的空间距离问题，更重要的是解决其中的时间距离问题。因此，安全、舒适、便捷、经济是旅行社采购交通时需要考虑的因素。交通的形式主要有飞机、火车、汽车和轮船，旅行社必须与包括航空公司、铁路部门、轮船公司、汽车公司在内的交通部门建立密切的合作关系。事实上，为寻找稳定的客源渠道，交通部门也非常希望与旅行社进行业务合作。旅行社要争取取得有关交通部门的代理资格，以便顺利采购到所需的交通服务（何况取得交通代理已成为国内许多旅行社获得利润的来源之一）。

（1）采购航空服务。作为大众旅游时期远程旅行方式之一，航空服务的主要优点是安全、快速和舒适。一般而言，旅行社选择航空公司主要考虑以下因素：机票折扣、机位数量、工作配合度、付款方式、航班密度、各地联络网络方便与否。

旅行社采购航空服务具体落实在飞机的订位上。计调部根据旅游接待预报计划，在规定的期限内向航空公司提出订位，如有变更，应及时通知有关方面。航空服务主要分为定期航班服务和包机服务两种。如遇客流量超过正常航班的运力，旅游团队无法按计划成行，旅行社就要考虑包机运输。

（2）采购铁路服务。火车具有价格便宜、沿途又可以饱览风光等特点，在包价产品中具有竞争力。近年来，我国铁路几次提速改善交通环境，使火车运输仍具优势。目前，国内多数旅游者仍选择火车作为首选出游交通工具。旅行社向铁路部门采购，主要是做好票务工作。采购铁路服务就是按照旅游接待计划订购火车票，确保团队顺利成行。出票率、保障率是衡量铁路服务采购的重要指标。

（3）采购水路服务。鉴于我国的大陆形态，除去三峡、桂林等内河及少数海路，轮船不是外出旅游的主要交通工具。旅行社向轮船公司采购水路服务关键是做好票务工作，如遇运力无法满足或因不可抗力因素无法实现计划，造成团队航次、船期、舱位等级变更，应及时果断地采取应急措施。

（4）采购公路服务。尽管汽车已成为人们普遍的旅行方式，但一般认为乘汽车旅游的距离不宜过长，最好控制在景点间距离在50公里（约1小时）左右；长距离的城市间交通最好控制在300公里（不超过5小时）以内/天，否则旅客会感觉疲劳。旅行社在采购汽车服务时应考虑：车型、车况、司机驾驶技术、服务规范、准运资格等。通过考察，选择管理严格、车型齐全、驾驶员素质好、服务优良、已取得准运资格且善于配合，同时车价优惠的汽车公司，并与之签订协议书。

2. **采购住宿服务**。酒店（饭店）是旅游业三大支柱之一，是旅游产品的重要组成部分，在一定程度上已成为衡量一个国家或地区旅游接待能力的重要标尺。

酒店的种类：根据使用目的（主要功用）划分为：（1）商务酒店；（2）度假酒店；（3）会议酒店；（4）旅游酒店等。根据酒店等级划分：有1~5星五个等级，现在又增加白金五星。

计调应按接待计划提出的等级要求采购住宿服务，并在选择酒店时充分考虑以下因素：酒店保安、同级备份、房况、酒店销售配额、房价及结算等。

3. **采购餐饮服务**。餐饮属于旅游者基本的旅游活动之一，餐饮质量关联到旅游产品的质量。因此，计调在选择餐厅时，因着重考虑如下因素：餐厅卫生符合GB-16153-1996标准、地理位置、车位、洗手间、用餐标费、风味（特餐）、结算、配合。

4. **采购参观及景点服务**。参观游览是旅游活动最基本、最重要的内容，计调人员代表旅行社向可供游览参观的单位采购游览服务。此项采购的关键是就价格和支付方式达成协议。对于一些特殊的参观点，如工厂、民宅等，应征得同意，并力争取得支持与配合。

5. **采购娱乐服务**。娱乐是旅游活动六要素之一。旅行社采购娱乐服务时，要就预订票以及演出内容、日期、演出时间、票价、支付方式等达成协议。

6. **采购购物商店服务**。旅游购物为非基本旅游需求，但是引导旅游者购物是接待社的主要任务之一。为使旅游者购物方便、安全，计调人员应当慎重选择旅游购物商店，并与其建立相对稳定的合作关系。

7. **采购保险服务**。根据《旅行社管理条例》及相关法律，旅行社应该为旅游者提供规定的保险服务。旅行社中由计调人员负责采购保险服务。

8. **采购异地接待服务**。旅行社向旅游者销售的旅游线路通常有一至多个旅游目的地。采购异地接待服务的目的是使旅游计划如期如愿实现。应该说，旅游产品的质量在很大程度上取决于各地接待质量，尤其是各旅行社的接待质量。因此，选择高质量的接待旅行社是采购到优质接待服务的关键。计调在采购时应考虑到：接待社的资质、实力、信誉；接待社的体制、管理；接待社的报价；接待社的作业质量；接待社的接待质量；接待社的结算（垫付）周期；接待社的合作意愿等。

二、旅游服务采购合同

旅行社为购买各种旅游服务项目而与旅游企业或相关部门订立的各种购买契约通称为旅游采购服务合同。它是以一定价格向其他旅游企业及与旅游相关的其他行业和部门购买相关服务的行为，是一种预约的批发交易，通过多次成交完成。这种采购特点决定了旅行社同采购单位签订经济合同的重要性，以避免和正确处理可能发生的各种纠纷。

采购合同的基本内容包括：

1. 合同标的。合同标的是指签订合同所要达到的目的。旅游采购合同的标的就是旅行社向旅游企业或相关部门购买的服务项目，如客房、餐饮、航空、陆路交通等等。

2. 数量和质量。数量是指买卖双方商定的计划采购量（非确切购买量）；质量则由双方商定最低的质量要求。

3. 价格和付款办法。采购价格是合同中所要规定的重要内容。要确定采购量和定价的关系以及合同期内价格变动情况，还要规定结算方式及付款时间等。

4. 合同期限是指签订合同后开始和终止买卖行为的时间，一般一年一签，也可按淡、旺季分列两个合同。

5. 违约责任。按照我国《经济合同法》规定，违约方要承担支付违约金和赔偿金的义务。

三、变更后的采购

旅游计划的变更因旅行社在产业链中的位置，极易受到相关因素以及突发事件的影响。这种影响直接对原先的采购构成威胁出现变更后的作业变更，是计调工作能力的体现。当外联部或接待部告知变更时，计调部应积极协助处理，并做出相应调整，如根据团队人数增减、交通问题、行程变动等情况，做出修改行程、取消原定采购并重新采购等。

计调在对原计划进行调整时，通常应遵循以下原则：

1. 计划调整的原则。

（1）变更最小原则。即将因计划变更所涉及的范围控制在最小限度，尽可能对原计划不作大的调整，也尽量不引起其他因素的变故。

（2）宾客至上的原则。旅游计划是旅游活动的依据，旅行社同旅游者一旦形成约定关系，一般不要随意更改，尤其在行程进行中。对不可抗因素引起的变故，应充分考虑旅游者的意愿，并求得他们的谅解。

（3）同级变通原则。变更后的服务内容应与最初的安排在级别、档次上力求一致，尤其是住宿。

2. 变更后的通常采购办法：（1）航班变故，考虑包机，但要注意控制成本；（2）飞机改火车，尽量利用晚间，但距离不宜过长；（3）铺位不足，考虑加挂；（4）加挂不行，考虑利用汽车运输；（5）房、餐出现问题，应选择就近同级房、餐。（6）另外，采取加菜、赠品等办法弥补因变故给客人带来的损失。

计调承上启下，连接内外，在旅行社中处于中枢位置。当计划变更和突发事件发生时，计调应立即拟定应急方案，并与旅行社的相关部门，如外联、接待以及交通、酒店、地接社等迅速构成协同通道，以应对所有可能的突变。

四、计调作业

有了详尽、全面的接待计划后，我们看一看计调人员是怎样围绕计划逐项分步骤落实的。

1. 接受计划。计调部收到计划后，应该按照类别编号登记，按轻重缓急的顺序及时报送相关领导、财务，以及计划涉及的所有部门和机构。

2. 预订。根据预订采购宿、食、行、游等相关服务要素。

3. 确认。一次确认、再次确认、最终确认。

4. 更改。如遇任何变化，如日程、人数、接待标准等，应及时发出更改通知，使相关安排做出调整。

5. 回执。

6. 用款。导游通常不可用现金作业。

相关链接

民航知识

1. 航班，飞机航行的班期。

2. 航班号，航空公司代号：CZ－南航；CA－国航；MU－东航；3Q－云航；XO－新航；WH－西北航；SZ－西南航；MF－厦航；G4－深航；H4－海航。

如CZ3395，CZ指南航，3指出发的郑州，3指到达地广州，95表示往返（去程为单码）。

3. 机型。国内一般使用以下几种机型：波音（B）居多；欧洲产空客（A）、麦道（MD）次之。

4. 机位（座）：B－737 200有120座；B－737 300有145座；B－737 500有150座；B－747（双层）340有400座；B－757有198座；B－767有246座；B－777有380座；国内用空客A320有150座；MD－82、MD－90有168座。

5. 飞机餐（配餐）：飞行超过两小时有正餐，配餐只有点心；特殊旅客（如穆斯林）有特餐。

6. 直达、经停、联航。直达，指点到点，不需要技术支持的航班；经停，因技术原因，需要加降（如加油等），也有从经营考虑等因素。

7. 舱位等级。一般分头等、公务、经济三个等级。

8. 订座。

（1）票价：一般分为公布票价、折扣票价两种。

（2）成人100%；儿童50%；婴儿（2岁以内）10%。

（3）团体：指有组织的、同一日期、同一等级、同一目的地，10人以上。

（4）座位再证实：联航3日内；OPEN票年内；OK票限期；需要提供技术编号，在返程地再证实。

（5）行李。航空公司提供给旅客的免费行李额：头等舱，40公斤；公务舱，30公斤；经济舱，20公斤。

五、计调工作的常见岗位和职责

1. 信息资料员。其工作职责有：（1）搜集、整理旅游业的各种信息；（2）将汇编的信息资料下发给有关部门，并存档及使用；（3）向旅行社的决策层提供所需信息及资料分析报告；（4）搜集旅游团的反馈信息并制作列表。

2. 统计员。其工作职责有：（1）统计全社旅游业务月、季报表，编写接待人数月、季报告；（2）承接并向有关部门及人员分发旅游团的接待计划；（3）承接并安排各地旅行社的接待计划；（4）向旅行社的决策部门、财务部门提供旅游团（者）流量、住房、交通等方面的业务统计及分析报告；（5）编写全社年度业务计划。

3. 值班联络员。其工作职责有：（1）做好昼夜值班记录和电话记录，并正确无误地进行转达与传递；（2）全社的接待计划应了如指掌，并在登记表上及时标出接待团的编号、人数、服务等级、订房情况、抵离日期、下一站城市、船班或车次时间等；（3）掌握旅游团取消、更改情况，并及时通知有关人员做好调整接待。

4. 订房业务员。其工作职责有：（1）与饭店洽谈房价，签订协议书；（2）根据接待计划为游客及导游预定住房；（3）要认真负责做好预定房的变更或取消工作；（4）制作旅行社住房流量表及其单项统计；（5）协同财务部做好旅游团（者）用房的财务核算工作。

5. 内勤业务员。其工作职责有：（1）与餐馆、车队进行洽谈，签订协议书；（2）根据接待计划，为旅游团订餐、订车，要做好有关变更或取消的工作；（3）负责安排宴请、冷餐会、大型招待会；（4）为旅游团预订文艺节目票，负责落实专场演出等；（5）负责安排特殊要求的参观、访问、拜会。

六、计调业务操作方法

旅行社的计调人员对每个旅游团的接待计划逐项进行具体落实，目前一般常用的操作方法有以下两种：

1. 流水操作法。就是有几个业务员，每人负责一项工作，其常见的流程是：接待计划（A 业务员签收）；订车、船票（B 业务员负责）；订房（C 业务员负责）；市内交通（D 业务员负责）；安排游览活动（E 业务员负责）；订文艺节目（F 业务员负责）；向接待部下达接团通知（G 业务员负责）。

这种操作方法常被接待量较大的旅行社所采用，它一环套一环，不太容易出现差错，即使在某个环节上发生差错，也容易发现。

2. 专人负责法。就是将与本社有关系的旅行社（客户）分成几块，让每个业务员负责一块，从客户发来的接待计划起一直到向本社的接待部发接待通知为止，均有一个业务员负责到底。这也是一种行之有效的操作方法。

附：旅行社常用合同

1. 旅游服务合同。

出境旅游合同（参考范本）

合同编号：

甲方：××（旅游者或团体）　　24 小时联系电话：×××××××××

乙方：××（组团旅行社）　　24 小时联系电话：×××××××××

甲方自愿购买乙方所销售的出境游旅游产品，为保障双方权利和履行义务，本着平等协商的原则，现就有关事项达成如下协议。

第一条　促销与咨询

1. 乙方保证其具有国家认可的出境游组团资格。

2. 乙方广告及其他宣传制品内容属实。

3. 甲方为我国法律、法规所规定的允许出境游的大陆公民。

4. 甲方要就出境游旅游产品情况作详尽的了解。

第二条　销售与成交

1. 甲方向乙方表明旅游需求、购买意向。

2. 乙方对订单中的日程、标准、项目、游客须知如实介绍、报价。

3. 对旅游产品费用所含项目，双方达成共识。

4. 甲方确定所购买的旅游产品并交齐所需费用。

5. 乙方出具发票、成交订单等文件。

6. 乙方要向甲方交代并提供书面形式的出发时间、地点及提醒注意事项。

7. 乙方要向甲方介绍领队，并建立领队与甲方的联系。

8. 双方约定由于甲方或乙方责任未成行的处理方式。

9. 乙方提供的“游客须知”将被视为本合同的一部分，签订合同前，甲方要仔细阅读“游客须知”内容。

第三条 成交订单

1. 内容

团号：××

姓名： 性别： 年龄（可列表）：××

境外共计×晚×天（航班、车、船前往目的地及返境内时间包括在行程天数之内）；出发、返回地点；时间等。

行走路线及其游览点：

交通工具：

住宿次数、标准：

购物次数、内容：

娱乐次数、内容：

保险项目、金额：

导游及其他费用：

注明：

1. 不包含的费用：

2. 以上订单一经成交，甲乙双方应恪守约定，不得擅自更改。

3. 甲方在旅游产品提供期间应服从乙方的统一安排和要求，乙方旅游产品提供应符合国家标准和行业标准的规定。

4. 乙方广告、宣传制品将被视为本合同的一部分，对乙方具约束力。

第四条 违约责任

1. 乙方在下列情形下承担赔偿责任：

（1）因乙方过失或故意未达到合同规定内容，造成甲方直接经济损失。

（2）乙方旅游产品的提供未达到国家或行业标准的规定。

（3）乙方代理甲方办理旅游所需手续时，遗失或损毁甲方证件的。

（4）因乙方违规操作，使甲方遭受损失的。

2. 甲方在下列情况下责任自负或承担赔偿责任：

（1）甲方违约，自身损失自负，给乙方造成损失的，要承担赔偿责任。

(2) 甲方违反我国或前往目的地国家（地区）的法律、法规，产生的后果由甲方自负。

(3) 由于甲方给乙方的联系渠道的误差，导致乙方有关旅游信息未及时传达到甲方的。

(4) 超出本合同约定的订单内容进行的个人活动而造成损失的，责任自负。

3. 不承担违约责任的情形：

(1) 因不可抗力，造成甲、乙双方不能履约的，已成行时，应提供不能履约的证据，未成行时，应及时通知对方。

(2) 非甲、乙双方的责任导致的双方各自的损失的。

(3) 本合同双方已经就可能出现的问题约定处理措施的。

(4) 乙方在旅游质量问题出现前后已采取下列措施的，应减轻或免除责任：

①非过失、故意的违约。

②对发生的违约已采取了预防性措施。

③乙方及时采取了善后处理措施。

④由于甲方自身过错造成的质量问题。

第五条 争议的解决

本合同在履行中如发生争议，双方应协商解决，向有管辖权的旅游质监所提出投诉和赔偿请求，甲、乙方也可向法院起诉。

第六条 本台同一式二份，合同双方各执一份，同等效力。

第七条 本合同自签订之日起生效。

甲方签字	乙方签字
盖　　章	盖　　章
年　月　日	年　月　日

游客须知（参考范本）

尊敬的游客：欢迎您参加出境旅游！依据我国法律、法规的规定，您在旅游活动中享有下列权利，并应当履行下列义务：

一、您的权利

1. 您享有自主选择旅行社的权利。我国出境旅游实行特许经营制度，因此，您有权要求旅行社出示出境旅游经营许可证明，并与旅行社协商签订旅游合同，约定双方的权利和义务。

2. 您享有知悉旅行社服务的真实情况的权利。您有权要求旅行社向您提供行程时间表和赴有关国家（地区）的旅行须知，提供旅行社服务价格、住宿标准、餐饮标准、交通标准等旅游服务标准和接待社名称等有关情况。

3. 您享有人身、财物不受损害的权利。您有权要求旅行社提供符合保障人身、财物安全要求的旅行服务，要求旅行社为您办理符合旅游行政管理部门规定的出境旅游意外伤害保险。

4. 您享有要求旅行社提供约定服务的权利。您有权要求旅行社按照合同约定和行程时间表安排旅行游览，为旅行团委派持有“领队证”的专职领队人员，代表旅行社安排境外旅游活动，协调处理旅游事宜。

5. 您享有自主购物和公平交易的权利。境外购物纯属自愿。购物务必谨慎。您有权要求旅行社带团到旅游目的地国旅游管理当局指定的商店购物；有权拒绝超计划购物，拒绝到非指定商店购物；有权拒绝旅行社的强迫购物要求。

6. 您享有自主选择自费项目的权利。您有权拒绝旅行社、导游或领队推荐的各种形式的自费项目，有权拒绝自费风味餐等。参加自费项目纯属个人自愿，有可能是接待社和导游通过组织自费项目获取利润，损害您的利益。

7. 您享有依法获得赔偿的权利。在出境旅游活动过程中，旅行社未经旅行团同意，擅自变更、取消、减少或增加旅游项目，强迫购物、参加自费项目，未履行合同义务给您的合法权益造成损害，您有权向旅游行政管理部门投诉或向人民法院起诉，依法获得赔偿。

8. 您享有人格尊严、民族风俗习惯得到尊重的权利。旅游者的人格尊严不受损害，民族风俗习惯应当得到尊重，这是我国法律的规定。当您在选择出境旅行社和出境旅游活动中，您的人格尊严和民族风俗习惯受到损害，您有权得到法律的救助。

9. 您享有对旅行社服务进行监督的权利。您有权检举；控告旅行社侵害旅游者权益的行为，有权对保护旅游者权益工作提出批评、建议。您有权将组团社发给您的征求意见表寄给组团社所在地的省级旅游部门，如必要也可以直接寄给国家旅游局旅游质量监督管理所。

二、您的义务

1. 您有维护祖国的安全、荣誉和利益的义务。在出境旅游中，不得有危害祖国的安全、荣誉和利益的行为。

2. 您有合法保护自己权益的权利，也有不得侵害他人权利的义务。当您在行使权利的时候，不得损害国家的、社会的、集体的利益和其他旅游者的合法的权利。

3. 您必须遵守国家的法律、法规，在出境旅游中，要保守国家秘密，遵守公共秩序，遵守社会公德；服从旅游团体安排，不得擅自离团活动，不得非法滞留不归。

4. 您应当遵守合同约定，自觉履行合同义务。非经旅行社同意，不得单方变更、解除旅游合同，但法律、法规另有规定的除外。

5. 您应当遵守旅游目的地国家（地区）的法律，尊重当地的民族风俗习惯，不得有损害两国友好关系的行为。

6. 您应当自尊、自重、自爱，维护祖国和中国公民的尊严和形象，不得有损害国格、人格的行为，不得涉足不健康的场所。

7. 您应当努力掌握旅行所需的知识，了解旅行社的运营程序，提高自我保护意识。

8. 您要保存好旅游行程中的有关票据、证明和资料，以便当您的合法权益受到侵害时，作为投诉凭据、索赔证据。

9. 您所携带的行李物品应当符合国家法律规定。携带货币出境，外币不得超过2 000美元或其他等值外币，人民币不得超过6 000元。不准携带违禁物品出入境。

国内旅游组团合同范本（试行）

合同编号：

甲方（旅游者或单位）：

住所或单位地址：

电话：

乙方（组团旅行社）：

地址：

电话：

甲方参加由乙方组织的本次旅游的有关事项经平等协商，甲、乙双方自愿签订合同如下：

第一条 【旅游内容】本旅游团团号为：××××。

旅游线路为：××××。

旅游团出发时间为××年××月××日，结束时间为××年××月××日，共计×天×夜。

前款所列旅游线路、行程安排详见“旅游行程表”。《旅游行程表》经甲、乙双方签字，作为本合同的组成部分。

第二条 【服务标准】本旅游团服务质量执行国家旅游局颁布实施的《旅行社国内旅游服务质量》标准（或由甲、乙双方约定）。

第三条 【旅游费用】本旅游团旅游费用总额共计××××元人民币。签订本合同之日，甲方应预付××××元人民币，余款应于出发前×日付讫。

第四条 【项目费用】甲方依照本合同第三条约定支付的旅游费用包含以下项目：

1. 代办证件的手续费：乙方代甲方办理所需旅行证件的手续费。

2. 交通客票费：乙方代甲方向民航、铁路、长途客运公司、水运等公共交通部门购买交通客票的费用。

3. 餐饮住宿费：“旅游行程表”内所列应由乙方安排的餐饮、住宿费用。

4. 游览费：“旅游行程表”内所列应由乙方安排的游览费用，包括住宿地至游览地交通费、非旅游者另行付费的旅游项目第一道门票费。

5. 接送费：旅游期间从机场、港口、车站等至住宿旅馆的接送费用。

6. 旅游服务费：乙方提供各项旅游服务收取的费用（含导游服务费）。

7. 甲、乙双方约定的其他费用。

前款第2项的交通客票费，如遇政府调整票价，该费用的退、补依照《合同法》第六十三条办理。第3项的餐饮住宿费，如甲方要求提高标准，经乙方同意安排的，甲方应补交所需差额。

第五条 【非项目费用】甲方依照本合同第三条约定支付的旅游费用不包含以下项目：

1. 各地机场建设费。

2. 旅途中发生的甲方个人费用：如交通工具上的个人餐饮费；个人伤病医疗费；行李超重费；旅途住宿期间的洗衣、电话、电报、饮料及酒类费；私人交通费；自由活动费用；寻回个人遗失物品的费用与报酬及在旅程中因个人行为造成的赔偿费用等。

3. 甲方自行投保的保险费：航空人身意外保险费及甲方自行投保的其他保险的费用。

4. 双方约定的由甲方自行选择的由其另行付费的游览项目费用。

5. 其他非第四条所列项目的费用。

第六条 【出发时间地点】甲方应于××年××月××日××时××分于××（地点）准时集合出发。甲方未准时到约定地点集合出发，也未能中途加入旅游团的，视为甲方解除合同，乙方可以按照本合同第八条的约定要求赔偿。

第七条 【人数约定】本旅游团须有××人以上签约方能成团。如人数未达到，乙方可以于约定出发日前××日（不低于5日）通知到甲方，解除合同。

乙方解除合同后，按下列方式之一处理：

1. 退还甲方已缴纳的全部费用，乙方对甲方不负违约责任。

2. 订立另一旅游合同，费用如有增减，由乙方退回或由甲方补足。

乙方未在约定的时间通知到甲方的，应按照本合同第九条约定赔偿甲方。

甲方提供的电话或传真须是经常使用或能够及时联系到的，否则乙方在本条及其他条款中需要通知但通知不到甲方的，不承担由此产生的赔偿责任。

第八条 【甲方退团】甲方可以在旅游活动开始前通知乙方解除本合同，但须承担乙方已经为办理本次旅游支出的必要费用，并按如下标准支付违约金：

1. 在旅游开始前第五日以前通知到的，支付全部旅游费用扣除乙方已支出的必要费用后余额的10%。

2. 在旅游开始前第五日至第三日通知到的，支付全部旅游费用扣除乙方已支出的必要费用后余额的20%。

3. 在旅游开始前第三日至第一日通知到的，支付全部旅游费用扣除乙方已支出的必要费用后余额的30%。

4. 在旅游开始前一日通知到的，支付全部旅游费用扣除乙方已支出的必要费用后余额的50%。

5. 在旅游开始日或开始后通知到或未通知不参团的，支付全部旅游费用扣除乙方已支出的必要费用后余额的100%。

第九条 【乙方取消】除本合同第七条约定的情形外，如因乙方原因致使甲方的旅游活动不能成行而取消的，乙方应当立即通知甲方，并按如下标准支付违约金：

1. 在旅游开始前第五日以前通知到的，支付全部旅游费用的10%。

2. 在旅游开始前第五日至第三日通知到的，支付全部旅游费用的20%。

3. 在旅游开始前第三日至第一日通知到的，支付全部旅游费用的30%。

4. 在旅游开始前一日通知到的，支付全部旅游费用的50%。

5. 在旅游开始日及以后通知到的，支付全部旅游费用的100%。

第十条 【合同转让】经乙方同意，甲方可以将其在本旅游合同上的权利义务转让给具有参加本次旅游条件的第三人，但应当在约定的出发日前××日通知乙方。如有费用增加，由甲方负担。

第十一条 【甲方义务】甲方应当履行下列义务：

1. 甲方所提供的证件及相关资料必须真实有效。

2. 甲方应确保自身身体条件适合参加旅游团旅游，并有义务在签订本合同时将自身健康状况告知乙方。

3. 甲方应妥善保管随身携带的行李物品，未委托乙方代管而损坏或丢失的，责任自负。

4. 甲方在旅游活动中应遵守团队纪律，配合导游完成本次旅游行程。

5. 甲方应尊重目的地的宗教信仰、民族习惯和风土人情。

第十二条 【乙方义务】乙方应当履行下列义务：

1. 乙方应当提醒甲方注意免除或限制其责任的条款，按照甲方的要求，对有关条款予以说明。

2. 乙方应当按照有关规定购买保险，并在接受甲方报名时，提示甲方自愿购买旅游期间的个人保险。

3. 乙方代理甲方办理旅游所需的手续，应妥善保管甲方的各项证件，如有遗失或毁损，应立即主动补办，并承担补办手续费，因此导致甲方的直接损失，乙方应承担赔偿责任。

4. 乙方应为甲方提供导游服务；无全陪的旅游团体，乙方应告知甲方旅游目的地的具体接洽办法和应急措施。

5. 甲方在旅游中发生人身伤害或财产损失事故时，乙方应做出必要的协助和处理。如因乙方原因导致甲方人身伤害或财产损失，乙方应承担赔偿责任。

6. 乙方应当按照“旅游行程表”安排甲方购物，不得强制甲方购物，不得擅自增加购物次数。当甲方发现所购物品系假冒伪劣商品，如购物为甲方要求的，乙方不承担任何责任；如购物为行程内安排的，乙方应当协助甲方退还或索赔；如购物为乙方在行程外擅自增加的，乙方应赔偿甲方全部损失。

7. 非因乙方原因，导致甲方在旅游期间搭乘飞机、轮船、火车、长途汽车、地铁、索道、缆车等公共交通运输工具时受到人身伤害和财产损失的，乙方应协助甲方向提供上列服务的经营者索赔。

第十三条 【合同变更】经甲、乙双方协商一致，可以以书面形式变更本合同旅游内容。由此增加的旅游费用应由提出变更的一方承担，由此减少的旅游费用，乙方应退还甲方。如给对方造成损失的，由提出变更的一方承担损失。

第十四条 【擅自变更合同】乙方擅自变更合同违反约定的，应当退还甲方直接损失或承担增加的旅游费用，并支付直接损失额或增加的旅游费用额一倍的违约金。

甲方擅自变更合同违反约定的，不得要求退还旅游费用。因此增加的旅游费用由甲方承担。给乙方造成损失的，应当承担赔偿责任。

第十五条 【旅游行程延误】因乙方原因，导致旅游开始后行程延误的，乙方应当征得甲方书面同意，继续履行本合同并支付旅游费用5%的违约金；甲方要求解除合同终止旅游的，乙方应当安排甲方返回并退还未完成的旅程费用，支付旅游费用5%的违约金。

甲方因延误旅游行程支出的食宿和其他必要费用，由乙方承担。

第十六条 【弃团】乙方在旅程中弃置甲方的，应当承担弃置期间甲方支出的食宿和其他必要费用，退还未完成的行程费用并支付旅游费用一倍的违约金。

第十七条 【中途离团】甲方在旅程中未经乙方同意自行离团不归的，视为单方解除合同，不得要求乙方退还旅游费用。如给乙方造成损失，甲方应承担赔偿责任。

第十八条 【不可抗力】甲、乙双方因不可抗力不能履行合同的，部分或者全部免除责任，但法律另有规定的除外。

乙方延迟履行本合同后发生不可抗力的，不能免除责任。

第十九条 【扩大损失】甲、乙一方违约后，对方应当采取适当措施防止损失的扩大；没有采取适当措施致使损失扩大的，不得就扩大的损失要求赔偿。

甲、乙一方因防止损失扩大而支出的合理费用，由违约方承担。

第二十条 【委托招徕】乙方委托其他旅行社代为招徕时，不得以未直接收取甲方费用为由免责。

第二十一条 【其他】本合同其他事项。

…………

第二十二条 【争议解决】本合同在履行中如发生争议，双方应协商解决，协商不成，甲方可以向有管辖权的旅游质量监督管理所投诉，甲、乙双方均可向法院起诉。

第二十三条 【合同效力】本合同一式二份，双方各执一份，具有同等效力。

第二十四条 【合同生效】本合同从签订之日起生效，至本次旅行结束甲方离开乙方安排的交通工具时为止。

附：旅游行程表

甲方：	乙方（盖章）：
身份证号码：	负责人：
电话或传真：	电话或传真：
通讯地址：	通讯地址：
年 月 日	年 月 日

2. **住宿服务采购合同。**

旅游团队订房协议（参考范本）

××旅行社（甲方）与××（饭店）宾馆（乙方）就旅行团（者）用房事宜，经双方协商一致达成如下协议：

一、房数确定。甲方每次订房以传真约定人数（男、女）、房间数、标准、价格、入住与退房时间、是否含早餐等，乙方及时（或在××时间内）予以确认回复。双方传真件上应加盖单位印章，如以经办人（即委托代理人）签字确认，应将经办人名单预先提交对方备案。

二、取消预定。在4月至10月时间段，甲方所有取消预定必须提前3天通知乙方。如入住前两天内取消，甲方应交付所订房数一天的20%的违约金；如在12小时内取消预定或团队没有入住，则需交付一晚房租，补偿乙方客房空置的损失。

三、如属于不可抗力（航班取消、改点）之原因，而令旅游团不能如期到达，由此造成的损失，乙方免收损失费。

四、凡经乙方确认的团队，因乙方客房全满而安排不下，由乙方负责将团队安排至同等级或高于本酒店等级的酒店入住，不再多收房费。对甲方临时增减人数之订房要求，旅行团超出预定日期不能如期离店，乙方根据客房情况协助甲方妥善安排。

五、儿童收费。12周岁以下与父母同住一房的儿童提供一张免费床。餐费按成人标准的50%收取。

六、付款方式：乙方全部账单均为月结，甲方应在接获乙方账单后15天之内付清。

七、其他约定事项：

乙方为甲方提供团队餐服务（责任条款可从餐饮合同中摘录约定）。

陪同房、陪同餐安排。乙方为××人以上团队（含早）提供地陪、全陪及本地司机免费就餐和免费房一间。

其他约定条款：

八、本合同履行中发生纠纷，双方协商解决；双方协商不成的，向××申诉请求调解；也可申请××仲裁，或直接向××法院提起诉讼。

九、本合同自双方签字之日起生效。有效期×年。所有业务往来的传真预定或确认均为本合同的一部分，具有同等法律效力。

甲方：	乙方：
法定代表人：	法定代表人：
委托代理人：	委托代理人：
电话：	电话：
传真电话：	传真电话：
通讯地址：	通讯地址：

签订合同时间：　　　年　月　日

3. **餐饮服务采购合同。**

旅行团用餐协议（参考范本）

××旅行社（甲方）与××餐馆（乙方）就旅行团（者）用餐事宜经双方协商一致达成如下协议：

一、客人用餐标准。以每次传真确认为准。传真必须约定用餐人数、标准、时间。乙方需保证客人够吃，如菜不够吃，添菜不另收费。

二、陪同、司机用餐标准：××元/人。

三、甲方陪同以餐饮结算单向乙方结算每餐费用，甲方财务人员每月（季度）凭陪同填写的结算单向乙方结算付款。

四、报损。两小时前退餐，不收损失费；两小时内退餐，收取30%费用；订餐后未去用餐，收取50%费用。为保证食品卫生，餐馆应对所提供菜品留样24小时。

五、乙方为甲方团队车辆提供停车用餐车辆看护服务；车内物品及客人进店随身携带物品由甲方自行看管。

六、其他约定条款：

…………

七、本合同履行中发生纠纷，双方可协商解决；协商不成的，请求××调解，也可申请仲裁，或向法院诉讼。

九、本合同自签订之日起生效，有效期一年。期满后另作商定。

甲方：	乙方：
法定代表人：	法定代表人：
委托代理人：	委托代理人：
电话：	电话：
传真电话：	传真电话：
通讯地址：	通讯地址：

签订合同时间：　　年　月　日

4. **交通服务采购合同。**

旅行社旅游团队接待用车合同（参考范本）

甲方：××旅行社

乙方：××汽车公司

甲、乙双方就车辆租用事宜达成如下协议：

1. 本合同为长期合同，在本合同有效期内，甲、乙双方可就租车事宜达成多个具体租车协议。甲方租用乙方车辆时，应提前以书面形式向乙方订车，并详细写明各项用车要求，包括用车数量、时间、路线、价格、结算方式、确认期限、要求等。

2. 当乙方接到甲方订车通知后，应根据甲方要求，以书面形式通知甲方确认或不确认。一经双方确认，双方必须按照要求认真履行各自的责任。

3. 乙方向甲方提供的车辆应经公安等部门检验年审合格并符合行业标准或合同约定标准，车辆驾驶员应是公安等部门登记在册、并有丰富驾驶经验及技能的人员，足额办理了乘员险、第三者责任险等保险手续，符合交通部门认定的旅游目的地经营范围的旅游客车。

4. 乙方应在车辆使用前向甲方提供使用车辆及驾驶员的相关资料（资料名称见附件）。

5. 乙方在出车前，要认真检查车辆性能，确保车况良好，保持车辆内外清洁卫生。驾驶员应有良好的服务态度、礼节礼貌和仪容仪表。

6. 司乘、导游等人员要密切协作，共同搞好行车安全工作。不得搭乘无关人员。驾驶员要严格按照交通规则驾驶车辆，在行车过程中要严格遵守有关规定。对单程行程400公里（高速公路600公里）以上的客运车辆，乙方必须配备两名驾驶员，每名驾驶员连续驾车不得超过3小时，24小时内驾驶时间累计不得超过8小时。在高速公路上行车时要严格遵守小型客车最高时速不超过110公里，大型客车、货运（行李）汽车不得超过90公里的限速规定。

7. 因乙方的原因发生安全事故、抛锚、漏接、车辆被查扣等造成的经济损失，由乙方负责赔偿。

8. 租车费用价格一经双方确认后，即作为甲方向乙方付款的依据，每　月（天）结算一次，并开具发票。乙方在结算时，应向甲方提供订车单复印件和结算单。

9. 违约责任：

（1）乙方如不能按照约定时间提供车辆，应提前________日书面通知甲方，并支付约定车费________%违约金。乙方如不能按照约定时间提供车辆，又不及时通知甲方的，应当支付约定车费________%违约金。乙方如不能按照约定数量提供车辆，缺少的车辆视为不能按约定时间提供，乙方负有本项规定的通知义务，并应承担相应违约金。乙方如不能按照约定时间、数量提供车辆，给甲方造成损失的，乙方还应当赔偿经济损失。

（2）甲方如不能按照约定时间使用车辆，应提前________日通知乙方，并支付约定车费________%违约定金；甲方如不能按照约定时间使用车辆，又不及时通知乙方的，应当支付约定车费________%违约金；甲方如不能按照约定数量使用车辆，不使用的车辆视为不能按照约定时间使用，甲方负有本项规定的通知义务，并应承担相应违约责任。因甲方不能按照约定时间、数量使用车辆，给乙方造成损失的，甲方还应当赔偿经济损失。

（3）乙方提供的车辆标准低于约定标准的，实际价款由双方协商确定，乙方应当减少或退还约定价款与实际价款差额，并支付约定价款________%违约金；给甲方造成经济损失的，还应赔偿经济损失。

（4）由于乙方原因造成旅游团延误行程或误机（车、船）的，乙方应支付约定车费________%违约金；给甲方造成经济损失的，还应赔偿经济损失。

(5) 由于甲方原因造成延误行程，超出约定租车期限的，甲方应当支付超时部分的租车费用，费用标准由双方协商确定；给乙方造成经济损失的，还应赔偿经济损失。

(6) 乙方应当对运输过程中游客的伤亡承担损害赔偿责任，但伤亡是游客自身健康原因造成的或者是游客故意、重大过失造成的除外。

乙方过错造成游客随车物品损坏的，乙方应当赔偿实际损失。

(7) 游客中途离开车辆时，导游应当告知游客随身携带贵重物品。因驾驶员过错造成车内物品丢失的，乙方应当承担赔偿责任。

10. 免除或减轻责任情况：

(1) 甲、乙双方因不可抗力不能履行协议的，不承担违约责任，但应当提前3日通知对方，并提供不能履约的充分证据；如不可抗力是在该时限之后发生的，则应当在不可抗力发生后12小时内通知对方，并提供不能履约的充分证据。

(2) 损失是由一方自己过错造成的，对方不承担责任。

(3) 一方违约的，对方应积极采取适当措施阻止损失扩大，否则不得就扩大部分的损失要求赔偿；违约方应当承担对方为阻止损失扩大而支付的合理费用，但以损失可能扩大的数额为限。

11. 甲、乙双方在执行本合同时如发生纠纷，应本着友好合作的态度协商解决，如不能协商解决，可向××市旅游质量监督管理所请求调解或向××市仲裁委员会提出仲裁，也可向人民法院提出诉讼。

12. 本合同一式两份，双方各执一份，具有同等法律效力。

13. 本合同有效期自　　年　月　日至　　年　月　日。

甲方（公章）：　　　　　　　　　　乙方（公章）

法定代表人：　　　　　　　　　　　法定代表人：

委托代理人：　　　　　　　　　　　委托代理人；

电话（传真）：　　　　　　　　　　电话（传真）：

年　月　日　　　　　　　　　　　　年　月　日

附件：乙方应提供有关证件

(1) 机动车驾驶证

(2) 机动车辆保险单

(3) 车辆购置税完税证明

(4) 道路运输证

(5) 道路运输规费缴讫证

(6) 营运车辆驾驶人员上岗证书

(7) 其他有关资质证明

5. **景点合作合同。**

景点合作协议合同书（参考范本）

甲方：济南××风景名胜区管理处

乙方：××旅行社

为推动旅游事业的发展，加强双方友好合作，本着平等互利的原则，经甲、乙双方协商，签订协议如下：

一、甲方的权利与义务

1. 甲方应为乙方提供良好的游览环境和优惠政策。

2. 甲方应按协议价格向乙方出售门票。

3. 乙方必须是国家旅游行业和当地旅游主管部门正式批准认可并缴纳了本年度质量保证金的旅游公司和旅行社，方可签订本协议，享受甲方给予的优惠政策。

4. 乙方导游员带队旅游，应持有国家旅游局或省旅游局颁发的证书，乙方导游员出示导游证可享受免费。

5. 乙方应做好销售甲方门票的宣传促销工作，并根据游客的反映，将信息及时反馈甲方。

6. 乙方如违反本协议所订条款，甲方有权终止协议，并有权向乙方索赔由此造成的损失。

二、具体优惠措施

1. 乙方带团来甲方游览，甲方将给予乙方六五折的门票优惠（现价门票价格30元/位）。

2. 乙方所带学生团体（20人以上），凭学生证享受优惠，小学生按"1票5人"，中学生按"1票3人"，大学生"1票2人"标准优惠。

3. 乙方带团可从甲方正门（步行）、东门（车行）进入，来团时请携带**协议书复印件（双方盖章有效）**，购票时应由带团导游认真**填写"旅行社入园回执单"**。乙方本年度独立发团累计超过3 000人（以"入园回执单"为依据），甲方视其为重要合作伙伴，年底将按实购票款的15%给予返还；超过2 000人，将按实购票款的10%给予返还；超过500人，将按实购票款的5%给予返还。

4. 乙方旅游车辆入园免费，来团20人以上，提前预约，可享受免费导游服务（春节、"五一"和"十一"黄金周、学生团体除外）。

三、协议期限及其他

1. 本协议有效期自2007年1月1日至2007年12月31日。

2. 本协议一式二份，自双方签字之日起生效，甲乙双方各执一份，具备同等法律效力。

3. 未尽事宜由双方协商解决。

甲方（签字盖章）	乙方（签字盖章）
联系电话：	联系电话：
传真：	传真：
邮编：	邮编：
地址：	地址：

6. **地接服务采购合同。**

旅行社团队操作作业协议合同书（参考范本）

甲方（组团社）：

乙方（地接社）：

为了规范旅游团队的操作程序，保证旅游团队的作业质量；为了保护甲、乙双方的权利和义务；在自愿、平等、互利的前提下达成本协议合同书如下：

一、工作内容：乙方接待甲方组织的国外、国内旅游团队、散客和甲方接待乙方的国外、国内旅游团队、散客。

二、合同签订后，甲、乙双方均需相互交换：经营许可证副本复印件、法定代表人的委托书（委托哪些人员可以代表本方向对方确认团队操作事宜）、双方认可的公章、结账单格式表、传真电话等事宜。

三、甲、乙双方必须以文字的形式向对方报告团队计划书，特殊情况来不及用文字报告的，第二天也需补办。

1. 组团社报团队计划书应写明：团队出发时间和结束时间、行程、景点、酒店标准、用餐要求、客源成分及对地陪的要求等事项。

2. 地接社报价应该写清楚：成人价，儿童价，司机和全陪住房费，地接社团号，地陪导游姓名、手机号（对已经明确了的团队）、接团地点（必要的话，要附接团图）、报价计调员姓名、日期，并加盖公章。需要分列费用的团队，还需要费用单列。

3. 组团社收到地接社的报价传真后，如果无异议，需由经手人签名、盖章，并写上全陪姓名、手机号、车辆类型、车牌号后，复传确认给地接社。如果有不同意见时，应先电话联系，再将改动的结果回传确认给地接社。

四、结账方式：

1. 对于现金结账的团队，在地陪导游接到团队后的合适时间，全陪先支付50%至100%的团款。在团队作业结束时，应结清余下团款，开出发票。

2. 对于赊账签单汇款结算的团队：

①甲方必须提前与乙方签订本合同；

②甲、乙双方除履行本合同第二条、第三条的条款要求后，乙方凭甲方全陪签名的团队作业结束确认书（或可证明该团队有多少大人、小孩、司陪；游玩了哪些景点；用了多少餐；住了哪间酒店等事项的文字依据），开据团队结算通知书，通知甲方。甲方必须在3个工作日内签名、盖章后回传确认该团的结算总价款；

③在团队作业中，有改变行程、减少和增加景点，以及更换酒店等情况时，均应由甲、乙双方导游在取得大多数客人签名认可的情况下，在征得甲、乙双方计调或经理同意后，才可以改变行程，并办理相应的文字手续；

④对于团队作业时有投诉的情况，甲、乙双方应立即着手处理，不可任其扩大；力争将投诉在现场得到解决，并办理相关手续。对于团队作业结束后，客人对团队质量提出投诉的，双方计调或经理均应立即着手处理；如果处理结果会影响结算费用的，一定

要形成文字处理意见；

⑤赊账作业的团队，原则上一团一确认一结算。但对于某一个星期或某个节日较多团队作业的，可以合并确认，合并结算。但每个月底（30日前），必须对清以前的数目和当月数目，并按合同规定及时付款。

3. 赊账汇款结算的团队，必须在团队作业结束以后30个工作日以内付清团队款项；或下个月的10日前付清上月的团款；但总团款不得超过5万元。否则，应付应付团款部分的滞纳金。另外，被赊账方上门收取团费的费用或诉讼费用应由赊账方承担。

4. 具体到某一团队是现金结算还是赊账签单汇款结算，由甲、乙双方一团一确认来决定（未约定时应视为赊账作业）。

五、违约责任：甲乙双方任何一方由于自身责任引起的损失由自己承担，给对方造成的损失，须根据国家旅游局的有关规定及《合同法》的有关规定予以赔偿。由于不可抗力因素引起损失，双方各自承担或友好协商解决。

六、合同中的未尽事宜，由双方友好协商解决。协商不能解决问题的，按有关法律法规处理，或向乙方所在地的法院提起诉讼。

七、本合同一式二份，甲乙双方各持一份，具有同等法律效力。

八、合同以双方签字盖章时生效，至××年××月××日止。但合同中的应收应付条款，应延续到付清款项为止（合同未满前签订的续延期合同可作为该合同的有效合同）。

甲方：	乙方：
甲方代表（签名）：	乙方代表（签名）：
联系电话：	联系电话：
传真：	传真：
地址：	地址：
签订日期：	签订日期：
开户行：	开户行：
全称：	全称：
账号：	账号：

专题四　旅行社的售后服务管理

一、售后服务的内涵

旅行社售后服务是指旅游者结束旅游以后，由旅行社向客人继续提供的一系列服务，旨在加强同客人的联系和主动解决客人遇到的问题。

二、售后服务的主要方法

1. 问候电话：客人旅游结束后的第二天向客人打电话，表达对客人的关心，了解其旅游的情况，特别是可以主动征求意见和建议。即便产生投诉，也可以争取主动，早做工作，妥善处理。

2. 意见征询单。印刷精美的意见征询单，既可以对游客表示问候，更可以比较客观地征求客人对旅行社服务的意见，游客可以采用无记名的形式，毫无顾虑地发表意见。

附：旅游质量跟踪调查表（参考范本）

QUESTIONNAIRE

尊敬的游客：

您好！欢迎您到中国优秀旅游城市、历史文化古都——西安观光游览。非常感谢您在珍贵的旅游过程中填好这份意见调查表，您宝贵的意见将协助我们及时了解和纠正我们旅游接待中的问题，提高服务质量。

谢谢您的配合支持，欢迎您再次来西安旅游，并再次为你服务！

西安市××旅游公司

Dear tourists,

Welcome to one of the top touring historical cities Xi-an in China. Thank you for filling in this questionnaire and give us some wonderful suggestions during your travel in Xi-an, which will help us know and correct the problems occurring in your travel and improve our service.

Thank you for your cooperation and support.

We are looking forward to seeing you again.

Xi-an ××Travel Srvice

编号：××××

姓名 Name		团队编号 Group No.		
国籍 Country		抵离日期（dd/mm/yy）Arr/Dep Date	到 to	
服务 service		满意 Satisfactory	一般 Fair	不满意 Unsatisfactory
总体印象 overall impression				
游览行程安排 itinerary schedule				
导游服务 guide service				
住宿安排 hotel arrangement				
餐饮安排 food & beverage arrangement				
购物安排 shopping arrangement				
娱乐安排 entertainment arrangement				
交通安排 communications arrangement				
其他意见和建议：Other suggestions：				

征询单收集后，要进行认真的统计分析，从中发现旅行社服务中的问题和不足，从而有针对性地采取措施、改进工作。

除以上两种方式外，常用的售后服务方式还有：与游客保持必要的书信往来；邮寄明信片；召开游客招待会；逢年过节或游客生日时表达节日的祝贺或生日祝福；向重点顾客寄送本社的内部刊物；开展旅行社开放日，加深游客对本旅行社的认识，提高对该旅行社的信任度。

模块二　实训与练习

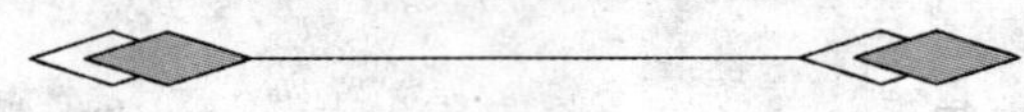

一、案例分析：两种截然不同的门市接待服务

1. 实训专题：门市接待服务。
2. 课时：0.5 学时。
3. 目的与要求：了解体验式门市接待。
4. 训练方式：课堂案例分析。
5. 实训条件：案例。
6. 实训内容：阅读案例，并对案例进行分析，说明一成一败的原因何在？

案例

用体验营销的理念来进行门市接待和促销工作，主要是把游客需求置于中心地位，从游客的角度思考问题，并充分利用门市布置体现体验营销的各种条件，提高促销效果。这种方法也可称为顾问式销售。

游客的购买行为大致可分为以下五个过程，即需求产生、信息搜集、选择评估、购买决策和购后反应五个过程。顾问式销售可以使顾客在搜集信息、评估选择和购买决定这三个过程中得到帮助。在顾问式销售中，旅行社销售人员的角色应该是一个游客的“出游顾问”，而不是一个急于实现销售的推销员。我们通过一个例子来说明顾问式销售理论如何在旅行社实际销售工作实践。

1. 我们先来比较两个旅行社门市接待案例。案例中，A 表示接待人员；B 表示顾客

【案例一】

A：“您好，欢迎光临，请问您要旅游吗?”（B 可能会想：来看看不行吗?）

B：“啊? 是的，有什么好的线路吗?”

A：“西藏旅游近期非常火爆，您不妨试试。”（太主观了，根本不了解游客需求和旅游预算）

B：“西藏旅游太贵了，我可没有那么多钱。”

A：“那去北京吧，伟大的首都，价格便宜。”（被动应付游客心理变化，不了解游客消费偏好）

B：“北京没什么好看的，我都去了好几次了。”

A：“那么香港、澳门游怎么样？价格适中，又是新线路。”（让游客牵着鼻子走，游客一变，自己马上就否定了自己的线路产品。到现在都没搞清楚B先生是一人出游，还是家庭集体出游）

B：“那里多热啊，人多又拥挤，孩子受不了。”

A：“还有小朋友呀，那您不妨去胶东半岛，还可以去青岛看海底世界，小朋友都喜欢。”（绕了一圈又回到家门口）

B：“青岛这么近，完全可以自己去，如果要去，也没必要找你们旅行社呀！我还是到其他地方看看吧。”

A：……（无言以对，失去了潜在顾客）

【案例二】

A：“您好，欢迎光临，请问我可以为您做点什么？”（温文尔雅，又不硬性推销）

B：“我想趁暑假出去旅游，放松一下。”

A：“您是和您的家里人一起去享受快乐的假期吧？”（委婉地了解出游人数）

B：“对，我们三口人一块去。”

A：“看起来先生一家经常外出旅游，都去过哪些地方呢？”（了解游客的旅游经历）

B：“本省我们都已经去遍了，另外还去过北京、上海等许多国内的大城市。现在我对都市旅游已经不太感兴趣了。”

A：“现在是夏天，天气炎热。去亲近山水是个不错的选择，您说呢？就像我们这个门市布置得一样，清凉舒畅。”（有针对性地试探游客的旅游偏好。并充分利用为夏季促销而特别进行的布置）

B：“有道理。”

A：“那您看，我们这里有几条适合夏季旅游的线路，距离较远的有四川九寨沟、湖南张家界等线路；距离较近的有河南天台山、浙江千岛湖等。价钱适中，行程也都比较轻松，适合家人一起出游。您可以具体了解一下这几条线路的具体情况，这里有线路介绍的小册子和精美的图片。”（有针对性地提供不同选择，及时为游客提供直观的资料、图片，便于游客决策）

B：“那河南天台山怎么样？”

A：“非常漂亮，而且是消夏避暑的好选择。这里有我们的旅游团队在天台山旅游的录像资料，我给您播放一下。”（在较简单直观的图片等资料的基础上，对有强烈意向的潜在游客播放时间更长、效果更直观的录像，推动其做出正确选择）

B：“真的非常漂亮。”

A：“您还可以用这台电脑上网，登陆云台山的网址，仔细浏览一下该景点的详细情况。”（通过游客上网进行自行浏览，促使其最终做出决策）

B：“没问题，就是云台山了。既清凉避暑，距离又近，还不至于让孩子感觉过分疲惫。”（促销成功）

【案例分析提示】 从以上两个门市接待案例中可以明显地看出，案例一中的接待员时时以自我为中心，不了解游客需求，态度生硬，对旅行社知识了解不够，在促销中不能利用旅行社门市中应有的体现体验营销的各种条件，最终导致促销失败。

案例二中的接待员则较明显地体现了体验营销的优势，主要有：首先，处处从游客角度考虑问题，想游客所想，急游客所急，每一次提问都有很强的针对性和专业性。其次，充分利用体验营销原理，运用景点图片、录像资料、电脑上网等手段，极大地增强了促销的具体性、可信度。在使用过程中，注意使用的顺序与促销的进度相互配合：在游客感兴趣的初始，使用文字资料和静态图片；在游客有明显的取舍偏向后，给游客播放录像；最后通过游客自由浏览网页的有关介绍，推动游客最终做出决定。再次，有很强的逻辑性，层层推进。正像我们在每句对话后的扩号中所提到的那样，接待员先了解游客准备出游的形式、人数，拥有的旅游经验以及旅游线路、旅游偏好等，再进行有针对性的促销。由于接待人员每一步都占据着主动，促销成功率当然比第一个案例中的做法好得多。

二、案例分析：丰富多彩的旅游产品

1. 实训专题：计调工作的作用。
2. 课时：0.5 学时。
3. 目的与要求：了解计调工作的作用。
4. 训练方式：课堂案例分析。
5. 实训条件：案例。
6. 实训内容：阅读案例，就以下问题展开讨论：

（1）导游带团工作中受到游客投诉，你认为这都是因为游客的原因吗？

（2）案例提到了哪些导致游客不满乃至投诉的原因？

案例

游客在旅游过程中所遭受的种种不满意经常会归罪于导游，实际上，导游很可能充当了旅游投诉的替罪羊。其实问题通常会这样发生：

1. 计调人员与销售人员的沟通有误。没有与销售人员充分沟通，没有充分了解客人的要求，诸如团队中客人的组成，客人对行程首站、末站的要求等。在操作中过分地赋予了计调人员个人主观、甚至是想当然的东西，总以为这样安排客人通常都不会有意见。结果“菜”是做出来了，却不合客人的“口味”。

2. 计调人员与接待人员沟通不足。没有完整、清晰、准确地向接待部门阐明接待的细则和要求，尤其在常规线路的操作上面，以为已驾轻就熟而导致麻痹大意，认为不用说都明白了，结果是自以为是的主观臆断往往导致意想不到的问题的发生。

3．对行程松紧安排不当。把行程安排得时紧时松，弄得客人时而疲于赶路，以到达某预定的酒店入住，时而又百无聊赖地在某餐厅呆上很长一段时间以便在该指定餐厅用餐。松紧不当的活动安排容易导致客人体力分配不均，产生不安情绪，使游客对旅行社及导游人员的安排产生不信任感。

4. 对交通工具的监控不力。在向用车单位下订单时，仅就用车时间、接车地点、座位数进行落实，而忽略了车容车貌、车况的了解。在航空票务方面，仅对票务中心报了计划，而忽略对机型、航空公司、航班时间等进行跟踪。

5. 对住宿酒店了解不足。预订酒店方面，仅强调了酒店的星级选择，而忽略了对酒店的位置、服务设施、周边环境、使用年限等进行进一步的了解，或者说过于依赖接待社的安排，缺乏跟进，以至在团队的实际运作中有可能产生不良的效果。

综上所述，可见很多问题的根源其实在计调操作过程中已经产生，到真正问题发生时，导游人员发挥主观能动性的余地已经不大。发生问题时，客人面对的是导游，可回旋的空间已经很少。可见，计调人员的作用在旅行社运作中是举足轻重的，计调人员的素质直接关系到团队运作是否顺利和成功。

三、技能训练

1. 实训专题：发团流程。
2. 课时：1 学时。
3. 目的与要求：掌握发团流程。
4. 训练方式：课堂技能训练。
5. 实训条件：情景练习。
6. 实训内容：按要求完成旅行社的组、发团流程。

1. **预报计划**（参考范本）。

成都××旅游公司：

我社组织 SSS－C－060418 团一行 33＋2 人（中宾）于 2007 年 4 月 18 日乘 K282 次列车于 20 日上午 11：12 抵达成都。请按常规行程安排去峨嵋山、都江堰游览，并请即预订 4 月 23 日（周一）上午 N880 次硬卧 35 张去重庆。此团系重点客户，请务必保证晚上硬卧离蓉。

另：此团 4 月 20 日、4 月 21 日宿嵋峨山大酒店，4 月 22 日晚宿成都大酒店，请代订标间 16 间加一床和全陪房一间。正式计划及旅客名单后发。

谢谢合作，祝贵公司昌盛。

上海××旅行社

业务部王××

2007 年 3 月 15 日

2. **地接社确认**（参考范本）。

上海××旅行社业务部王××先生：

贵社发来的 SSS－C－060418 团一行 33＋2 人（中宾）预报收悉，已按计划订妥 4 月 23 日（周一）上午去重庆的 N880 次硬卧 35 张，并订妥指定酒店。请早发名单。

谢谢关照。

成都××旅游公司
计调部张××
2007 年 3 月 18 日

3. **计划变更**（参考范本）。

成都××旅游公司计调部张××小姐：

我社组织的 SSS－C－060418 团一行 33＋2 人（中宾）原订 4 月 18 日乘 K282 次列车赴成都，现因出票出现问题，名单上 3、4、9、10、13、14 六位客人及全陪改乘 4 月 19 日（周四）SZ4502 航班抵蓉，预计 13：55 达成都双流机场，请派车及导游接机，并安排食宿。

给贵社带来麻烦，请原谅，谢谢合作。

上海××旅行社
业务部王××
2007 年 3 月 24 日

4. **正式计划**（参考范本）。

情景：请你根据以上情况发送正式计划，并说明团款已预付 80%，差额全陪现付。

上海××旅行社

2007 发第×××号

成都××旅游公司、重庆××旅行社国内部及本社接待、财务各部门：

现将我社组织的 SSS－C－060418 团一行 33＋2 人（中宾）计划发给贵社，请贵社接计划后按约以内宾标准团接待。订妥车船票，按计划内容安排游览，并做好上、下站联络。如有更改，请立即通知我社及下站接团社。团款已按约预汇 80%。差额部分由全陪现付结清。此团系重点团，请各社予以关照。

谢谢，祝合作成功。

上海××旅行社
2007 年 4 月 15 日

附：日程（含每日活动安排、注意事项、各站联络方法）

名单（含姓名、性别、年龄、职业、身份证号码、注意事项等）

5. **再确认**（参考范本）。

情景：在团队出发前24小时内，作业人员还应对计划进行最后的再确认，以保完全。如有突发情况，要第一时间发出紧急通知。如，该团27、28两位客人因亲属生病不能随团旅游，组团社发出紧急通知。

紧 急 通 知

成都××旅游公司、重庆××旅行社国内部、武汉××旅行社国内部及本社接待、财务各部门：

非常抱歉，我社组织的SSS－C－060418团名单中的27、28两位客人因亲属生病不能随团旅游，请取消这两位客人的一切车船票及住房。请各社关照，尽量减少损失，如产生必需之费用，由我社承担。

谢谢，不便之处请谅解。

上海××旅行社
业务部王××
2007年4月17日

6. 情景：你是成都××旅游公司接待部经理，委派导游员李××接待该团。请根据上述情况填写派团单。

×××旅行社派团单

编号：__________

__________同志：

兹委派你担任__________旅行社__________团导游接待工作，此团行程为__________，共__________人，请做好准备，尽职尽责完成导游工作。

导游证号：______________

签发人：______________

有效期：______________

联系电话：______________

__________旅行社（章）
年　月　日

7. 假如你是导游员小李，请介绍你接团的准备情况：前往车站接该团的过程是怎样的；在旅游巴士上，对游客作一段欢迎词（含自我介绍）；到达酒店后，请对酒店作一简单介绍；接待结束后，对客人作一段欢送词。

8. 假如你是上海××旅行社质量部经理，要对该团旅游情况进行调查以了解服务质量，请设计一份宾客意见征询表（见表5－1参考范本）。

表 5－1

<table>
<tr><td colspan="3">__________旅行社游客意见征询表</td></tr>
<tr><td colspan="3">感谢各位公司贵宾参加本公司所承办之旅游活动，如蒙不弃，敬請赐教。请就您的满意程度加以勾选。</td></tr>
<tr><td colspan="2">旅游线路名称及日期：</td><td>线路名称：__________
旅游起止日期：　　年　月　日至　　年　月　日</td></tr>
<tr><td colspan="2">行程安排</td><td>□非常满意　□很好　□尚可　□差　□非常不满意</td></tr>
<tr><td rowspan="2">交通工具</td><td>旅游巴士</td><td>□非常满意　□很好　□尚可　□差　□非常不满意</td></tr>
<tr><td colspan="2">说明：</td></tr>
<tr><td colspan="2">驾驶员服务</td><td>□非常满意　□很好　□尚可　□差　□非常不满意</td></tr>
<tr><td colspan="2">本社导游素质</td><td>导游姓名：　　　　女士/先生
□非常满意　□很好　□尚可　□差　□非常不满意</td></tr>
<tr><td colspan="2">娱乐活动</td><td>□非常满意　□很好　□尚可　□差　□非常不满意</td></tr>
<tr><td colspan="2">饭店住宿</td><td>□非常满意　□很好　□尚可　□差　□非常不满意</td></tr>
<tr><td colspan="2">膳食安排</td><td>□非常满意　□很好　□尚可　□差　□非常不满意</td></tr>
<tr><td colspan="2">地接社导游服务</td><td>□非常满意　□很好　□尚可　□差　□非常不满意</td></tr>
<tr><td colspan="2">填表单位：（公司章）</td><td></td></tr>
<tr><td colspan="2">填表人（签名或签章）</td><td></td></tr>
</table>

说明：敬请赐教，请将此表填写后密封，交于随团导游，以利建档改进，不胜感激！

每季度我们将从游客填写的意见征询表中抽出两位幸运游客，赠送价值500元旅游一次。

本公司地址：　　　　　　　　　　邮编：

售后服务电话：　　　　　　　　　售后服务 E－MAIL：

随时欢迎您为我们的服务提出宝贵意见。

9. 该团每人团费3 000元，营业税8%，实际为每位游客支出2 500元/人，部门提成为提成前毛利的40%。请对该团进行结算，求出：

（1）应税收入是多少？（2）营业税金应缴纳多少？（3）部门提成是多少？

10. 旅游团操作完成后，要对档案进行留存，请列举存档的主要内容。

11. 有客户致电要求传真一份该产品的报价单，请你撰写一份，以便为客人传真（参考范本，可以适当简化）。

北京××旅行社

华东六市新景＋水乡报价单

出发地：北京

联系人：××

目的地：上海、南京、无锡、苏州、杭州、常州

电话：

Email：

地址：

行程 7 天（以下价格和行程以旅行社最终确认为准！）

D1、D2、D3、D4、D5、D6、D7（具体内容略）

价格：单飞，三星班，1 880 元/人；双飞，2 180 元/人。

住宿：全程三星/同级酒店，另安排一晚五星酒店。

交通：

单飞：北京—上海火车、南京—北京飞机。

双飞：北京—上海飞机、南京—北京飞机。

费用包含：

1. 交通：往返程机票、火车票。
2. 景点间交通：当地全程空调旅游车。
3. 住宿：全程三星同级酒店，另安排一晚五星酒店，如遇单人单房，导游有权合理调配；若补单房差为 500 元/人。
4. 门票：上述行程中景点第一大门票（无自费景点）。
5. 餐饮：提供 5 早 10 正（八菜一汤，十人一桌，赠送风味餐：南京盐水鸭、无锡酱排骨、杭州西湖醋鱼）。
6. 导游：华东当地优秀导游陪同旅行，进行讲解服务。
7. 旅行社责任保险。

费用不包含：往返机场建设费、燃油费。

参加须知：

1. 火车团报价暂以普快计价，因交通部门运力紧张，遇特殊情况，在确保团友顺利往返的情况下，我社有权调整车次或航班，请客人届时按实际车次现付差额；飞机团出发前请带好身份证（儿童需带户口本正本）。
2. 根据我社所出机\车票时间，在不降低服务标准、不减少景点的前提下，我社保留对景点先后顺序做出调整的权利；因航班调整或飞机延误，我社不承担责任，但会积极配合后续之团队接待及游程调整工作。
3. 因客人自身原因或人力不可抗拒因素造成的行程延误、变更或景点不能游览，损失由客人自理。如客人持老年证、军官证等可减免门票的证件，门票按旅行社折扣价退还，赠送景点门票不退。行程中住宿若出现单男单女，我社导游有权进行调配，或安排三人间，或加床，单人单房客人需自补房差。
4. 上述计划行程为参考行程，最后确定行程以出团通知书为准。

特别说明与注意事项：

线路特色：全程无强制自费景点，游览内容充实，印月当空，佳节好去处——华东五市＋山城水乡常熟和江南古镇水乡的完美结合。让您逍遥水乡人家，吟风赏月，独家安排五星级标准住宿一晚，让您的黄金假期享受至尊贵宾的生活。秀色可餐的安排让您感受鱼米之乡的美味（九月蟹黄膏肥的大闸蟹和灵隐寺素月饼）；“中秋佳节倍思亲　太湖水畔叙天伦”——赠送鼋头渚太湖国庆烟花大会观赏券（价值 150 元/人）。

四、案例分析

1. 实训专题：旅行社细节服务。
2. 课时：0.5 学时。
3. 目的与要求：培养全过程细节服务的意识。
4. 训练方式：课堂案例分析。
5. 实训条件：案例。
6. 实训内容：阅读案例，就以下问题展开讨论：

（1）以上都是关于旅行社门市服务的小案例。仔细阅读，说一说这三个案例各自说明什么问题？

（2）以下案例一和案例二、案例三反映的问题有何不同？

【案例一】 周末，某小姐到本市繁华的商业街购物，因为穿的是新买的高跟鞋，脚后跟被磨破了，她顺路走进了附近的一家旅行社门市部，她的本意是想问一下有没有创可贴之类的东西应急。

工作人员为她倒了一杯水，她坐在那里看了几个线路介绍的资料，又跟工作人员随便聊了几句，最后她实在不能忍受脚痛带来的痛苦，就问道："不好意思，我的脚磨破了，你们有没有创可贴?"工作人员回答："那一定很疼吧？可能是穿新鞋比较辛苦的原因。但实在不好意思，我们这里没有创可贴。"某小姐只好无奈地走出了旅行社门市部，准备继续前行。她走了几十米后，门市部的一位工作人员又追了上来，说："不好意思，这里有两片创可贴，是我们一位同事前两天用剩的，他刚刚想起来，就赶紧给您找，果然找到了，赶紧贴上吧。"

某小姐喜出望外，连声道谢。

【案例二】 一位中年游客到某旅行社门市，准备预定"十一"黄金周期间上海到北京的机票。

门市工作人员问："几张?"

中年游客："就一张。"

门市工作人员不冷不热地说："就一张啊，不做。"

中年游客有些不悦："为什么，一张票也是生意呀。"

门市工作人员不耐烦地说："我们忙不过来。"

门市经理赶紧过来解释说："黄金周期间机票供应紧张，我们拿到的机票折扣和航空公司的一样。"

【案例三】 王先生走进某旅行社门市，发现工作人员正在忙于案头工作，过了5分钟也没有人搭理他，李先生自己拿起一份云南昆明豪华9日游的线路宣传资料看起来，有位门市接待人员冷不丁的说了一句："这条线路很贵的"，然后用异样的眼神瞅着王先生。

王先生很生气地离开了这家门市，朝附近另外的旅行社门市走去。

五、案例分析

1. 实训专题：旅行社售后服务。
2. 课时：0.5 学时。
3. 目的与要求：了解旅行社售后服务。
4. 训练方式：课堂案例分析。
5. 实训内容：阅读案例，就以下问题展开讨论：

（1）案例中的中旅和星远两家旅行社在售后服务方面分别有何做法？

（2）你认为旅行社还有哪些售后服务形式？

旅游售后服务有多少？

旅游产品是什么？是旅游者花钱、花时间、花精力所购买的一种旅游活动或旅游经历。

旅行社推出一个旅游产品后，是不是做好“游前”、“游中”的服务就好了呢？答案当然是否定的。有人说，旅行社推出的旅游产品中，景点线路是属于景区管理部门的，订的房和票属于酒店和交通部门，具体的东西都各有归属，惟一属于旅行社的则是抽象的服务，它是一个旅行社的立命根本，尤其是售后服务，从理论上说，做好“游前”、“游中”服务是本分，做好售后服务则更显重要，它是旅游服务的一种延伸。做好售后服务，一方面，能使旅客现身宣传，从而达到以老客带新客的目的；另一方面，则可采纳旅客一些合理化的意见和建议，从而使旅游产品设计更趋针对性。

但如何才能使空泛的售后服务具体可感、可用，为旅行企业带来真正的效益？

昨天，记者采访×市中旅和星远两家旅行社。据中旅出境部经理陈捷介绍，该社专门设有质量办公室，负责维护旅行社自身服务质量。他们主要通过对旅客的档案管理，随机抽样，通过短信、电话回访（偶尔也做上门访问），采集旅客的意见和想法。在地接团中，通过在旅游过程中发放意见征求书，搜集对住宿、吃、景区、导游等方方面面的评价，从而对一些合理意见加以采用。据了解，目前该社在设计旅游产品时，有三成左右意见来自售后服务搜集的意见。但这样的售后服务因为人手紧张，一般只有在淡季才会实施。

星远旅行社施雪峰告诉记者，售后服务对于旅行社很重要，它是巩固老客源、发展新客源的主要手段。从上一年下半年开始，星远制定外联部承担最重要的售后服务，并直接由总经理管理。通过外联部，星远对50%的游客发放意见反馈表、电话回访、上门访问等；同时每逢节假日则向老客户发送祝福和礼品。目前，通过这样逐步完善的售后服务，已经达到一定的效果，老客户巩固率较高，不少客户主动找上外联部的人，要求旅游，并对旅行社自身质量提出很多中肯的意见。

尽管×市大部分旅行社都已意识到旅游产品售后服务的重要性，但从目前的情况看，一些实力较强的大型旅行社企业所做的售后服务只限于电话回访和抽样登门回访，且回访的内容也并不像有些人说的，能对顾客的期望加以引导，能对顾客的消费行为加以管理，对顾客档案管理细致到能为顾客提供个性服务。要完善旅游产品的售后服务，既存在理论向实际转化的困难，又存在成本方面的困难。

旅游产品售后服务的完善任重道远。不是所有的旅行社都可以做的，也不是所有的旅行社都做得好的。如果不能充分发挥售后服务的作用，只是为了跟风，甚至是让旅游管理部门看见自己有这一套工序，就大可不必了。

六、专题讲座

1. 实训专题：旅行社业务操作流程。
2. 课时：2 学时。
3. 目的与要求：了解旅行社业务操作实务。
4. 训练方式：专题讲座。
5. 实训内容：邀请当地有较大影响的旅行社计调经理或其他管理人员举行专题讲座，为学生介绍该社组团、接团等业务流程，组织学生进行交流座谈，谈谈对该社操作流程的认识。

第六章

旅行社质量管理

实训目的

□ 了解旅行社质量管理的重要性
□ 掌握旅行社质量管理的基本方法

模块一　基础知识

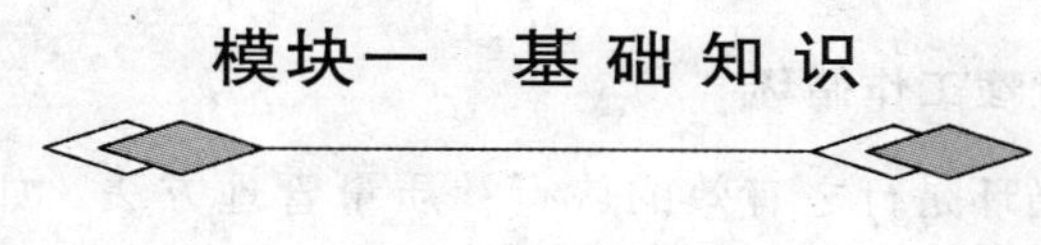

专题一　全面质量管理

一、全面质量管理（TQC）的含义

全面质量管理是指旅行社产品质量决定于生产服务的全过程：市场调查、产品设计、制定标准、制定计划、执行及过程控制、检验、销售、服务及信息反馈管理等环节的螺旋式上升过程。

二、全面质量管理内容

1. 产品设计和开发中的质量管理。
2. 开展售后服务。
3. 建立质量管理信息系统。
4. 开展质量宣传活动，成立专门机构，提高质量意识。

三、全面质量管理的方法

1. 制定服务质量标准。基本内容包括：

（1）制定内容丰富、路线合理、劳逸适度的旅游计划，这是保证产品质量的前提条件。

（2）保证旅游计划与日程的顺利实施，不擅自耽误、删减游客的游程。

（3）按质按量地提供旅游计划预定的各项服务，特别是保证住宿档次、餐饮质量、车辆规格、导游服务水平等。

(4) 保证旅游者人身及财产安全，保证其合法活动不受干预，个人生活不受干扰。

(5) 服务人员不仅要有良好的文化素质和服务技能，还要有高尚的职业道德、超前的服务意识和良好的服务态度，为游客创造宾至如归的旅游氛围。

2. 合同约束。对旅行社采购的行、住、食、游、购、娱等服务要素，必须有完善的合同来保证质量。旅行社应该严格选择、定期筛选，必要时更新服务供应商。

旅行社与游客之间也应该签订严格的旅游合同，约定旅游服务供需的各方面，使之有据可依。

3. 避免不确定性。旅行社对无法控制、容易出现问题的环节应尽最大努力加以避免，如交通运力紧张、住宿供给不足、严重交通事故等。

4. 补救措施。对可能发生的严重质量问题，尤其是重大问题，旅行社应该制定应对预案，在出现问题时，第一时间开展善后补救工作，并总结经验教训。

5. 信息反馈，监督控制。旅行社要善于捕捉来自内部、顾客、行政管理部门、媒体等各方面有关旅行社质量问题的信息，对这些问题要迅速查清事实、分析原因，并及时处理和答复。旅行社要经常对服务过程与员工进行监督检查以保证服务质量，坚决杜绝服务过程中的违纪现象。

四、PDCA 质量管理工作循环

PDCA 质量管理工作循环是行之有效的旅行社质量管理方法，如图 6－1 示。其内容主要有：

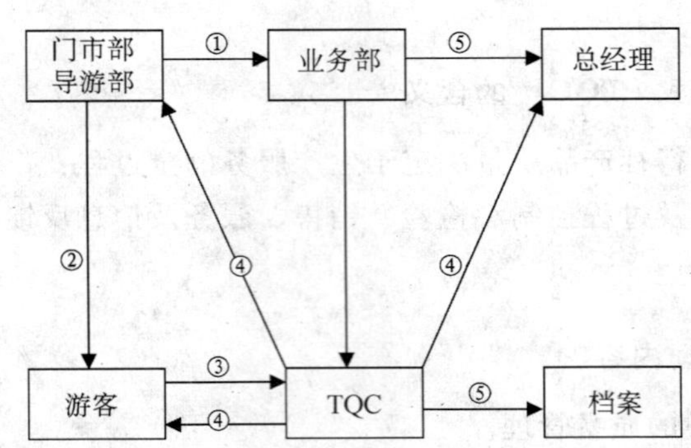

图 6－1　旅行社质量管理 PDCA 循环

1. 制定质量管理的计划、确定方针和目标。

2. 按照计划去执行和实施。

3. 按照计划的要求检查实施过程中存在的问题及原因。

4. 进行处理，肯定成功的经验，并对存在的问题落实解决的措施，为下一期计划提供信息资料。

5. 包含了计划和处理，体现了总经理直接负责质量的重要地位，在质量管理的重大决策中行使指令，掌管质量管理工作的运转。

旅行社质量管理的 PDCA 循环中，四个阶段始终处于周而复始的循环状态，每次循环不是简单的重复，而是通过每一个循环，就将质量管理工作的水平提高一步，呈现出螺旋形上升的运动过程。

五、当前我国旅行社提高服务质量的主要途径

1. 从提高人员素质入手，提高思想认识和业务水平。
2. 贯彻物质利益原则，奖勤罚懒，优胜劣汰。
3. 改善旅游设施，提高设备的现代化水平，改进硬件产品。
4. 开发新的旅游资源，增加旅游服务项目。
5. 建章立制予以保证。
6. 进行软件创新，提高管理水平。

专题二 旅游投诉的处理

旅游投诉，是指旅游者或旅游中间商因其自身或他人的旅游合法权益受到侵害而向有关方面提出投诉，请求处理的行为。

一、旅游投诉产生的原因

1. 旅游服务部门的原因。

（1）旅游交通方面：抵离时间不准；途中服务质量低劣；忽视安全因素。

（2）旅游住宿服务方面：设施设备条件差；服务技能差；服务态度差；卫生条件差。

（3）旅游餐饮服务设施方面：菜肴质量低劣；就餐环境恶劣；服务态度差；服务技能差。

（4）其他旅游服务部门方面：游览景点；娱乐场所；购物商店。

2. 旅行社自身的原因。

（1）旅游活动日程安排不当：活动内容重复；互动日程过紧；活动日程过松；购物时间过多。

（2）接待人员工作失误：擅自改变活动日程；不提供导游服务；造成各种责任事故；服务态度恶劣。

二、旅游投诉的预防

1. 加强旅行社质量管理。

（1）产品质量管理主要有：

①产品设计质量：旅游线路安排是否合理；产品内容是否符合旅游者的需要；交通工具能否得到切实保障；游览项目有无雷同。

②产品销售质量：产品销售价格是否合理。

③产品促销质量：必须实事求是地促销，如向旅游者介绍产品的内容。

（2）采购质量管理：旅行社对饭店、餐馆、交通部门、游览景点、娱乐场所、购物商店、接待旅行社等单位的服务质量实施监督和管理。

（3）接待质量管理：旅行社对接待质量的管理主要集中在以下三个方面：①服务态度

的管理；②导游讲解水平的管理；③业务能力的管理：日常旅游接待能力和处理各种突发事件的能力。

2. **旅行社质量教育。**

（1）质量意识教育：确保旅行社员工提供高质量的旅游服务的先决条件。

（2）职业道德教育：使员工树立正确的职业道德观念。

（3）法制教育：使员工能够在旅游接待过程中，运用法律武器保护旅游者的合法权益，制止各种侵害旅游者合法权益的行为，切实保障旅游服务质量。

（4）业务知识教育：提高员工的知识水平和业务能力，使他们能够在旅游服务过程中向旅游者提供高质量的服务。

三、旅游投诉的处理

旅行社处理投诉应该做到以下两点：

1. **了解旅游者投诉的心理：**（1）要求尊重的心理；（2）要求发泄的心理；（3）要求补偿的心理。

2. **旅游投诉的处理程序：**（1）倾听投诉应做到：端正态度；认真倾听；头脑冷静；（2）询问情况；（3）调查事实；（4）进行处理；（5）答复处理结果；（6）记录存档。

模块二　实训与练习

一、情景模拟

1. 实训专题：旅游消费中的质量问题。

2. 课时：1 学时。

3. 目的与要求：了解旅游消费中常见的不规范现象，掌握处理此类问题的基本方法。

4. 训练方式：情景模拟，分组讨论。

5. 实训条件：情景模拟剧本。

6. 实训内容：同学分角色扮演剧本内容，通过情景模拟，就以下问题展开讨论：

（1）情景模拟中提到了哪些常见的不规范现象？

（2）你认为旅行社应如何采取措施尽量避免这些问题的发生。

【情景模拟剧本正文】

这两天身边的好多同事都在盘算着“五一”去哪儿玩，毕竟长假 7 天，机不可失啊。可一说到旅游，同事们立刻分成了两个阵营，一边说，当然是找家旅行社，吃、喝、住、行、玩全都安排好，自己就尽情享受吧；另一边却说，还是自助游好，自己想怎么玩就怎么玩，不必被旅行社牵着鼻子走，一不小心再被骗了，生一肚子气回来，得不偿失。你看看，这旅行社都让大家落下病根了，那些无良旅行社到底会设下哪些陷阱，今天我们就来一一揭穿，好让您心明眼亮旅行去。

旅游陷阱第一幕：文字游戏

旅行社工作人员：“西安游组团报名啦，坐的是豪华大巴，住的是星级酒店，每顿饭都有八菜一汤，快来报名了啊！”

游客：“大巴有冷气么？”

旅行社工作人员：“有！”

游客：“我报名。”

游客：“这就是豪华大巴？冷气呢？”

某小胡同里的小招待所，名字叫“星级酒店”。

餐桌上，八菜一汤，都是迷你型。

【正文】 这旅游陷阱第一幕就是那些骗子旅行社的常用伎俩，先用各种花言巧语让你报名，倘若你真的被他们忽悠得上了当，一脚踏进了他们设下的陷阱，就别指望这次旅游能有什么好心情了，这不又出事儿了。

旅游陷阱第二幕：景点“缩水”

游客：“今天去哪个景点？是这传单上的大雁塔吗？”

导游：“大雁塔？大雁塔歪啦，不能去了，再上人就倒了。”

游客：“啊？那兵马俑呢？”

导游：“张艺谋在那儿拍戏呢，包场了，不能去不能去。”

游客：“……那能去哪儿啊？”

导游：“好不容易来一趟，我带你去一地儿，准保你没去过，西安的特色。”

【正文】 旅游服务项目打折、缩水是“黑导游”最常用的手法之一，他们领团之后，往往不按照接待计划安排行程，甚至擅自减少旅游项目，不过他们一般不会明说，而是编造一些借口，比如：下雨、下雪或天色已晚等理由来搪塞消费者。

【专家提醒】 签合同的时候，一定要注意交通、住宿、购物、自费项目这几个问题。另外当地的导游用车，是不是都是正经的旅游车，是空调车还是非空调车，一定要说清楚，因为游客不是非常了解旅游这个程序，往往签合同的时候，听旅游公司一些业务人员介绍这个地方怎么怎么好，一动心就去了，往往忽视了合同的重要性，合同签得比较粗一些，有一些消费的环节不是非常清楚，包括一些标准也不是非常清楚，这就造成了游客出去旅游生一肚子气的现象。

【正文】 如今翻看报纸中五花八门的旅游广告，有些国内游、出国游的团费低得简直令人难以置信，超低价格不免让人心动，殊不知这正是旅行社布下的又一陷阱，团费中没有赚头了，这堤内损失就得让你堤外补。

提示

现在的旅游操作很多地方都是低于成本操作的，旅行社靠什么盈利呢？很多旅游目的地的旅行社都是靠导游自己的水平去返还利润来盈利，导游想方设法的使游客多买一些物品，使商店多返佣金。

旅游陷阱第三幕：异地购物

导游：“这里是西安最大的珠宝玉器店，里面的货品真是物美价廉，同样的商品在北京要贵出好几倍呢，这么好的机会可别错过呀！”

售货员："你们是哪里的？"

游客："我们是北京人。"

售货员："真的吗？我们老板也是北京的！"

老板："我有很多矿，珠宝的、钻石的，本人祖籍就是北京的，家住西城区狗耳朵胡同，现在那儿还有一套老宅呢，我这人见着家乡人就觉得亲，今天既然碰到了，我做东，店里所有的货，都按成本价，随便看！"

游客："老板，这个镯子多少钱？"

老板："这块玉的成本是多少？"

售货员："500 元。"

老板："收 450 元，我来签单！"

游客："这个红宝石项链呢？"

老板："小姐好眼力，这标价 6 000 元的红宝石项链是今年的最新款，我也只收个成本价，2 600 元。"

游客："那这个钻戒最低多少钱能卖啊？"

老板："这个 13 000 元的男式钻戒，如果你真喜欢，我咬咬牙，5 000 元给你。"

游客："这么便宜！"

转场：旅行归来。

游客朋友："哎，听说你这次旅游买了不少好东西，正好我有一个朋友是搞鉴定的，不如你拿去让他看看？"

游客："好啊，我也正想找人帮我看看呢。"

鉴定员："这个镯子，是最次的地摊儿货，几块钱的东西。这项链嘛，也是假的，根本不是红宝石，是玻璃啊。这钻戒就更不用说了，是锆石的，根本不值什么钱！"

游客："啊？我花了 8 000 多块呢。"

【正文】 8 000 多块买了一堆不足百元的破烂儿，这事让谁摊上都够搓火的。出门旅游一趟，回来总要给亲戚朋友带点纪念品或土特产，而导游也正是利用了游客的这种心理，把游客带到那些能拿回扣的商店；有的"黑导游"还故意延长购物时间，甚至采取不购物就不离开的办法，敲游客的竹杠，我的一个朋友为此练就了一套"金钟罩、铁布衫"的功夫，任凭你导游说得天花乱坠，我就是什么都不买，可是真要买点东西，这旅游购物有什么技巧呢。

【专家提醒】 出门在外当地的纪念品价格不是很贵，但是这个东西买回来做一个留念，或者一些小礼物送给亲戚朋友很正常。如果非常昂贵的翡翠、钻石等等，我觉得不必要非得旅行时候去买。有的时候购物商店通过一些宣传的方法，或者一些保健品会说的天花乱坠，对人身体有这个或者那个好处，使游客产生一种冲动的心情，不自觉的购买这些产品，回来以后，一看这个产品也没有太大的用处，不是生活必须要用的，这种现象。

【正文】 业内人士的建议是：花少量的钱，买一些价格便宜的纪念品，比如这个，就是我上次去云南时买的，十几块钱，很有民族特色，又有纪念意义，而对当时导游大力推销的云南神药，我就没有心动。外出旅游难免会遇到一些不愉快的事，在这儿提醒您，有备而行，保护好自己的权益。

提示

像黄金周期间，很多事情都是旅行社不好控制的东西，包括人多也是一个要素，人多、吃饭吃不好，两人间并成三人间也是有的。出现这些问题，游客一定要保护好自己的协议、发票这些证据或者是降低标准的证据，这需要游客提一些书面的东西，比如说我们经常所说的“有团队餐，八菜一汤的标准”，一般的标准餐都是10人一桌，八菜一汤，盘子都是比较大的，是1尺2寸的盘子。有的可能是盘子大，但是菜量非常小，有的或者是盘子非常小，有的比如说四荤四素，有的基本上都是素菜，一个是让游客写哪顿餐，在什么餐厅，用的是什么、什么时间、几月几号、是中午还是晚上，最好把这些餐的照片照下来，这样投诉的话，也是一种证据。

【正文】 业内人士透露，在投诉的旅游者当中，有很大一部分就是因为缺乏足够的证据而败诉，因此搜集和保留证据也是相当重要的，比如：您在外地购买到了假冒伪劣产品，只要留有发票，不但能够挽回自己的损失，还可以要求索赔，从而做一个聪明的消费者。

【正文】 “五一”黄金周，正是家人团聚出门用餐的黄金时段，在外用餐本来就图个轻松愉快，可让人倒胃口的事也是接连不断。下面的两个片断就是观众向我们提供的，这是他们在吃完饭结账时的真实场景。

客人：“酒吧部分100元，是酸奶，多少钱一瓶？20元。哇，好贵啊，怎么不说呢？比菜价还贵。”

服务员：“这种奶你到商场也要十几元一盒。”

客人：“哪儿用呢？几元钱一盒。13元的是大瓶的。”

服务员：“我们取货都要12元一瓶的。”

客人：“真是暴利。”

服务员：“是的，一瓶赚你8元，老板也是这样说的。”

【正文】 这是广州郊外一家新开的大型海鲜酒家，餐馆外面停满了来吃饭的小车，这里的老板为了招徕顾客，不惜下重本在大堂里摆设了名贵房车作展览，经营场地上十万平方米，不少人就是冲着这阵势来尝鲜的。

客人：“我看看结算单，茶位这么贵？15元啊？这里为什么海鲜还要收加工费？”

服务员：“因为这里的海鲜都是黄沙鱼档承包的，直销价。”

【正文】 说是海鲜直销，却还要另收加工费，这里的基围虾是18元一斤，比广州各超市卖的要贵六七元，加上13～23元的加工费，这个基围虾可是比任何的海鲜酒家都要贵得多啊，再加上茶位费奇贵无比，难怪这位顾客不好接受啊。

其实面对店家的这些小伎俩，大多数顾客都是一笑了之，或者无奈地骂几句就算了。殊不知，这样的“无所谓”却给这些投机经营者带来了可乘之机。

【正文】 要说餐饮中的陷阱也是比比皆是，看看下面易小姐这顿饭吃的，真是防不胜防！

易小姐今天很高兴，约了几个朋友外出吃饭。照例，先点上几道常规的菜，对于特价菜，当然更是青睐有加。

客人："有什么招牌菜？"

服务员："尝尝我们的招牌鸡，来一只。"

客人："要一些小炒。"

服务员："我们有特价小炒，18 元。"

客人："卤水拼盘来一个、鹅掌来一个，还有什么好的介绍一下？"

服务员："试一试我们的海鲜，很新鲜的。"

客人："那我们出去看看。"

广东人吃饭都喜欢到海鲜池点新鲜的鱼虾蟹，这样感觉过瘾又实在，易小姐当然也不例外。

服务员："多宝鱼吧，128 元一斤。"

客人："好贵啊。"

服务员："不贵了，那就福寿鱼吧，20 元一斤，黄鳝呢。"

客人："太阳鱼吧，要两斤，有虾吗？"

服务员："有，很新鲜的，麻虾吧。"

客人："要麻虾。"

【正文】 点完菜，剩下的就是厨房的事儿了，客人是不能进厨房的，餐厅也不会允许，何况到外面吃饭图的就是个省事，还可以有时间与朋友聊聊天。

服务员："今天很多女士，尝尝我们的酸奶吧，美容酸奶。"

【正文】 饮料是餐饮业的暴利项目，他们是不会放过这个机会的，特别是对于那些请客吃饭的，更是不好谢绝。

客人 1："小谭，吃鱼吧。"

客人 2："很新鲜啊。"

客人 1："尝尝，唉，我们刚才点的鱼是两斤吧，怎么左看右看都不像两斤，像减了肥似的。"

客人 2："对啊。可能是被骗了。"

客人 1："大鱼变小鱼，叫他们进来问问。"

服务员："小姐，有什么要帮忙吗？"

客人："我们刚才点了鱼是吧？"

服务员："是啊。"

客人："这条鱼多少斤？"

服务员："两斤啊。"

客人："我怎么看都不像两斤。"

服务员："有两斤了，连水一起蒸起来差不多两斤了。"

客人："我发现在海鲜酒楼买鱼，一定要看着他称，如果有可能的话我要在鱼的身上做个记号，我看这条鱼绝对不是刚才那条。"

服务员："我们一定会给你打折的。慢慢吃吧。"

【正文】 这可是餐厅惯用的手法，一方面，餐厅好像有诚意让步了，另一方面消费者的面子也挽回了，消费者的气也消了，其实这可是缓兵之计。

服务员："你好，哪位买单？多谢！588 元。"

客人："鱼打折了吗？"

服务员："打了。"

客人："好贵啊，不如看看结账单。豆腐不是28元吗？怎么变成48元呢？"

服务员："我看你们人多，给你们上了一个中盘。"（陷阱一）

客人："我没有说呀。酸奶40元啊？"

服务员："一般酒楼都如此。"（陷阱二）

客人："外面卖才10多元。对了，茶位，外面不是写着2元吗？"

服务员："哦，2元是早茶，晚上都是5元的。"（陷阱三）

客人："这个菜都没有上，小炒东山羊，没有上啊，你们说没有的嘛。"

服务员："好的，给你们删掉。"（陷阱四）

客人："这些是你们上次给的赠券。"

服务员："只能用一张。"

客人："为什么？"

服务员："因为消费满500元只能用一张。"（陷阱五）

客人："没有写啊。"

服务员："写了，您看。"

客人："字太小了，没有注意。"

服务员："我先去买单吧。"

客人："我发现你说什么他都有道理，我怎么觉得这顿饭都偏贵，那么小食物和纸巾还不知道算了你多少钱？我看了，纸巾两块，小食物8块。现在都是这样的，比如，你看见100元，以为很便宜，其实旁边还有一个很小的'起'字，这种消费陷阱真是要当心！如果消费者很精明的话，酒楼就会让步，如果你要面子的话，那你就只能这样啦。"

资料来源：《城际特快》，精华刊05—18期；北京电视台财经频道，2005年4月30日。

二、案例分析

1. 实训专题：旅游投诉。

2. 课时：1学时。

3. 目的与要求：掌握处理投诉的基本方法。

4. 训练方式：案例分析。

5. 实训内容：通过阅读案例，讨论旅游质监所与法院的判决为何不同，你认为该赔多少？

案例

出境合同引纠纷，该赔多少？

2003年12月22日，赵某等8人在某旅行社签订出境旅游合同，约定2004年1月22日至2004年1月28日7天6夜的泰国（曼巴普）旅游。客人完成旅游返回后，向旅游质监所提出投诉，理由如下：

1. 投诉旅行社提供的旅游服务与行程安排不符。

在签订合同前旅行社向客人出具的行程上显示：1 月 26 日当天的活动为“下午返回市内，晚上自由活动”。在出团说明会上旅行社向客人出具的最终行程同样写明当天活动“下午返回市内”。但由于下午领队将客人带往酒店，而该酒店距市区有一个多小时车程，适逢春节旅游旺季，导游和领队解决不了交通工具，客人无法到市内活动。

2. 投诉旅行社安排的酒店不具备基本的住宿条件，违反了合同约定的入住标准。

合同签订前旅行社向客人出具的行程上显示 26 日入住的酒店是“三星酒店或同级”，而在出团说明会上最终行程显示 26 日入住酒店是“P 酒店或同级”。

游客投诉称，该酒店无外窗，洗浴条件简陋。没有达到旅行社向客人出示的最初行程中之“三星或同级”的标准。

3. 投诉导游无基本的服务。

客人称普吉当地导游行程中无讲解，该导游不具有导游资格。

经旅游质监所 2004 年 5 月 13 日出具处理意见，旅行社补偿每位游客 340 元。赵某等 8 人不接受该处理结果，于 2004 年 12 月起诉至法院，诉请旅行社赔偿每人 2 000 元。

法院经过开庭审理后，做出旅行社赔偿每位原告 500 元的判决。

资料来源：《中国旅游报》，2006 年 8 月 28 日。

三、案例分析

1. 实训专题：旅游投诉处理。
2. 课时：1 学时。
3. 目的与要求：掌握处理投诉的基本方法。
4. 训练方式：案例分析。
5. 实训内容：阅读案例，假设你是旅游局质检所负责处理该投诉的工作人员，你该如何处理？

王先生等18名旅游者与北京某国际旅行社签订了赴云南昆明、大理、丽江双飞六日的旅游合同。于 2006 年 1 月 28 日乘飞机抵达昆明，29 日游览了昆明的景点。30 日乘大巴前往大理旅游，旅行社没有按行程安排乘船游览洱海，却安排 2 月 1 日游览大理古城，后乘大巴抵达丽江，当晚入住酒店。31 日当游客准备前往玉龙雪山游览时却被告知玉龙雪山因大雪封山而不能游览。对此，导游既不及时通知也不做行程的调整，而是要求大家重游丽江古城。遭到拒绝后才带大家去了一家购物店。尔后按行程安排乘大巴返回大理，当团队下午 3：30 到达大理时竟无导游接团，经与多方联系，6：30 时导游才来。整个大年三十没有游览一个景点。旅游者精神上倍受打击，根本无心过年，此时导游又告诉大家明日船游洱海的行程取消，因此，遭到了大家的强烈反对后才不得已安排了2月1日上午船游洱海，午餐后乘大巴返回昆明。晚8：15时到达昆明，昆明的导游安排夜游翠湖并通知返程时间为2日早8：40时。由于旅行社安排得不合理，再次遭到大家的强烈反对，要求昆明旅行社按合同完成未完成的景点，当晚协商未果，2日早晨，导游未做任何解释的情况下，要求按预定时间返程。大家坚持要求昆明旅行社必须按合同完成未完成的景点（翠湖、花卉市场），否则就不登机。在滞留昆明期间导游带领大家游完未完成的景点，旅游者自理了中餐和晚餐。旅行社通知大家，若想回程，机票自理。面对旅行社这种欺诈行为，大家投诉到国家旅游局假日办，在他们的安排下经云南省旅游局出面协调使得大家回到北京。但此次云南之旅使旅游者身心受到了极大的伤害，因此要求：

1. 无条件退还丽江玉龙雪山封山不能游览的门票、索道等费用。

2. 赔偿由于旅行社的原因造成行程延误所产生的一切费用。

3. 对此次旅游不仅没有达到目的，而且身心受到伤害，旅行社要做出道歉并赔偿精神损失。

对此，旅行社辩称：

1. 游客称导游事先知道玉龙雪山封山不能游览却不及时通知他们，也不做行程调整，而是要求大家重游丽江古城一事。经核实，玉龙雪山30日晚下的大雪，当地旅行社是31日早接到的封山通知，不存在提前知道不告诉的情况。不能游览玉龙雪山又如何安排行程的问题，大家意见不统一（一部分游客想再去丽江古城），故导游没做统一安排，并未要求大家重游丽江古城。

2. 游客称团队到达大理竟无导游接团与事实不符。事实是大理接待旅行社在接到丽江旅行社关于团队提前返回大理的通知后就安排计调部经理张、蔡二人到酒店等候，接到游客后，安排大家入住。导游到达酒店安排客人用餐，而不存在让客人等待的情况。

3. 游客因没有游览完昆明的景点（翠湖、花卉市场），拒绝按预定航班登机返京而滞留昆明（此团18名游客中有9人滞留）。旅行社承担了滞留的房费，安排了翠湖、花卉市场的游览。但当通知游客自己承担回程机票费用时，他们不同意，随即投诉至旅游局。经云南省旅游局出面协调，旅行社又承担了回程机票费用并安排滞留的9名游客返京。游客回京后，我们退还了没有游览玉龙雪山的费用，因此我们不应该再承担其他赔偿。

资料来源：王宝忠，北京市旅游局质监所。

四、旅游投诉

1. 实训专题：旅游投诉处理。

2. 课时：1 学时。

3. 目的与要求：掌握处理投诉的基本方法。

4. 训练方式：案例分析。

5. 实训内容：阅读案例，回答以下问题：

(1) 游长城计划的取消究竟是不可抗力，还是旅行社违约？

(2) 这则声明是否具有法律效力？即这样的声明对游客是否有约束力？

案例

某旅行社组织20人去北京旅游。按照行程计划，到达北京的第二天游长城，但导游未与旅游者协商，擅自将游长城的行程改为第三天。但在第二天晚上，一场突如其来的大雪使旅游车无法去长城，游长城计划被迫取消。游客返回后，要求旅行社按照规定双倍赔偿长城门票，但旅行社只愿意原价退还长城门票，并拒绝赔偿。理由是旅游合同中已经做出声明：本公司在保证不减少行程的前提下，保留高速行程的权利。就是说，旅行社和导游都有高速行程的权利，而且团队出发前已被告知，游客已经知情；况且游长城的取消是不可抗力造成的，旅行社没有过错，所以旅行社不承担赔偿责任。

资料来源：黄恢月，浙江省旅游质监所。

五、情景模拟

1. 实训专题：旅游投诉处理。

2. 课时：1 学时。

3. 目的与要求：掌握处理投诉的基本过程。

4. 训练方式：情景模拟。

5. 实训内容：将同学们进行分组，A 组由 1 ~ 2 位同学扮演旅行社投诉处理人员，B 组由 3 ~ 4 位同学充当前来投诉的游客，事先必须进行必要的准备，比如 A 组同学必须熟知处理投诉的程序和相关法规；B 组同学必须明确投诉的原因和目的。经过必要准备后，在教室为同学们进行表演，老师和其他同学进行点评。

为了使练习更加充分，可以先进行一场分组对抗，把全班同学分为两组，交叉讲出产生旅游投诉的原因，沉默 5 秒钟仍回答不上来的一组算输一局，最后输的次数少的为赢。

六、案例分析

1. 实训专题：旅行社质量管理。

2. 课时：0. 5 学时。

3. 目的与要求：旅行社质量管理方法。

4. 训练方式：案例分析。

5. 实训内容：阅读案例，谈谈你的看法，说说还有哪些行之有效的质量管理方法。

“旅游卧底”上岗

近日，从1 000余名报名者中挑选出来的60名旅游行业暗访代表，接受了市消保委的专业培训，并将于今天展开行动：对旅行社提供的吃、住、玩、购、行等各项指标进行评判后，最终出具一份旅游业调查报告。市消保委表示，他们不惧“无间道”，今后将根据暗访代表出具的调查报告发布有针对性的消费警示、消费提示。

保密措施一　被访旅行社名单随机挑出

上海市消保委公开招募旅游行业暗访代表，受到市民的热烈追捧。10多天内吸引了1 000余名报名者，年龄最小的16岁，最大的72岁。由于报名人数太多，原定30人的招募名额最终确定为60人。在昨天的培训现场，暗访代表均对号入座，培训的内容主要是识别旅游中常见的陷阱以及侵权行为。

暗访代表内会否混入旅行社的“反卧底”？上海市消保委相关负责人表示，基本无此可能。据介绍，从60名暗访代表的职业构成看，有学生、公务员、职员、老师等，没有旅行社成员。此外，上海市消保委挑选的30家被访对象，是从上海900余家旅行社中随机挑选出来的，名单严格保密。

保密措施二　两人一组随机出发

培训会上，每一位暗访代表都收到了一个信封，内装暗访旅行社名字以及路线安排。市消保委相关负责人告诉记者：“名单除了组织者和暗访代表知晓外，不能告诉第三方。”暗访代表将两人一组加入旅行团，从今天至7月20日之间选择任何一天进行暗访。“暗访代表随机出发的方式会让旅行社无法防范。”

据悉，此次暗访没有安排境外游，而是兼顾外地长途游、上海近郊短途游，主要考察外地接地团、本地导游等各方面情况。对于暗访代表的旅游费用，市消保委将作为购买调查问卷的报酬予以补贴，如乘飞机出游，消保委将承担总行程费用的75%，乘火车、汽车出行的，将承担总费用的85%。

保密措施三　只需打勾不用发问

中学教师杨小姐担心地问：“如果提的问题太专业，比如问旅行社有没有资质，会不会‘打草惊蛇’，使得旅行社怀疑我们的身份？”对此，市消保委相关负责人表示，此次选择的评判指标没有一项需要“卧底”发问，暗访代表只需仔细观察就行。

记者仔细看了市消保委发放的这份“旅游服务质量监督情况表”后发现，其中列出的住宿、就餐、交通、景点等各项指标均采取了是与否两个选项，只需打勾，并不需要打分。市消保委相关负责人表示：“这主要是为了尽量将旅行服务中的问题客观地反映出来。”

资料来源：《新闻晨报》，2006年6月。

七、案例分析

1. 实训专题：旅行社质量管理。
2. 课时：0.5 学时。
3. 目的与要求：旅行社质量投诉处理。
4. 训练方式：案例分析。
5. 实训内容：阅读案例，谈谈你的看法。

2006 年 7 月 21 日，宋某报名参加某旅行社组织的黄山双卧 5 日游，在所附的行程表中约定的住宿及参观景点的标准分别为："山下住双人标间（独立卫生间），景点大门票（缆车 65 元/次，环保车 20 元/人）"，后因旅行社未支付缆车费用，遂以欺诈的名义，将旅行社投诉到质监所。

旅行社辩称，合同中并没有约定所缴纳的团费中包含缆车费用，旅行社在景点大门票后面，用括号将缆车及环保车的价格标出，是为了提示游客，是出于好意，游客如果需要乘坐缆车游览，费用需要自理，旅行社并没有欺诈游客。

质监所经过调查，发现同等价位的该类旅游行程一般均不包括乘坐缆车及环保车费用，旅游报价通常都只含有景点的大门票，但旅行社在行程中的语句表达方式有误，属于我们通常所说的"病句"。如在双人标间的后面，用括号将独立卫生间括住，实际意思就是双人标间里面含有独立的卫生间，括号里面的内容是对前面内容的解释和补充。同样的道理，旅行社在景点大门票后面，用括号将缆车及环保车扩住，给人的理解就是景点大门票包含缆车及环保车的费用，也就是说旅行社提供的服务里面有乘坐缆车的项目，由于旅行社未能给游客提供该项目，属于旅行社擅自减少旅游项目，责令旅行社赔付游客乘坐缆车的花费 65 元。

第七章

综合实训

综合实训一　一个旅行社经理人的创业历程

1. 实训专题：旅行社基础知识。

2. 课时：2 学时。

3. 目的与要求：通过对一家旅行社产生发展过程的了解，熟悉旅行社经营管理的基础知识，提高对这一行业的认识。

4. 训练方式：案例分析。

5. 实训内容：阅读案例，回答其中的问题。

一个偶然的机会，我到工商局的企业科办事，了解到全市只有6家旅行社，其中两家是当年新注册的，两家在我们下边一个比较大的县级市里，剩下两家一家是市旅游局的下属企业，一家是市文联的三产。给其中一家打过电话，问了一下他们公司的位置，就匆匆赶过去了。

那家旅行社坐落在一栋楼房的二楼，占着二楼的两个房间，房间里摆了两张沙发，四个职员桌，还有一台电脑，一台传真机，两部电话。墙壁上贴着几张旅游景点的海报。我装模作样地坐下来，介绍说单位要组织优秀员工去华东旅游，让她报价。

我又仔细地揣摩那张行程单：北京到南京的火车是铁道部北京铁路局天津铁路分局的，南京、上海、无锡、苏州、杭州的住宿是宾馆的，吃饭是饭店的，景点是老祖宗的，当地的交通是当地的旅行社提供的，那我如果做旅行社，我是干什么的？

问题一：交通、住宿、餐饮等都由别人提供，那旅行社是做什么的?

在整个环节里我无非是把他们打包然后卖给消费者的！我是个批发商，从上面的那些环节把他们的服务批发来然后零售给旅游者，赚取其中的差价。在整个过程中我会先拿到消费者的钱，在旅行中或结束后才付出去。这就注定我不需要投入什么，就像我去过的那些旅行社，有个办公桌、传真机就够了。重要的是人，是我自己能把这些打包的东西销售出去，而这恰恰是我惟一的资本。

问题二：旅行社最主要的资源是什么？为什么？

没过多久，一位亲戚要组织一个班的学生去天津旅游，让我承接。

我和一个很铁的同学 W 一拍即合，一起接手这单人情生意。我要精心地安排，争取一个满意的结果，不给亲戚丢脸。

当时的要求是去天津，让学生们接受爱国主义教育，然后稍微放松一下。我们按照要求安排了参观周恩来、邓颖超纪念馆和一个天津乐园两个项目。打电话问好票价和对旅行社的折扣，跑到长途汽车客运站找了部大客车，谈好价钱，就把成本核算出来了。

1999 年春天的一个周末，旅游团顺利成行。W 还给同学们在途中唱歌。行程很顺利，我和 W 一起坐在天津乐园的树下算账，居然挣了 400 元。

第一个团队的顺利操作极大地鼓舞了我们的士气，而且旅游的淡季也过去了。我们马上着手租房、开张。

房子设在繁华路段的一栋楼房的四楼，我们一共租了两间，只收我们每月 300 元的房租。这么低的房租，一方面是因为有人情面子在里面，另外也是因为我独具慧眼。那栋楼是一个倒闭的商场，一楼都是门面，二楼是一个大众舞厅，三、四楼全部空着，反正空着也是空着，我租来办公还能带来人气，能带动别人也来租。这样一番道理讲给那家公司的经理听后，也就有了成效。

房子租下来后，W 从家里拉来了沙发和茶几，我把家里的电脑搬来用。为了像个样子，我们还买来油漆，把地面刷成了暗红色。

问题三：创办旅行社需要什么条件？

后来我拉 C 入伙。当时也没有什么应该怎样挑选合作伙伴的概念，主要想的是 C 的亲戚是我们这里某局的领导，可以给旅行社拉团。旅行社刚开始经营，非常忙乱，但是乱而有序。乱是因为我、W、C 三个人都没有一丁点旅行社运作经验，但是我们做得比较有秩序。大家每天忙得昏天黑地，常常为找一家宾馆打上一整天的电话。

大概对旅游行业有了基本认识后，1999 年底，我和 C 做了几项非常重要的工作，从而奠定了后来几年我们公司在当地市场的霸主地位。

一是挖掘了当地的散客市场。原来这个地区的旅游市场，绝大部分是团队市场。各旅行社都把精力放到争夺机关、企事业单位的团体旅游上。当时团队市场的争夺手段很简单，无非就是找关系，请客送礼，只要胆大心细，出手快准狠，送礼有魄力就成了。当然也要保证价格不要高得离谱，质量要交待得过去。

此外，我们还深度开发了短线散客市场。那时候我们这个城市虽然有散客市场，但绝大部分集中在长线散客上。这样散客报名后可以拼给北京、天津或旅游目的地的旅行社同行组织的散客团队中，操作简单，风险小，但是因为环节多，旅游目的地距离我们城市较远，价格都在千元以上。认识到这一点后，我们马上针对市场推出了周边旅游，价格控制在二三百元左右，自己直接订餐、订房、订车，和旅游景点签票务协议，自组自营，减少中间环节，降低成本，很快将我们地区的散客旅游带动了起来。当然作为市场的先行者，我们尽占领先之利。

而且更妙的是，散客旅游有一个边际成本的问题。在周边旅游当中，交通费用在成本中占了很大的比例。我们在制作成本时为稳妥起见，一般譬如33座的车，都按照25人的上座率来计算交通成本，这样当超过25人时，超过部分的销售收入中就已经没有了交通成本这一项。也就是说，如果收客超出25人时，超出部分我们的成本会极大地降低。而团队旅游的争夺说白了就是一个权力寻租的过程，权力寻租的结果可以是一顿宴请，或者一件礼物而已，也当然可以是一次权力拥有者的亲朋好友的旅游。呵呵，我们就经常给那些把持权力的人送免费的散客旅游。譬如一个航班，乘坐了100个人也是要起飞的，你免费送给朋友一个舱位，对你的成本有什么影响呢，对你的朋友又有什么影响呢？惠而不费，遂大行其道。

另外一个大动作，是一般的竞争对手看不到的，就是导游服务质量的标准化建设。

我们在从事旅游行业3个月后，就制订了我们公司自己的导游服务质量标准，从导游迎候客人到安排乘坐交通工具、分配房间、安排就餐、景点讲解等都做了详细的规定。而且很细致，连车程多长时间上一次厕所和怎么组织上厕所都做了详细的规定。您以为游客上厕所不用花心思吗？呵呵，如果一个大团队有几辆车的情况下，上厕所是不能挤到一个地方的，一般国道边的厕所蹲位只有有限的几个，一个大团队一起停到一个地方方便，女士们会排起长队，一个小时也解决不完。

标准制订完毕，我在导游中做了两项工作：一个是提高我们的导服费标准，1999年我的同行还给导游一天发20元钱的时候我就已经给我的导游一天发50元了，经评定为优秀导游的80元一天；另外一个就是组织导游们学习我的服务标准。明确告诉他们，必须做到，没有余地。

其实旅游业务是层窗户纸，一捅就透。作为我们这个地区的所有的旅行社来说，比如去北京，故宫就是那个故宫，长城就是那个长城，谁去都是一样的；大客车也就是那些，今天给你跑明天给他跑，谁都可以去租用；北京接待团队的宾馆也不是一家能垄断的，谁掏钱都可以去住。换言之，我和我的竞争对手们给我的上帝提供的服务是严重同质化的，怎么才能体现差别呢？导游！

1999年，当别的同行的导游在去旅游目的地的路上呼呼大睡的时候，我的导游正在给车上的乘客讲解沿途的风光、唱歌、组织车上的娱乐活动和每隔两个小时带大家做一次车上健身操；当别的同行的导游把房间钥匙发给客人就万事大吉的时候，我的导游正在一间间地帮客人核对房间内的物品和教老年人和儿童房间内设施的使用；当别的同行的导游把客人领到景点就马上放羊的时候，我的导游正在按照他出团前经过我预演合格的程式对景点的一草一木一砖一瓦进行讲解，连他的扩音器使用中不能直接对着客人我都有明确的要求、当别的同行的导游带团回来报账完事的时候，我的导游要交上客户意见反馈单，并回去写带团总结给我交上来。

问题四：根据上一段的内容，对当时一般旅行社的通常做法和该旅行社的做法做出对比评价，探讨旅行社如何打破服务同质化的问题（见表7-1）。

表7-1

	通常做法	该旅行社的做法	评　价
沿途导游			
住宿服务			
景物服务			
质量监控			

至于我比别的同行多付给导游的一天30元钱对成本有很大的影响吗？30个客人无非每人每天增加1元钱而已。优秀导游提供的服务岂是这1元钱能换来的！

1999年当年，我们用半年的时间就实现了170万元的营业额。

2000年虽然遇到相当多的困难，但全年销售额突破了300万元。我们是怎么继续保持领先的？我又遇到了什么样的灾难？这场挫折怎样改变了我？

看到我们散客旅游做得不错，同行们也开始行动起来。上文已经说过，旅游是一个同质化很严重的产品，怎么才能找到新的支点，继续保持我们的领先优势？

2000年年初，我和C商量一番，决定在散客旅游上继续做文章。

一是针对旅行社还都龟缩在写字楼上办公的现状，我们在所在城市的另一条主要街道上租了一个十几平方米的门脸房，作为专门接待散客报名的门市。

说到选择门市的位置，我以为在我们这样的一个三类城市（没有立交桥，没有封闭的快速路），选择门市的位置除了考虑周围的配置外，我的原则是上下坡的地方不租，十字路口不租，门市门前有树木或者电线杆、变压器等设施正冲门口的不租，门前道路封闭的不租。

问题五：上文的四个"不租"，说明旅行社选址有哪些注意事项？

二是针对旅行社还都集中在中心城市市场的现状，我们率先在所在地区下辖县中设立分部。

另外，在当时，一个散客团要达到一定的人数才能达到盈亏平衡点，才能发团。一旦达不到组团人数就放弃发团是当时的行业惯例。而我们当时除了有原来的报名点之外，在市区内有散客门市，在县里有分部，还推出了电话报名上门服务，这样就大大缓解了我们的收客压力。

经过深思熟虑，我们大篇幅地在广告中打出"一个人也成团"的承诺。就是说，只要到我这里来报名，不管我收了多少客人，都会按约定的时间发团，客人不用承担人数不够不能发团的风险。

做出承诺以后我马上迎来了一个负利润团。一次，我们一个预收25人的散客团队，由于操作失误只收到了5名客人。当时有人建议我干脆不要发了，退团完事，顶多多返还客人50元钱。还有人建议我把原定的33座豪华旅游客车调成10座的金杯，尽量降低亏损。但承诺在先，有诺必践，这样，33座的豪华客车载着5个人顺利成行了。

我们的城市很小，口碑效应很有效。再加上当时的商家普遍缺乏诚信，作为一个切入点，我让一个记者朋友跟团采访兼旅游放松，回来后以商家如何信守承诺为题在晚报上发表了一篇文章。

除了这些战术外，我们还搞了一些小的销售手段，比如报名的前几名客人有礼品，报名享受折扣等。

问题六：上文提到了哪些促销方式?

2000年在下面县里设立的第一个办事处是和当地的电业局三产合作的，他们出办公用房，出一名员工，我们负责具体业务和这个员工的工资。当时我们主要是看中了电业局本身的业务。每年这个县电业局奖励旅游的利润就够我们全年的开支了，我和他们合作，他们再组织旅游舍我其谁?

2001年，我们又到H县开设办事处。这一次我选择的是自己公司的一名员工。这个男孩子L是我一个朋友推荐到我这里来的，给我的印象非常良好，他对工作认真负责，而且头脑灵活，有思路，重要的是有志向。

初创企业往往规模很小，业务单一，经营经验很容易复制，没有实力，不能给优秀的员工一个很大的平台和优厚的待遇，又没有一定的层级给他们向上的空间和动力。如果恰恰所在行业门槛低的话，这些优秀而又有志向的员工很难留住，假以时日，甚至会成为你的竞争对手。

我当时很想留住L。就想到由L来经营一个办事处，并且让L占一定的股份，这样是一个双赢的局面。

于是我和我的合作伙伴C商量，拟订了一个合作的框架：H县的办事处由我、C、L共同出资设立，独立核算，自负盈亏。我和C各占30%的股份，L占40%的股份，办事处由L具体负责经营。办事处只负责销售，具体的企业宣传，活动策划，计调、导游和出团由公司统一负责，年底按股份比例进行分红。

H县的市场比较大，而且我们进入时当地还没有一家旅行社。我们此前在H县已经有了比较固定的客户。L比较有头脑，有一定的经营能力，而且在我这里锻炼了一年多的时间，我特意安排他在计调、导游和销售的位置上轮了一遍，他对这个行业也有比较透彻的认识。

我和C在H县地税局门口选择了一个门面，位置很显眼。因为一个是地税局自己的门面房，而且当地的商业地产还处于萌芽阶段，所以租金很便宜，月租金只有300元。我们添置办公家具和设施，办理营业执照，挂牌开张。开张不到一个星期，L果然不负我所望，第一个团队上来了，我们按部就班的运作。

不久，L开始背着我们组团。由于我们的框架比较严密，L在H县的经营，从财务，到给客户开具的票据，到合同的管理我们都有比较严密的规定，因此，L一开始私自组团，我们很快就发觉了。

短短两个月，我们的合作以失败结束。

问题七：分析合作失败的原因是什么？

旅行社人员的流动性一直很大。每年都有不同的人离开，有不同的人进来。到后来，公司的骨干确定下来了，这些骨干比较稳定。

在创业的第一年里，有一个兼职导游非常出色。但有一次，她带一个大团队，回来报账，被C查出中饱私囊几千元。她的业务能力是很强的，我和C都没有说什么。后来，她提出要到公司里做专职。她看中的是做计调。计调是旅行社的成本控制和销售落实的最关键环节。那个时候我们的同行们都是由老板自己做的。我当然地拒绝了她。能力可以培养，人性很难改变。

选定的人我会尽量给他充分的信任和比较大的授权。上面提到的我的小学同学W，我们把整个旅行社家里的事情统统交给了她。她俨然是一个当家人，这样我和C才能腾出手来抓销售。销售是龙头，是源泉，是旅行社经营中最大的事情，没有销售什么也没有。

我还强化了对导游服务质量的监督，增加回团后由专人每团必作回访，提升对导游的考核中顾客反馈意见所占的分值。

2001年是一个徘徊和原地踏步的一年。

2002年初，天津当时做的最大的一家旅行社××旅行社组织了一个天津周边旅行社行业的年会。

当时我的思路有三个，第一个思路是继续推行我的思路，把客源组织网络化，也就是销售的网络化，把我在各县设办事处的思路延续下去，到周边的其他城市设立分社，实现共同发团。

这个思路在我所有的想法中占的位置比较重，所以详细介绍一下。旅游对于交通有很大的依赖性，比如整个京津河北乃至山西、内蒙、辽宁的部分地区在发长线散客团队时大家的出发地是一样的——北京。很多旅游目的地的地接社就到北京来开办办事处，由于办事处在北京有地缘优势，他们拿到的大交通的价格通常比周边的组团社自己拿要低，而且因为是地接社的派出机构，地接价格更有优势。所以通常的操作方式是由地接社在北京办事处把近一时间段的发团计划和同行价格发给周边的组团社，并提供建议零售价。由各组团社按照统一的线路、时间和标准在当地收散客，然后在预定的时间内送到北京，由北京的做专线的同行统一拼团发到旅游目的地。如果没能拼到成团的人数也照发不误，将客人发到目的地后由目的地的地接社在当地拼团。

问题八：上文提到的是目前旅行社常用的组团方法，需要认真理解。

我在进入这个行业半年后就形成了这样的思路：如果自己在北京设立一家旅行社，然后在北京及北京周边城市铺开分社，实现公司的网络化运营，在网络内收客、发客、接客，则既能带来销售的快速增长，又能凭借巨大的发团量来与大交通和地接服务提供方打压价格，压低成本，并且易于控制质量，树立品牌。

在树立品牌、积累实力、控制整个地区客源的基础上，继续向外扩张，到旅游目的地设立旅行社，将地接也控制在自己手中，从而使所有环节的利润全部在体系内消化。比如同样发一个海南散客，一个组团社只能挣到组团的利润，专线办事处只能挣到批发的利润，地接社只能挣到地接的利润，而实现网络化的旅行社单人利润则是他们任何一个环节的三倍，他把三个环节的利润都拿到了自己手中。

第二个思路就是沿着产业链纵向发展，在掌握客源的基础上，向旅游车辆、航空（客轮）票务和旅游景点等下游发展。这个思路可以和第一个思路配合起来，看做是第一个思路的配套和在另一个层面上的延伸，使其互补，相得益彰。

第三个思路是向国际旅游发展。当时的国内旅游平均利润率连年下降，而国际旅游线路的利润则相对较高，而且当时以为因为门槛高和政策的限制，这个相对较高的利润会保持相对较长的时间。

2002 年，我们买了一辆 24 座的三菱大巴。买之前我们统计了一下上一年度发团的数量和单团人数，确定单凭我们自己的团就能养起这辆车。

养一部车是很复杂的，很大程度上挣钱与否取决于司机。为了最大限度地压缩费用，我没有雇专职司机，而是雇了一个在我们这边一所学校承包食堂的小老板老张。学校放假的时间和旅行社的旺季是吻合的，而且老张的生意是夫妻档，老张出差的时候他老婆一样可以把生意盯起来。

司机的费用也不高。老张是兼职，但是我给老张定了个基本工资，尽管很低，每月 300 元，但是就是一个月没活干我也照发不误。除此之外，每出车一天我给老张长途 70 元，短途 50 元的补助。

车辆的使用率也还可以。旅行社本身的用量就很大，而且有了这辆车后，我们在很多团队上和同行们近身肉搏时就有了武器。我偶尔会很不客气地报出我的同行的成本价，旅行社环节的利润我可以放弃，但是车辆的利润还在我手里，而且后者的利润一点也不比前者低。在淡季的时候，我们打出大幅广告，回报我们的老客户，以旺季同样线路一半的价格发团。很简单，我们还是放弃了旅行社的利润，只要我们的车的利润。结果是公司和消费者双赢。有了自己的车辆，也极大地提高了我们的公众形象。

2002 年，我一直在徘徊。想上台阶，攀登到一个新的高度，但是还不知道方向在哪里。

这一年，我播下了很多种子。

一粒种子就是我的旅行社的网络化经营，因为北京近，又具备居高临下的地缘优势，第一步就选择在北京，切入点选择在做同行批发。我选择了两条线路，一条是四川，一条是桂林。选择四川是因为我喜欢四川，选择桂林是因为桂林能拿一个非常好的价格。

我的网络化经营有一个不大不小的障碍，国家有规定，旅行社不可以跨地域经营，不允许开设异地的办事处，只能重新在异地注册。我没有这样的实力，经一个北京铁路局的朋友介绍，我在北京的一家旅行社下面包部。条件还是比较优厚的，我每年给这家旅行社交两万元管理费，它除了罩着我之外，还提供给我一间办公室。

2002 年底，我的旅行社发展战略的第一步终于迈出了。这是我的第一步，也可能是我的最后一步。

综合实训二　旅行社产品设计与开发

一、案例分析

1. 实训专题：旅行社产品类型。
2. 课时：0.5 学时。
3. 目的与要求：了解旅游产品的类型。
4. 训练方式：课堂案例分析。
5. 实训条件：案例。
6. 实训内容：阅读案例，就以下问题展开讨论：

（1）案例中提到了哪些旅游产品类型，它们的特色表现在哪些方面？

（2）把这些产品与课本中的产品类型进行比较，看有哪些异同？

特色旅游一瞥

1. **时事旅游**。香港回归在大陆居民中引起了一股游香港的热潮，旅行社一时间被游客踏破门槛。由香港回归引发的旅游热潮，激发了一些旅行社的思路，即大事件也可以成为专题旅游的内容之一。时事旅游就是以国家大事、地方盛事为背景，以大众的参与热情为依托，将人文资源和自然资源以时事概念为连接，使旅游带有鲜明的历史烙印，进而成为游人一生难忘的经历。一位在2001 年10 月到沈阳观看“十强赛”的球迷说：“当我亲眼目睹中国队‘踢进’世界杯的一瞬间，一种民族自豪感油然而生，同时为自己是一个历史见证人而兴奋，这种感觉在我以往的旅游中是不曾有过的。”

2. **探险旅游**。对于普通游客来说，电视台热播的《生还者》、《生存大挑战》等类的节目告知了一个最直接的“冒险旅游”的概念。“无限风光在险峰”，越来越多的都市人已不满足于城市平淡的生活，积极加入到探险式旅游团体中。渡激流，走古道，披荆棘，攀悬崖，领略险境的独特风光。有的游途中设有蹦极项目，脚系橡皮绳跳下几十米高台，反弹上升，腾云驾雾，战胜忧虑恐惧，超越障碍极限，体验惊险快乐，增强自信勇敢。还有自驾车丛林探险、艰苦登雪山、潜水、野营式训练、漂流、沙漠探险、飞伞、海上捕鲸等旅游项目，让喜欢冒险的游客从此不寂寞。

3. **小说旅游**。小说旅游是指文学爱好者沿小说主人公的足迹，游历书中描写的各个地方。游客身临其境，往往能进入角色，深刻地体会到书中人物当年的感情。这种旅游方式始于德国，近年盛行于世界各地，我国也已有相关产品，如三国演义游、火焰山游等。另外，与小说内容交相辉映的小说旅馆也脱颖而出。美国俄勒冈州纽波特海滨的西尔维亚·贝奇旅馆的每个房间的设计都以世界著名作品为主题，旅客可以从房中的摆设，联想到不同作家的著名作品的佳句和情节，从而勾起一连串的幻想和遐思。

4. **技巧旅游**。在室内进行的攀岩简直就是技巧的炫耀。一面陡立的水泥墙，已经排除了所有的观赏价值，只留下人为制造的种种困难。室外的攀岩虽然可以欣赏到风景，但爬时要带好安全带，系好绳索，在下方有人保护的前提下进行。一旦在岩壁上失手，腰间的绳索可以避免你受到任何伤害，当然这些技术要领需要有专业人员指导。同样看起来很需要技术的潜水也很令白领们心仪：潜水服、蛙镜、蛙鞋、浮力背心……单单是这套装备就足以让人生出“专业人士”才有的那份自信。事先长达一两星期的潜水课培训更让人有一种成就感。

5. **拓展旅游**。心灵游戏生死“电网”——前面就是一张与地面垂直的“电网”，你和你的队员必须从“电网”的洞中穿越，身体的任何部分，包括衣服，都不许碰到“电网”边缘，碰到即为“触电”。还有信心跌、空中单杠、定向运动等。这些项目来自风靡全球50余年的拓展训练，1995年它走进中国，起先是外企的培训课程，短短几年不断发展，备受推崇，逐渐进入国家机关和其他现代化企业的培训日程，随后，竟然又戏剧性地成了一项独立的娱乐。

6. **生日旅游**。如今的独生子女，都是家中的“小皇帝”，做父母的对他们的生日自然格外重视，许多家长少则花费百元为其购买礼物，多则一掷千金大摆生日宴。但年年过生日，又能翻出啥新花样？在上海，小主人旅行社会同长宁区旅游事业管理局推出的双休日生日游活动，简朴热闹，欢快且意味深长，“节目”内容丰富：回归自然的风筝放飞，和动画大师、足球明星的见面，孩子和家长互赠写着心里话的卡片等。

7. **静态旅游**。与马不停蹄以至人疲马乏的“动态旅游”相反，人们开始钟情于“静态旅游”，即到人迹罕至的山野森林、湖畔河滩静静地“泡”上数天，静坐静养，沐浴阳光雨露，观察天文地理，捕捉昆虫鱼虾，还可写诗作文、写生绘画。这种没有负担的“桃花源”式的旅游，回归自然，自由豪放，成为快节奏运转者栖息的港湾。

8. **寻婚旅游**。瑞士一家旅游公司曾经试办过专为老年人寻找伴侣的寻婚旅游。公司希望这些老人在头一两个旅游点结成对子交上朋友，通过以后在旅游中的交往，互相了解，从而结成伉俪。据载，《深圳晚报》和深圳某旅游俱乐部曾联合举办了“旅游+交友”、“深圳情旅”活动。此次活动从200名报名者中选出18对青年男女，平均年龄26岁，个人大事至今还都没有解决的人，桂林秀丽的风景给他们提供了轻松的相互交往的氛围。

资料来源：作者张建宏，《中国旅游报》，2006年8月21日。

二、实践训练

1. 实训专题：旅行社产品设计与开发。

2. 课时：16学时（利用课余时间，如周末、“五一”和“十一”黄金周等）。

3. 目的与要求：利用自己所熟悉的旅游资源，结合所学的专业知识，练习并掌握旅行社线路产品设计的基本技术。

4. 训练方式：社会实践。

5. 实训条件：列车、航班时刻表；实地考察等。

6. 实训内容：按照表格要求，完成并填写相应的内容（见表7-2）。

表7-2

序　号	任务主题	主要内容	分　值	负责人
1	线路名称		5	
2	线路主题思想		10	
3	市场调研（目标市场调研情况简介）		20	
4	线路介绍（具体描述六要素安排情况。航班、铁路必须给出具体航班号、车次及准确抵离时间）		20	
5	价格核算（对食、宿、行、游、综合服务等项目进行成本核算、利润核算后给出价格）		25	
6	线路特色及市场前景分析（具体分析该线路的亮点及具体目标市场的情况、年度目标销量）		10	
7	广告	（给你的线路设计一句不超出15字的广告语，要说明设计思想）	10	
8	其他需说明的事项			

【要求】

1. 线路至少为3日游以上时间长度（不含往返日），至少涉及3个城市或地区。

2. 交通方式必须至少含铁路、航空中的一种，其他方式随意。

3. 强调线路创新，线路要围绕某一主题思想展开。

4. 每一任务小组不超过3人，也可一人独立完成。

综合实训三　旅行社发团、接团流程

1. 实训专题：旅行社发团、接团管理。

2. 课时：4学时。

3. 目的与要求：

（1）掌握旅行社接发团的基本流程。

（2）掌握旅游预报计划、正式计划、紧急通知的撰写。

（3）掌握欢迎辞、欢送辞、接站、送站等基本技巧。

4. 训练方式：课堂模拟训练，可借助网络及其他信息资源。

5. 综合实训内容：

（1）预报计划。

【情景】　山东风光旅行社组织20人+1旅游团赴华东旅游（南京、无锡、苏州、杭州、上海等）。预计于 7 月 20 日 19:44 分乘 2555 次列车赴南京，要求南京地接社江南风旅行社接站，并预订 7 月 23 日上午赴无锡的空调大巴。该团 7 月 21 日、7 月 22 日宿玄武酒店，均由地接社代订。

请给南京地接社江南风旅行社预报计划传真。说明此团系重点客户。

（2）地接社确认。

【情景】 南京江南风旅行社传真确认，并说明已订妥 7 月 23 日上午赴无锡空调大巴，并议订妥指定酒店，催发名单。

（3）计划变更。

【情景】 原定 7 月 20 日乘 2555 次列车赴南京，因出票出现问题，名单上 3、4 两位客人及全陪改乘 7 月 21 日 CA4991 航班抵南京，预计 17:25 分抵达南京机场，要求接机，并安排食宿。

（4）正式计划。

【情景】 根据以上情况发送正式计划，团款已预付 70%，差额全陪现付。

（5）再确认。

【情景】 在团队出发前 24 小时内，作业人员还应对计划进行最后的确认，以确保完全。如有突发情况，要第一时间发出紧急通知。如，该团 7、8 两位客人因单位有急事不能随团旅游，组团社发出紧急通知。

（6）**【情景】** 你是南京江南风旅行社接待部经理，委派导游员小李接待该团。请制作、填写派团单。

（7）你是导游员小李，请完成以下任务：①介绍你接团的准备情况。②前往车站接该团的过程是怎样的。③在旅游巴士上，对游客致欢迎辞（含自我介绍）。④到达酒店后，请对酒店作一简单介绍。⑤接待结束后，对客人致欢送辞。

（8）假如你是南京江南风旅行社质量部经理，要对该团进行调查以了解服务质量状况，请设计一份宾客意见征询表。要涉及游客消费的主要方面，而且便于游客填写。

（9）旅游团操作完成后，要对档案进行留存，请列举存档的主要内容。

（10）有客户致电要求传真一份该产品的报价单，请你撰写一份，以便为客人传真。适当简化。

综合实训四　旅行社风险管理

1. 实训专题：风险管理。
2. 课时：1 学时。
3. 目的与要求：掌握旅行社风险应对与处理方法。
4. 训练方式：案例分析。
5. 实训内容：分析案例，就有关问题展开讨论。

案例

上海春秋国际旅行社的"非典之旅"

假如100年后，有人说起"非典"，一定不会忘记有个行业堪称悲壮，那就是旅游业。

一场来势汹汹的非典疫情，使这个本应阳光明媚的春季蒙上了一层灰色，更使中国旅游业陷入前所未有的危机之中。

作为中国最大旅行社之一的上海春秋国际旅行社，经历了从惶恐、悲伤到不屈和抗争的心路历程，终于擦干眼泪，踏上了铭心刻骨的艰难突围。

这是春秋国旅的突围之路，也是整个中国旅游业奋勇突围的鲜明写照。

2003年3月23日：先兆

3月，初春的阳光依旧灿烂，但王正华却隐隐感到一丝不祥。

王正华，上海春秋国际旅行社总经理。2003年开年，和国内绝大多数同行一样，这家旅行社迎来了历史上最兴旺的"牛市"。作为国内最大的"包机+网络"旅游批发商，春秋国旅包租20多条航线，每周包机280个航次，每月仅包机风险金就达1.5亿元，全国各地几乎天天都有"春秋"的包机起飞降落。

问题一：说说什么是"旅游批发商"、"包机和网络批发"？

3月23日，正在北京出差的王正华按照惯例，打开手提电脑，登录企业内部网络，查看当天的包机销售流量表。"这是我们领导层每天的'功课'，通过对包机销售流量表进行比较分析，可以找出市场未来的走向，或者异动的信号。"

眼前的销售分析显示，3月下旬，江浙旅游线路和外地市场十分火爆，各种热门景点和线路的旅游产品供不应求，市场形势可谓一片大好。然而，一个反常的现象引起了王正华的注意：春秋国旅针对白领市场精心开发的一些高端旅游产品，如"自由人"、"纯玩团"等出现了滞销迹象——根据测算，整个3月份，这些高旅游产品的销售量将会比2月份降低40%～50%。

问题二：作为旅游业今年广受瞩目的新星产品，自由人、纯玩团与一般观光旅游产品有何差别？

高端产品卖不动，说明外国游客和外企白领游客减少了。这是为什么？猛然间，王正华想起了3月17日世界卫生组织宣布的有关"非典"疫情的消息。他心中一紧：这是一个不祥的先兆！

通过连续几昼夜的数据搜集和分析，春秋国旅终于得出了结论："非典"疫情会对当地旅游市场产生重大影响，而且，这种影响的传播具有"五先五后"的特征——先国外游客后国内游客，先散客后团队，先端产品后大众产品，先城市后县乡，先沿海后内地。

背景：成立于1981年的上海春秋国旅是一家综合性旅游企业，业务涉及旅游、酒店预订、机票、会议、展览、商务、因私出入境、体育赛事等行业，是国际大会协会(ICCA)在中国旅行社中最早的会员，被授权为目前世界最热门赛事——2004年F1赛事中国站境内外票务代理，被授予上海市旅行社中惟一著名商标企业。

上海春秋国旅成立以来，通过1 000多名员工的不懈努力和勇于创新的开拓精神，使资产和年营业收入每年平均以30%～50%的幅度增长。1994年以来，上海春秋国旅在经营中国公民境内旅游业上成绩显著，连续八年荣获全国第一的殊荣。拥有“春之旅”、“中外宾客同车游”、“纯玩团”、“自由人”、“爸妈之旅”等多种特色旅游产品。同时，上海春秋国旅已经在美国、英国、泰国、德国、日本、澳大利亚、香港等7个国家和地区以及国内30多个大中城市设立分公司，形成了初具规模的“春秋联合体”。在分公司和1 000多家网络成员之间实行电脑联网业务操作，做到“散客天天发，一个人也能游天下”便利的散客即时预订服务。

上海春秋国旅设有严格的质量监督管理机制，坚持“99+0=0”和“每团必访”的优质服务质量观，TQC部获得中国“优秀质量管理小组”称号。由于上海春秋国旅在企业经营、管理和发展方面取得了令人瞩目的成绩，因此十多年以来连续被授予“上海文明单位”的光荣称号。

问题三：TQC指的是什么？你认为旅行社在质量控制方面应该怎么做？

4月1日：急救

当国内绝大多数旅游企业依旧沉醉于旅游市场开门红、步步高的美好形势时，春秋国旅在全国31家分社打响了应对“非典”的紧急战役。

“网络包机批发”是春秋国旅的拿手好戏，但王正华意识到，一旦“非典”危机来临，处于风暴中心的旅行社将首当其冲，客源猛跌，大批包机空位、空载必然成为旅游企业亏损的无底洞。

当务之急，就是在最短的时间内停退包机！4月1日，春秋国旅正式向国内各大航空公司递交报告，分析“非典”疫情的严重性；4月5日起，旅行社包机部所有工作人员被派往各家航空公司，商榷包机停飞以及可能形成损失的分担方案。

3月底、4月初，“非典”疫情对国内旅游行业的影响尚未显现，旅游市场价格持续走高，不少旅行社的包机部甚至为即将到来的“五一”黄金周待价而沽。此时此刻，春秋国旅停退包机的举动招来一片非议：“有生意不做，有钞票不赚”、“春秋傻了”……

“不管别人说什么，包机坚决要退，而且只能快不能慢。”王正华说，春秋国旅高层的态度十分鲜明，不仅如此，他们还紧急下达了第二道让同行费解的命令——全国各分社将包机销售流量尽量往前推，即使不赚钱，甚至赔点钱也要把机票尽早售出。

从3月下旬起，春秋国旅连续召开3次全国各分社总经理电话会议，严令各地分社照章执行。结果，武汉春秋3月下旬至4月上旬，每周分别比正常流量多卖了145%和152%的包机销售；重庆春秋4月22日把所有机票全部卖完。

之后的事实证明，春秋国旅的急救措施十分奏效。4月24日，最后一家四川航空公司也同意停退包机，而且在所有航线停退之前，春秋国旅包下的多数航班都已卖掉

99%的座位，损失被减少到最低程度。与此形成鲜明对比的是，许多旅行社直到4月下旬方才察觉手中的机票滞销，甚至完全卖不动，心急火燎地要求航空公司停飞，却为时已晚；有的包机旅行社，一个航班只卖出四、五个座位，而一个航班一趟来回的成本高达20万元。

春秋国旅总经理王正华说，停退包机、降价出票给旅行社造成600多万元的经济损失；但如果当时顾惜眼前利益，不采取急救措施，整个旅行社的潜在损失将超过1亿元，企业无疑将被致于死地。

4月20日：噩耗

急救，让春秋国旅躲过了一场灭顶之灾；但噩耗，还是接踵而来。

按照常规，"五一"黄金周是旅行社全年的利好开端。今年，尽管境外游首先受到"非典"影响损失不小，但和许多同行一样，春秋国旅预备"境外损失境内补"，抓住时机在国内游市场好好施展身手，最大限度地挽回损失。为此，员工们摩拳擦掌。

不料，4月20日，形势急转直下。国务院新闻办公室向全国发出公告，为了防止"非典"疫情的扩散传播，国家将取消今年的"五一"长假，而且不提倡组织跨区域的旅游活动。

春秋国旅副总经理张秀智痛惜地说："这真是当头一棒！"对于春秋国旅这家国内游业务排名全国第一的旅行社来说，取消"五一"长假，就意味着所有整装待发的旅游团队必须宣告解散，已经接到手的两万多名游客、上亿元的订单将化作泡影。2000多名春秋员工的心里很明白，这将是多么巨大的经济损失啊！

但"与其追求利润，不如莫负游客"，春秋国旅按捺住心头的痛楚，毅然决定以最快的速度退团，用笑脸和耐心面对游客。

旅行社经济全线萎缩。据对上海国际旅行社和国内旅行社的调查，4月1日至4月15日，全市国际旅行社收入同比下降78.26%，国内旅行社同比下降20%。此后，国家旅游局提出决定严格控制国内旅游，不组织跨省市旅游，上海国内旅行社全线停止接待，一些小型旅行社处境艰难。

旅游景点及相关收入受到严重影响。据统计，上海主要旅游景点、景区接待游客数量持续下降，各项相关收入显著减少。一些著名景点日接待游客同比减少六成以上。

5月2日：直面

处于风暴中心，有人退缩，有人哀叹，有人悲观，有人等待救援。在春秋，也有人发出了呻吟。春秋国旅内部网络的BBS上，"春秋完了"、"泡沫大厦的毁灭"等哀叹一度弥漫，员工思想十分混乱。

总经理王正华看在眼里，急在心里。危机之中，人心不稳，比经济损失更加可怕！5月2日，一篇题为"莫惊慌，练内功，春秋大厦，坚如磐石"的文章出现在春秋国旅的BBS上：

"记得一位伟人曾经说过，当你失去了财产，你只失去了一点；当你失去了荣誉，你就丢掉了许多；当你失掉了勇敢，你把一切都丢掉了。""让别人去惊慌，我们走自己的路。我们春秋本身就是在市场残酷竞争，或者讲在多多少少的磨难中成长起来的。

今天的磨难，我们纯粹把它当作在社会大学中的一种继续和深造！我们要把主要放在迎战‘非典’上，放在我们该做的事情上，不要为打口水战浪费我们宝贵的时间和精力。”“成功永远只属于有大勇大智者，即使眼前损失很多，我们力量还在、信心还在，明天仍在我们手中！”

恰似一石激起千层浪，短短几个小时，跟帖、回帖的数量直线上升，达到近百篇。朴实的情感，生动的话语，让员工们意识到，危机当前，怨天尤人只能是徒劳；惟有直面危机，才有可能战胜危机。“春秋兴，匹夫有责”，“愿与春秋共甘苦，同生死”，“分文不取，共渡难关”……信心，就这样一点一点地凝聚。

这篇文章的作者，就是王正华。

危机，的确使企业遭受前所未有的重创，但也激发出员工前所未有的向心力。分布在全国各地的春秋分社同样受到重创，但他们没有往总社身上靠，向总社伸手要，而是一同担负起抵抗“非典”的重任。

哈尔滨北国春秋总经理阎琴心刚刚上任就遇到了“非典”带来的沉重打击，听说总社要把北国春秋暂时停业，年青员工们抱头痛哭。回想北国春秋建社1年多来的坎坷，阎琴心百感交集，提笔给上海总社写信，表示愿意在不增加总社负担的情况下，自负盈亏，所有费用由分社自行承担，没有利润就不发工资，包括总经理在内。在信的最后，阎琴心写道：我以一个具有强烈责任感的普通党员的身份要求承担此责任。

重庆分社总经理苏海山听说上海总社经理4月份每人只拿535元基本生活费时，特地打电话给王正华，恳切地说：“千万不能让一些重要的业务骨干也只拿535元。我们已经决定，把今年第一季度的几十万元利润随时准备汇给总社！虽然，这些对于受到沉重打击的总社可能只是杯水车薪，但这是重庆春秋人的态度——分社的损失还是可以挽回的，流失了总社优秀的人才那才让人痛心。一定要保住总部，各地分社才有希望！”

突围“非典”的日子里，除了一些实习生和返聘人员暂时待岗外，春秋国旅没有辞退一名员工，也没有一名员工离开公司。

问题四：春秋旅行社为什么没有用裁员的方法降低成本，以求自救？

背景：莫惊慌，练内功，春秋大厦，坚如磐石！——春秋国旅总经理王正华给员工的公开信。

近期由于“非典”对旅游业的冲击，很多同仁是在默默地奉献，也有些同仁在积极探讨对企业在“非典”冲击面前应该的反思。更有许多同仁，例如张秀智、姜伟浩、张武安、沈大华、陈基胜、孙文霞、张磊、苏海山、阎琴心、邓安群、赵惠君、尹学云、武正清……从干部到群众，从本部到分社，从北疆到南陲，从沿海到西部，无数春秋人表示：“春秋兴亡，匹夫有责”“愿与春秋共甘苦，同生死”，“分文不取，共渡难关”等等，表现了春秋之所以能取得“国内旅游，全国第一”坚不可摧的员工的决心和力量。当然，也有些类似像“泡沫大厦的毁灭”、“春秋的一天”等，表现出对春秋前途的惊慌。

记得一位伟人曾经说过，当你失去了财产，你只失去了一点；当你失去了荣誉，你就丢掉了许多；当你失掉了勇敢，你把一切都丢掉了。

在4月10日员工大会上，我曾提出“大难当头，勇者胜”，是针对当时我们很多员工包括网上有些同仁缺乏对“非典”充分的认识，麻木不仁以至于4月22日仍有人还在说所谓“非典”是小小的影响。当然现在已完全证明，我们在3月底、4月初对形势的判断和采取的措施大声疾呼“大难当头”是完全正确的，是十分及时的，大大减少企业可能出现的巨额损失，从根本上避免了破产的风险，而今天大难正如预示那样降临了，我们却要反过来大声疾呼：莫惊慌，练内功，春秋大厦，坚如磐石。

下面谈一点想法：

1. 让别人去惊慌，我们走自己的路。我们春秋本身就是在市场残酷竞争，或者讲在多多少少的磨难中成长起来的。今天的磨难，我们纯粹把它当做在社会大学中的一种继续和深造，所谓“一座民营城倒下了”，所谓“春秋的领导先下岗”，“全是当面是人、背后是鬼的小人”的谩骂，这些我们完全不要理会他们。

我们要把主要精力迎战“非典”，放在我们该做的事情上，不要为打口水战浪费我们宝贵的时间和精力。

2. 春秋社领导将竭尽全力，保护热爱春秋、为春秋奋斗的一大批骨干，和勤勤恳恳为春秋工作的员工。尽管四月份严重亏损，但是考虑到我们员工还是勤恳奉献了一个月，亏损并不是他们的责任，我们仍然动用了风险基金，仅削减了部分收入。

3. 培训业务，提高素质。业务可能会在一个时期内全部停下来，这对我们确实是一种灾难，但我们为什么不可以把这个时间拿出来，花大力气培训，与其去和“泡沫大厦”的人打口水战，不如把我们的精力放在培训和适当的休息调整上。我们要求各个部门立即行动起来，每个部门都应该花主要的精力去培训，提高我们的应知应会和业务技能。我们要求全体同仁，不要消极地等待“非典”过去，而是要争分夺秒地下苦功，提高我们的基础知识，使之成为我们终生难忘的旅游知识的大提高。总部已在4月30日召开了一个“抗非典、练内功”的动员大会，兴起一个学习业务、提高素质的热潮。

4. 完善规章，修改制度。我们的春秋曾在1996年对“春秋规范条例”做了第三次修改，这些年每年都以40%左右的增长，现在不仅营业规模增长了10多倍，更重要的是我们社的内部体制、业务范围也发生了很大的变化。我们一直想做必要的修改，可是业务实在太忙，拖了又拖，现在“好”了，各部门可以抽出精兵强将完善我们的规章，修改我们的制度。面对空前灾难，我们做最坏的长期准备，全体春秋人都应有充分思想认识，同时做好随时恢复业务的准备，沉住气，莫惊慌，练内功，春秋大厦，坚如磐石。成功永远只属于有大勇大智者，即使眼前损失很多，我们的力量还在，信心还在，明天仍在我们手中！

5月14日：磨砺

5月14日，春秋国旅迎来了一场特殊的考试——“抗非典，练内功”全员培训首场考试。在位于上海定西路总部的6个考场，来自国内部、区县部、办公室的干部员工组成监考队伍，对这场有关泰国基础知识的测试进行了严格的监督。尽管总经理室制订的合格标准相当苛刻：80分，但“考生”们的合格率毅然达到88.08%，总平均分88.27分。

"危机是一种磨砺。'非典'时期，我们就是要做一些平时不能做的事情，我们要用这几个月的损失换回未来几年发展的基础。"王正华说，他们做了三件"平时不能做的事"。

第一件事，业务培训。旅游市场的持续火爆，使旅行社根本无暇沉下心来培训业务，部分员工业务生疏，甚至到了不看电脑提示就不知道如何为顾客讲解旅游产品的地步。春秋国旅说，不要消极等待"非典"过去，而要争分夺秒下苦功提高业务水平，经受一次终身难忘的培训。为了让培训不流于形式，公司提出"不在轰轰烈烈，而在实实在在"。所有人员都必须参加培训和考试，任何资料都不得带入考场，就连总经理也不例外。

第二件事，完善规章。春秋国旅最后一次对企业内部规范条例做修订，还是在1996年。这几年，春秋国旅的业务每年都以40%左右的速度递增，不仅营业规模增长了10多倍，内部体制、业务范围也发生了很大的变化。就好像十几岁的孩子已经长大成人，但春秋国旅还"穿"着7年前那件早已不合身的童装。由于业务实在太忙，修订规章已经一拖再拖。"非典"时期，难得闲暇的业务精兵被抽调出来，重新修订企业内部规章。

第三件事，网络升级。春秋国旅在国内有1 300多家网络代理，计算机管理是他们克敌制胜的利器。"非典"时期，尽管旅行社"颗粒无收，分文不进"，春秋国旅仍然咬咬牙，引进一批软件人才，加大网络开发力度，提升电脑软件功能，连接销售平台和管理平台。这样做的目的，就是为日后更加激烈的跨国竞争做好准备。

6月15日：希望

这是一个尚未到来的日期，但在春秋国旅的"非典日志"中，这是一个寄托希望的日期。

5月中旬，当疫情稍稍开始趋于稳定时，春秋国旅的包机部便开始与航空公司就恢复包机业务进行谈判，业务部门开始搜集有关酒店的房价信息，与重要客户的信息往来也重新恢复。

"非典"疫情的彻底控制可能要4个月、6个月，甚至更长，但旅游企业的恢复预案不能滞后，必须提前。"在最好的时候，要有最坏的打算；在最坏的时候，要有最好的希望。这是'非典'危机给我们的启示。如果等到疫情控制住了，市场恢复了，你才匆匆忙忙着手开发产品、联系客户、协商包机，那么，你就又一次被危机打败了。"

王正华说，春秋国旅要抢占旅游市场恢复的第一条跑道，6月15日是他们所有预案的第一个基点。

问题五：通过本案例，讨论：

有人说旅游业是一个脆弱的行业，也有人说不是脆弱，而是敏感，你怎么看？

除"非典"这类公共卫生事件外，旅游业还可能会面临那些类似的突发事件？选择其中一种，为旅行社制定一个旅游突发事件处理预案。

资料来源：新华网，"焦点网谈"。

相关链接

旅游突发事件的种类

旅游突发事件主要分为自然灾害、事故灾难、突发公共卫生事件、突发社会安全事件、旅游重大活动危机事件等五类。

1. 自然灾害。主要包括旅游景点景区暴雨、洪水、暴雪、冰雹、台风、地震、山体崩塌、滑坡、泥石流、森林火灾等重大灾害。

2. 事故灾难。主要包括公路、水运、铁路、民航等旅游交通事故，影响或中断城市正常供水、供电、供油、供气等城市事故，通讯、信息网络、特种设备等安全事故，以及重大环境污染和生态破坏事故等。

3. 突发公共卫生事件。主要包括突然发生，造成或可能造成游客健康严重损害的重大传染病（如鼠疫、霍乱、血吸虫、肺炭疽等）、群体性不明原因疾病、重大食物和职业中毒，重大动物疫情，以及其他严重影响游客健康的事件。

4. 突发社会安全事件。主要包括恐怖袭击事件、经济安全事件、影响较大的针对性破坏事件以及规模较大的群体性事件等。

5. 旅游重大活动危机事件。上海市政府或市政府旅游部门主办的大型旅游节庆、会展、赛事等相关重大活动的危机事件。

综合实训五　旅途当中的购物骗局

1. 实训专题：旅游购物。
2. 课时：1 学时。
3. 目的与要求：了解旅游购物中常见的不规范现象，掌握处理此类问题的基本方法。
4. 训练方式：案例分析。
5. 实训内容：分析案例，就有关问题展开讨论。

案例

香港购物，暗埋骗局

很多人都有这样的经验，出门旅游被导游带到所谓指定购物点去，不是东西买贵了，就是买到假货，反正上当受骗总是难免的。游客挨宰，投诉无门，这已经成了一种社会公害，来自国家珠宝玉石鉴定中心的数据显示，2006 年北京地区赴新加坡、马来西亚旅游时购入的珠宝首饰，合格率为仅 13.51%。在网上我们可以看到无数上当受骗的案例。

深圳底价入团　踏上香港之旅

进了购物点，买回一堆垃圾，这样的事屡屡报道，但还是总有人继续受骗。为什么旅游欺诈防不胜防？原来在旅游行业里，这是一个潜规则，一些小旅行社往往靠低价组团，吸引消费者，然后就靠骗游客购物来填补亏空，这样的旅游团在行业里叫填坑团。毫无疑问，填坑团里，挖坑的是旅行社、导游和商家，那他们又怎么能把游客推到坑里去呢？前不久，我们的记者就亲身体验了一把。

2007 年 3 月 12 日我们的记者来到深圳，参加了当地的旅行团。深圳可能是去香港最便宜的地方。

旅行社工作人员："三天 600 多吧。"

在深圳，出境游的广告随处可见，价格低得让人心动。在一家叫做经泽商务中心的地方，记者听到了香港三日游最便宜的报价，只要 450 元钱。当记者表示要参团的时候，才知道除了团费，还有另外的强制费用。

深圳海外国际旅行社工作人员："每人的自费项目是 320 元，加二小费 100 元，就是 420 元一个人。"

在旅行社的行程单上，明明白白写着，自费项目必须参加。另外工作人员还特意嘱咐，中途一定不能擅自离团。

旅行社工作人员："白天离团要收钱的，告诉你千万不要离团，离团费一人 1 000 元钱不是我们要收你的，是导游要收的，一定要收，怕你们跑掉了知道吧，跟团走就是要你去购物这是很明显的嘛。"

为什么中途离开不进这些购物点要交纳如此昂贵的离团费呢？这里面有什么玄机呢？看到记者对购物不太放心，工作人员信誓旦旦地做了保证。

旅行社工作人员："他们价格也不是很贵，绝对是真货，只是我们定点到哪个店去买这样子而已，因为我们都是合作得很好的合作伙伴，你放心吧，我们那个紫荆花假期做得很好的。"

2007 年 3 月 13 日在黄冈海关，记者见到了紫荆花假期旅行团的领队陈小姐。陈小姐告诉记者，我们的团友来自全国各地的旅行社。当记者缴纳小费的时候，陈导游给记者开具了"香港皇悦国际旅游有限公司"的收据。像记者这样的来自各个旅行社送来的散客，组成了一个紫荆花假期。

问题 1：由于游客数量有限，多家旅行社将招徕的零散游客交予一家旅行社接待的方法称为拼团，在这一操作过程当中，应如何维护游客的基本利益？

问题 2：通过上述信息，分析一下所谓的超低价旅游在价格构成方面有什么问题？

购物之旅　陷阱密布

紫荆花假期旅行团号称 450 元的香港三日游，最后交了 900 元钱团费才能成行，这个价格和深圳市旅游局推广的"优质诚信香港游"实际上差不多。不同的是，"优质诚信香港游”并没有指定购物点，也不强迫购物，可紫荆花假期旅行团却明确告诉你，必须要去指定的购物点。而更蹊跷的是，这个旅行团一坐上旅行社安排的旅游车，香港导游就宣布了一条禁令。

在记者参加的旅行团中，第一天安排了游览项目，第二天有购物环节，记者本来想以一名游客的身份用随身携带的DV拍摄行程，但没有想到，一坐上香港导游安排的旅游车，就碰上了一件意想不到的事情。

导游：“我姓刘，大家可以叫我小刘，我是你们的接管导游，也是你们的导游助理，这位朋友在车上不能录像、不能照相。”

警惕的小刘告知全车游客，香港是个注重隐私的地方，不但不能对着她拍摄，甚至不能在车上向外面拍摄。尽管这听起来有些奇怪，但是不明就里的游客们还是放下了手里的摄像机，只能趁导游不注意拍摄一点车窗外的景色。小刘告诉大家，她只是负责把大家接到，之后会有另外一位导游来接待这些游客。

小刘：“他姓陈，耳东陈，他是我们公司最优秀的导游之一。”

优秀的陈导游一上车，就制止了另一位游客的拍摄，即使他是在拍摄著名的紫荆花。

陈小姐：“先生不要拍照。”

游客：“不让拍照是吗?”

陈小姐：“刘小姐没说吗?”

问题3：为什么香港的导游们对拍摄如此敏感呢?

为了减少不必要的麻烦，记者只拍下了陈导游的一个侧脸，然后就只能记录声音了。陈导游倒是开宗明义，一上车就告诉大家此行的主要目的。

紫荆花假期陈导游：“大家在香港吃和住，全都靠这些赞助商直接赞助，赞助大家在香港吃和住之后，大家就可以低团费来到香港观光，之后就怎么样购物，店铺也可以赚到钱，这样就叫双赢局面，所以大家在香港的吃和住全都靠这些赞助商直接赞助。”

陈导游说的赞助商是怎么回事呢？原来就是指旅游行程里安排的购物商铺。尽管购物是在第二天，但是陈导游一上车就开始给游客们灌输香港人的购物理念了。那么陈导游又将带大家到哪里去买价廉物美、超值划算的便宜货呢？在第二天的购物之旅中，一上车陈导游就把这个好消息告诉全车的游客。

陈导游：“我们现在走的这家珠宝店，就是霍英东先生所开的一家珠宝店，他本身并没有涉足珠宝行业，是因为香港旅游发展局邀请他来开一家这样的珠宝店，它的名字就叫金至尊。”

接下来要去的是大名鼎鼎的金至尊吗？就在全车的游客都很期待的时候，陈导游又告诉大家一个好消息。

陈导游：“香港市内金至尊它的分店，公价都是九折到九五折，今天我们走的是金至尊的总店博览环球，所以我们可以拿到八折折扣给大家。”

来到陈导游说的金至尊的总店——博览环球，但是那里并没有金至尊的珠宝，而是卖一个品牌，就是“慕迪”。在营业员的热情服务下，山东的杨先生花了9 800元钱给太太买了这条白金项链。项链坠上有12颗小碎钻。它有一个好听的名字叫“时来运转”。

山东游客杨先生：“在选产品的时候，确实就是想将最好的带给自己的太太。”

不光是杨先生，全团共有五六个人购买了昂贵的珠宝。但似乎陈导游并不满意，他一再提醒游客此次香港之行是大大地占了赞助商的便宜，应该对赞助商有所回报。

陈导游：“内地朋友来香港你们是有几种方式方法：一种是自由行，来到香港自己管吃管住，没人理你，在香港住两三天的时间，这吃住和交通费用每个人大概是3 000～6 000元的费用；而另外一种是无购物团，就是没有购物点走，全程走景点，这种团费要4 000～8 000元，你只交450元的费用在香港的吃住就靠这些赞助商赞助，（他们）希望把赞助费赚回来，所以也不要说我家里什么都有。”

在香港旅游，住宿费要花多少钱呢？记者到所住宿的三星级青逸酒店进行了咨询，散客住宿加上服务税和政府税要600多元钱。不清楚陈导游所说的高达8 000元的花费从何而来。行程中下一个购物环节是买手表，游客们对手表的知识了解得并不太多，正在这个时候，有名独自参团的游客热情地站出来说自己就是做手表生意的，可以为大家出主意，他的话引起了记者的注意。

白衣男子：“我在家里就是经营手表的，手表像劳力士、欧米茄和雷达，这里的表和我们国内大致能相差30%，看一下价格，我今天跟他们再去看一下，比较一下，如果带去的地方太高了那我就回去买。”

这位白衣男子看似诚恳的话让很多游客都放下心来。自己的团队里有一个做手表生意的人是一件多么幸运的事情啊。至于这名男子所说的话没有任何游客怀疑。当记者离开酒店的时候，发现酒店专门设置了旅游车停靠处，在地下车场里，一拨拨内地来的游客，正等待坐上旅游巴士，他们将和记者一样从这里开始购物之旅。

陈导游：“香港提供优质服务，但是香港的优质服务只提供给有钱人，并且花钱人士享受。买菜的能享受优质服务吗？不可能。你去了酒楼里说小姐请为我拿碟青菜、拿碗白饭，服务员都不想理你，而你进去说我要吃鱼翅、熊掌、鲍鱼等等这些，不要说小姐，经理都亲自来接待。大家进去之后，希望每位团友都拿个包包出来，不要让我难堪。”

在陈导游的游说和白衣男子的帮助下，游客们果然在皇室钟表珠宝公司享受到了“经理”接待的优质服务。山东的杨先生以五折4 300元的价格买到了这块瑞士产的“圣凯莱”手表，有两位河北的老夫妇，也在白衣男子的热情帮助下，五折16 000元买下了这块镶钻的“圣凯莱”金表。

山东游客杨先生：“一进门之后，导游就说了这个表店是香港最著名的表店，然后把我们领到一个贵宾室，说这是专门接待贵宾的，随后经理说在北京亨得利有他的表店，并且说他这个表牌子特别硬，准备在郑州、济南设立分店，这些人也就相信了，加之有购物托，有他的出现整个过程都乱了。我认为我是一个理性的人，现在想起来是完全感性，理性的东西一点都没有了，就是这个过程。”

杨先生所说的购物托就是这个白衣男子。在他的帮助下，短短的一个多小时，旅游团就购买了价值 10 多万元的手表。就在大家离开表店结束了购物之旅的时候，游客们被告知白衣男子有事情提前离团了。

虽然只有一天时间，但参团的 16 个旅客合计了一下，他们在购物点就花掉了将近 20 万元。导游和安插在游客中的托儿，一个唱白脸一个唱红脸，引得参团的游客倾囊而出。可是，他们联手演出的这场骗局，在第三天就被识破了，这一天来自山东的杨先生逛街的时候，无意中走进一家表店，他随口问了一下价格，结果吓了一跳。因为几家大表行根本就没有听说过他刚买的所谓瑞士名表“圣凯莱”。紧接着，在一家珠宝店，他又发现一款标价不到 1 000 元的项链，和自己头天花 9 800 元买的项链差不多。这下杨先生就更着急了，他决定到北京找权威部门鉴定一下，自己买的是真是假。

问题 4：根据上文内容，讨论一下商家为了让游客多多购物，都采取了哪些手段？

3 月 19 日一早，杨先生就带着在香港购买的手表和项链来到国家珠宝玉石鉴定中心。同时记者也把河北老夫妇购买的价值 16 000 元的手表委托作了鉴定。

鉴定师：“据它（项链坠）的红外谱线分析，它的这个表蒙是玻璃的。”

9 800 元购买的白金项链居然镶嵌了玻璃，这很难让人相信，很快这条白色项链有了精准的鉴定结果。就是一条 18K 的黄金项链，由于对珠宝首饰没有太多的了解，杨先生并不知道发票上的 750 元就是鉴定书上的 18K 金。

鉴定师：“从发票上面来说，惟一能挑出（问题）来的就是这个 750，它只标明了这个贵金属的含量，但是并没有标明它的总属。”

杨先生：“对，它什么金属没有。”

鉴定师：“应该标明这个金属的总属是黄金，那么前面就应该有 G 或者是有 AU 或者 PT。这不是 PT，PT 是铂金。”

杨先生：“他跟我们说就是铂金。”

鉴定师：“这个铂金它不叫铂，它是去了金字旁，它叫白金。国家标准规定白金只能用称呼铂，铂的俗称是白金，而那个白色的黄金不能叫白金，因为现在的科学很发达，他可以把 14K、9K、18K 都做成那种白颜色，但它不能叫白金。”

显然珠宝商把白色的黄金当做铂金高价卖给了杨先生，那么手表又如何呢？

鉴定师：“这个表从我们的鉴定结果来看，它的金属部分主要是铁、镍和铜的合金。

杨先生：“那么镶嵌的这些呢？”

鉴定师：“不是钻石，是立方氧化锆和人工合成的立方氧化锆。”

尽管宣称是钻石金表，但是在皇家钟表珠宝公司开具的保证书上，却丝毫没有提及钻石金表，不良商贩又在文字上玩了花样。当记者致电香港旅游发展局，才发现整个旅游购物充满了谎言和欺骗。

香港旅游发展局工作人员："我们没有指定一些旅行团，或是一些特定的旅行社，他们要带旅客去一些我们指定的地方去购物，因为香港我们从来没有这样指定的方法，香港都是一个自由买卖的社会，其实如果卖假货的话，香港会有海关等部门管理那种卖假的东西。如果你说的是他的标价过高，香港有香港的消费者委员会，还有刚才说的是，如果旅客去买东西在随团去买的时候，就是我刚才说的旅游业议会，他们会负责这种的。"

记者随后电话采访香港旅游业议会。

香港旅游业议会工作人员："我是说你们最好的保障，就是有这个14天的百分百退货保障，我们是不问你们理由，只要你们是符合这个退货要求的话，就可以退货，发票在吗?"

记者："发票都还在。"

香港旅游业议会工作人员："包装啊、盒子都还在吗?"

记者："盒子不在了，因为觉得带的时候太麻烦了，因为个子比较大，所以盒子不在了。"

香港旅游业议会工作人员："哦，按照我们的规定，如果旅客不满意的话，要求退货的话它的包装一定要和买东西的包装一模一样，才可以要求退货，如果没有的话，商店是有权利不给你退货的。"

记者："但是只不过是外包装没有了啊，不至于说因为包装损坏就不退货了啊?"

香港旅游业议会工作人员："他们是有权利这样做的，因为你没有包装。"

按照旅游业议会的说法，河北老先生夫妇花16 000元购买的手表并不享受退货保证。仅仅是因为外包装不完整。那么，究竟这些圣凯莱手表是真是假？仅仅是价格虚高还是根本就子虚乌有？首先记者按照皇室钟表出具的维修卡开始核实，听到的却是这样云山雾罩的答复。

记者："你们这里有没有一款表叫圣凯莱?"

沈阳瑞士手表维修中心："没有。"

记者："这个牌子你们听说过吗?"

沈阳瑞士手表维修中心："没有。"

杭州三闽大厦瑞士表公司："香港皇室钟表珠宝公司委托我们维修圣凯莱。"

那么，究竟瑞士有没有这个品牌呢？记者和瑞士驻华大使馆取得了联系。瑞士大使馆很快就给了记者答复：原来瑞士的确有圣凯莱手表，但手表并不在十大名表之列，手表上面也从来没有镶嵌过钻石。皇家钟表珠宝公司不是圣凯莱在亚洲的总代理商，他们销售的手表是假冒的手表。

资料来源：中央电视台，"经济半小时"，2007年3月31日。

问题 5：作为游客，应该如何在旅游当中防骗，自身有无责任？

问题 6：管理部门应如何优化旅游购物环境，维护游客合法权益？

综合实训六　线 路 实 训

1. 实训专题：踩线实习。

2. 课时：约 2 ~ 5 天。

3. 目的与要求：通过踩线实地考察实习，培养旅游管理专业学生的旅行社导游综合技能。

4. 训练方式：校外实地考察学习。

5. 实训内容：学生参与线路设计、价格核算、确定旅行社、跟车讲解、订餐、签单等，培养学生综合能力。

各院校可根据学校所处地域，充分利用当地资源条件、优秀的旅行社、经验丰富的资深导游等，设计线路实训内容和具体安排。以下通过昆明市导游之家导游咨询服务有限公司所组织的“石林一线”全程实习加以示例。

× × 市导游之家导游咨询服务有限公司

2007 年第一期新导游“石林一线”全程实习简介

× × 市导游之家导游咨询服务有限公司 2004 年成立至今，每年都开展针对新领证导游基础专业知识、基础专业技能景点踩点以及现场模拟讲解等的培训工作。

2007 年 4 月 25 日，该公司组织了 2007 年第一期新导游“石林一线”全程实习培训，内容包括：以昆明至石林沿途讲解、石林风景名胜区的相关专业知识及景区内导游线路为主的实地踩线培训。

“石林一线”实习行程安排

1. 时间：8:00 时出发前往机场。
   地点：拓东体育馆。
   内容（车上讲解）：接团前导游应做的准备。
2. 时间：8:30—9:10。
   地点：机场。
   内容：了解机场各处设施及功能，接、送机注意事项，如：机票名字错误如何更改、身份证遗失及过期如何处理等（40 分钟）。
3. 时间：9:20 出发前往七彩云南。
   内容：由带队资深导游进行石林的沿途讲解演示。

4. 时间：9:50—11:20。
地点：七彩云南。
内容：参观七彩云南了解其主要销售商品知识（茶、玉石等，90 分钟）。
5. 时间：11:20 出发前往石林。
内容：由带队资深导游进行石林沿途讲解演示。
6. 时间：12:30—13:00。
地点：餐厅。
内容：了解如何定餐、签单及用餐注意事项等；用餐（40 分钟）。
7. 时间：13:10—15:40。
地点：石林风景区。
内容：了解旅游团队主要参观线路、景区各知识点及景点注意事项（150 分钟）。
8. 时间：16:00 乘车返回昆明。
内容：返昆途中要求每一位实习学员对本次实习进行车上练习，培养实习学员开口能力。

资料来源：www. km - guide. com。

附　录

主要相关法规名称及查询网站

1. 《旅行社管理条例》（国务院令第 205 号，1996 年 10 月 15 日）查询网站：www. sdinfo. net. cn

2. 《导游人员管理条例》（国务院令第 263 号，1999 年 5 月 14 日）查询网站：www. cnta. com

3. 《导游服务质量》（中华人民共和国国家标准 GB/T 15971 - 1995）查询网站：www. ourtour. com. cn

4. 《旅行社投保旅行社责任保险规定》（国家旅游局，2001 年 5 月 15 日）查询网站：web. nenu. edu. cn

5. 国家旅游局网站：www. cnta. gov. cn

主要参考资料

1. 丁力：《旅行社经营管理》，高等教育出版社 1998 年版。
2. 李宝明：《旅行社经营管理》，经济科学出版社 2004 年版。
3. 王庆春：《旅游营销实训》，中国劳动社会保障出版社 2006 年版。
4. 刘德光：《旅游市场营销学》，旅游教育出版社 2002 年版。
5. 戴斌、杜江：《旅行社管理》，高等教育出版社 2002 年版。
6. 张道顺：《现代旅行社管理手册》，旅游教育出版社 2006 年版。
7. 黄明亮、赵利民：《旅行社经营管理》，中国人民大学出版社 2006 年版。
8. 梁智：《旅行社经营管理》，旅游教育出版社 2003 年版。
9. 马爱萍：《旅行社经营管理》，广东旅游出版社 2002 年版。
10. 戴斌：《旅行社经营管理》，旅游教育出版社 2005 年版。
11. 梁智：《旅行社运行与管理》（第三版），东北财经大学出版社 2006 年版。
12. 杜江：《旅行社经营管理》，旅游教育出版社 2003 年版。
13. 国家旅游局人教司：《旅行社经营管理》，旅游教育出版社 1999 年版。
14. 王正华：《现代旅行社管理》，中国旅游出版社 2002 年版。